望み通りの返事を引き出す
ドイツ式交渉術

Deal!
Du gibst mir, was ich will!

ジャック・ナシャー
Jack Nasher
安原 実津＝訳

早川書房

DEAL!
by
Jack Nasher

Translated by
Mitsu Yasuhara
First published 2019 in Japan by
Hayakawa Publishing, Inc.
This book is published in Japan by
direct arrangement with
Jack Nasher.

装画／大塚砂織
装幀／小川 純（オガワデザイン）

いまは亡き両親へ捧げる。
私をこの世へ送り出してくれた父、そして母に感謝を込めて。

はじめに——誰もが満足する交渉術

「戦争を終わらせるのは常に交渉だ。
だったら、なぜはじめから交渉をしないのだろう?」
ジャワハルラール・ネルー

はるか昔、中東のあるところで一人の裕福な男が亡くなった。その男の三人の息子には一七頭のラクダがのこされた。遺言には、ラクダの分配の仕方についてこう書かれていた。「長男にはその半分を、次男にはその三分の一を、三男にはその九分の一を与える」

三人は焚き火を前にすわり込み、父親の遺志を実現するにはどうすればいいかを話し合った。しかしよい方法を思いつかなかったため、年老いた賢人を呼んで知恵を借りることにした。

間もなくラクダに乗って姿をあらわした賢人は、三人にこう告げた。「それでは、私のラクダを一頭お前たちに与えよう」。三人はその意味が理解できず、顔を見合わせた。すると賢人はこうつづけた。「そうすれば長男は半分の九頭、次男は三分の一の六頭、三男は九分の一の二頭ラ

17頭のラクダを３人で分けるには？

クダをもらえるだろう」。そうして分配を終えると、ラクダは一頭残った。賢人は来たときと同じように、また自分のラクダに乗ってその場から立ち去った。

「交渉」という言葉を聞くと、あなたは何を思い浮かべるだろうか？　お供の弁護士を引き連れた大勢の幹部が会議用の大きなテーブルを囲んで向かい合い、企業価値が数十億ユーロもある大企業の分割について話し合っている様子だろうか？　国家元首同士が次官や大使同席のもと、国境の画定や民族紛争の解決策について審議している光景だろうか？

どちらも交渉の場面には違いない。だが、それらは数ある交渉のシチュエーションのごく一部にすぎない。**交渉とは、利害の対立する二者ある**

いはそれ以上の関係者が、問題を解決するための意思決定を行うことだ。[*1]

私たちの最初の交渉相手は親だ。赤ん坊のうちは、親が離乳食を与えてくれるまで大声で泣きつづける。小学生くらいになると、コーラを飲みたい、夜更かししたい、おこずかいを増やしてほしいと訴える。その数年後には、髪を染めたい、深夜まで遊びまわりたい、車を運転したいと主張する。

大人になっても家族内でのせめぎ合いはつづく。どんなファミリーカーを買うか、どこに旅行に行くか、今日の夕食は何を食べるか……。私たちはことあるごとに交渉している。警官に車を止められたときも、駐車券をなくしたときも、購入した商品をレシートなしに交換しようとするときも。もちろん、職場でも交渉はつきものだ。顧客や営業スタッフや仕入れ担当者とは価格について交渉し、上司とは給与について交渉する。新しいアイディアを実行するときにも交渉は欠かせない。自分のしたいことに対して誰かの合意を得ようとするときは、必ず相手を説得するための交渉が必要だ。

「今日あなたは、ここに来るまでにどんな交渉をしましたか？」。私はいつもこの質問から交渉術のセミナーをはじめることにしている。そう尋ねられた参加者たちは、日常にいかに交渉する機会が多いかに気づきはじめる。世界は巨大な交渉テーブルのようなものだ！[*2] 研究者の試算によると、なんと**私たちは週に四〇時間近くを交渉に費やしている**という。[*3] この数字に当てはまらない人もいるだろうが、いずれにせよ、私たちが多くの時間を交渉に割いていることは間違いない。となれば、**交渉するたびにいまよりもっといい結果を引き出せるようになれば、私たちの生活の質《クオリティ・オブ・ライフ》は確実にアップするのだ。**

それなのに、多くの人は、交渉することにどこか決まりの悪さを感じるという。「交渉」と聞くと中東のバザールで値切っている姿を思い起こし、自分たちの日常とは無縁だと思ってしまうようだ。

私のおじのトゥランはオックスフォードの大学で学んでいたころ、アフガニスタン人の父親（つまり私の祖父）がイギリスに来るたびに、まるで私設秘書でもあるかのように世話をやいていたらしい。父親の運転手を務め、その日の予定をたててあげ、買い物にもつきあった。父親は行く先々で、それが高級アンティークショップだろうとデパートだろうとおかまいなしに、必ず値切った。それが習い性になっていたのだ。アジア出身とはいえすでにイギリス的な感覚になじんでいたおじは、死ぬほど恥ずかしい思いをしたらしい。「ここでは値段の交渉はできないんだよ」と何度も父親に忠告したという。だが、驚いたことに父親は毎回といっていいほど値引きに成功し、中国の古い花瓶でも電球三個でも、正規の料金を払って買ったものはほとんどなかったそうだ[*4]。とはいえ、これは一九八〇年代の話である。祖父のような人はまだ珍しかった。

かつて、西ヨーロッパの人間にとって値引き交渉というのは、旅先のエジプトやチュニジアのバザールで楽しみとして行うものだった。ふだんから値引き交渉をする人は、よほどお金に困っているか、かなりのケチだと思われていた。だが、いまやそうではない。特に割引法（小売業者が規定以上の割引を行うことを禁じていたドイツの法律）が二〇〇一年に廃止されて以来、テレビや車を買うときに値引き交渉をしない人のほうが珍しいくらいだ。

目的のある意識的な交渉は、いろいろな場面で見られる。例えば人質事件が起きると、数十年前まではかなり荒っぽいやり方で対処していた。犯人に少しだけ猶予を与え、それでも外に出てこなければ発砲した。そのため、犯人だけでなく人質にも警官にも犠牲者が出ることが多かった。だがいまでは別の方法がとられている。交渉に十分な時間をかけるようになった。[*5] 警察が犯人を思いやるようになったからではない。そのほうがよい結果につながることがわかったからだ。交渉をすれば、あまり死者を出さずにすむ。

子供のとき、私たちは「努力をすれば報われる」と教えられる。世界は公正にできていて、頑張れば必ずよい結果が待っているという「公正世界仮説」[*6]と呼ばれる考え方だ。だが世界が公正だというのは、そう信じることで不安を払拭《ふっしょく》しようとする、単なる思い込みにすぎない。そのうちに、努力をしてもほしいものが必ず手に入るわけではないという現実が見えてくるはずだ。目指すものを手に入れるには交渉が必要なのである。[*7]

たいていのものには二種類の価格がある。交渉をする人にとっての価格と、交渉相手にとっての価格だ。そのため、交渉するときにはいつでも、交渉の仕方しだいではもっといい条件が引き出せたのではないかという気持ちがつきまとう。マンションを購入したあとで、交渉がうまかったという理由だけで隣の部屋の住人が自分よりも二〇パーセント安く購入していたとわかったときの不愉快さといったらないだろう。朝起きてから夜寝るまで私たちは数え切れないほどの交渉をしているが、自分を相手にいいように利用された間抜けと感じるか、その場の賢い仕切り役のように感じるかは、交渉の場面でのふるまい方しだいなのである。[*8]

ひょっとしたらあなたは、交渉などしたら顧客や同僚や友人との関係が台無しになると思い込んでいるかもしれない。だが、実際はその逆である。**交渉をすれば、関係はかえってよくなっていく。子供の言い分をなんでも聞き入れる親のことを考えてみるといい。そういう親は子供とよ**

い関係を築けているだろうか？[9]

では、交渉の手間を省くために最初から誠意ある対応を見せてはどうだろうか？　はじめから最高のオファーを提示して、それを受け入れるかどうかを相手にゆだねるのだ。一九五〇年代、アメリカのゼネラル・エレクトリック社の幹部だったレミュエル・ボールウェアはこの方法を試した。労働組合との交渉時に相手に交渉の余地を与えず、公正と思えるオファーをひとつだけ示したのだ。[10] このやり方は相手の怒りと反発を招き、批判的な意味を込めて「ボールウェア主義」と呼ばれるようになった。[11]

同じようなことは一九九〇年代にも起きた。アメリカの二〇〇〇軒近い自動車ディーラーが、煩わしい値引き交渉を省くために、顧客に最初から正当な価格を提示するよう協定を結んだのだ。[12] はたして、結果はどうだったか？　数年後には、ほとんどすべてのディーラーが協定から離脱していた。交渉をさせてもらえないことで不公正な扱いを受けたと感じた顧客が、価格交渉のできるディーラーに流れたのだ。

結果的に交渉をしなかった場合より支払う金額が多くなったとしても、交渉の結果に自らかかわったという実感があったほうが満足度は大きい。最初に高額な価格を提示した相手がしだいに価格を下げていくのを目にすると、たいていの顧客は、交渉の余地のない正当な価格を示されたときより公正な扱いを受けていると感じるからである。[13]

人間は長生きするためにはいろいろな努力をするのに、人生を向上させるための努力はほとんどしようとしない。[14] 効果的な交渉テクニックを身につけようとする人は、ほんのわずかだ。だが、ビジネススクールでは事情が違う。交渉術のセミナーは必修科目になっていて、スクール全体で見ても交渉術のコースは上位の人気ぶりだ。ビジネススクールの卒業生の所得がその他の専門分野の成功者より高いといわれる理由のひとつは、ひょっとしたらそこにあるのかもしれない（卒業生たちは、企業の幹部やコンサルタントや銀行家として活躍している）。**職業のいかんを問わず、交渉の技術は障害を取りのぞき、あなた個人のさらなる可能性を呼び起こす手段になるのだ。**

私の前著『*Durchschaut! Das Geheimnis, kleine und große Lügen zu entlarven*（嘘を見破る！　小さな嘘も大きな嘘も見抜くコツ）』は「嘘の見破り方」がテーマだった。世界各地で多くの方に読んでもらったが、批判的な意見は、そのほとんどが「新しい発見が何もない。書かれているのは過去数十年間の実例や研究結果ばかりだ」というものだった。これに対して私はなんの反論もない。まさしくその通りだからだ。しかし、過去の研究結果を学ばずに一から自分で研究をはじめたところで、これまでの研究を超える成果が上げられるわけではないのだ。本書でも、すでに知られていることがらのなかから交渉に役立つものを体系的にまとめている。私は交渉術を教える学校のスポークスマンではないし、本書で高尚な理論の解説をしようとしているわけでもない。私が興味を持っているのは、どんなテクニックが有効で、それをどのように使えばいいかという点だけだ。

そんなわけで、本書には、実例と研究に裏打ちされた非常に効果的な交渉テクニックが詰め込まれている。巻末の参考文献リストを見れば、あなたがいま手にしている本には、さまざまな交渉テクニックが凝縮されているとおわかりいただけるはずだ。

実例は経済界からのものが多いが、それは、交渉に関する研究やトレーニングの多くが経済活動を念頭において考えられているためだ。だが効果の高い手法には普遍性がある。交渉の対象がリンゴ一個だろうと航空会社だろうと、同じように成果を上げることができる。交渉力のある人はどんなときにもすばらしい結果を残せるが、そうでない人は交渉の対象がなんであれ、ものごとがそううまくは運ばない。[*15] **交渉力のある人は、交渉において有利な立場にたつことがいかに重要かを理解し、自分が優位になる方法も交渉相手と即座によい関係を築く方法も知っている。互いの関心事を突き止めて、両者にとって最良の解決策を導き出せる。最初のオファーを出すタイミングも、いつ口をつぐむべきかもわかっていて、客観的な基準を交渉に活用したり、相手が譲歩しやすいような「金の橋」をかけたりすることもできる。**

交渉のコツは、大きな鍵束のなかからすばやく状況にあった鍵（テクニック）を選びだすことだ。間違った鍵を使うのでは鍵を持つ意味がないばかりか、その間違いに気づかずにいると、交渉は順調だという誤った思い込みに陥ることになる。まるでハンブルクの地図を手にベルリンをドライブしているようなものである。

ここで紹介するテクニックを使えば、大きな交渉では数百万ユーロの節約ができるだろうし、日常のちょっとした交渉ごとでも十分な成果を上げられるはずだ。友人や家族と旅行を計画する際には、あなたの行きたいところに行けるよう彼らをうまく説得できるようになり、言い争いも減らせるだろう。あなたがすでに使ったことがあるテクニックもあるかもしれないが、本書を読めば、それらがいかに有効かがわかり、最も効果的な使い方も理解できるようになる。だが、どのテクニックをどのタイミングでどのように使うかを決めるのは、もちろんあなた自身だ。本書のテクニックを使えば交渉をスムーズに進められるのは確かだが、私は、交渉とはこうあるべきだとあなたに押しつけたいわけではない。ただし、ここで取り上げるテクニックを理解しておけば、抜け目のない交渉相手があなたを操ろうとしたときに、少なくともそれを見抜く助けにはなるはずだ。

ところで、残念ながら現実は、本書に書かれているとおりに何もかもうまく運ぶとは限らない。ここに書かれているテクニックも、たいていは効果を発揮するはずだが、それでも交渉が必ずしも有利に進む保証はない。それでも、交渉をするたびにテクニックを使ってみれば、使わない場合よりも成功率は間違いなく高くなるだろう。今後交渉をするたびに、あなたやあなたの会社の利益が一〇パーセントずつ増えていけば、あっという間に大幅な収入アップが見込めるのだ！

コラムには交渉に関連のある興味深いことがらをまとめてある。主に、交渉の際に注意すべき「思考の落とし穴」についてだ。[*16]

ここでもう一度、ラクダと三人の息子たちの話に戻ろう。この話で老人が示したのは、交渉における理想の解決策である。**誰もが目指すものを手に入れ、満足する。**本書を読み終えるころには、一八頭目のラクダのような解決策を見つけられるケースは、実はあなたが考えているよりずっと多いのだと納得していただけるだろう。

目次

Ⅳ　交渉の即効テクニック　213

9　アンカリングで印象を操作する　215

Ⅰ　交渉前に有利な立場にたつ

1　有利な状況を引き寄せる

「優しい言葉に銃を加えれば、
優しい言葉だけのときよりたくさんのものを手に入れられる」
アル・カポネ

絶望的な状況でも、有利な立場にたてる

一九一二年のアメリカ大統領選が大詰めをむかえていたころ、セオドア・ルーズベルトは候補者としてアメリカ各地をまわり、多くの都市で選挙演説を行う予定になっていた。ラジオもテレビも普及していなかった当時は、それが有権者にアピールする唯一の手段だったからだ。[*1]ルーズベルトの選挙対策チームは各会場で配布するために演説内容を載せたパンフレットを三〇〇万部用意していた。表紙には、大統領にふさわしい印象を与えるルーズベルトの写真が使われた。ところが、間もなく遊説がはじまるというときになって、対策チームの一人が写真にプリントされ

た小さな文字に気がついた。「モフェット写真スタジオ・シカゴ」。文字のサイズは小さくても、これは重大な問題だ。モフェット写真スタジオのジョージ・モフェットがこの写真の著作権を持っていたのだ。このままパンフレットを配布すれば、モフェットから写真の使用料を請求される。パンフレット一部あたり一ドルの使用料を請求されたとしたら、総額にしたら三〇〇万ドルだ。当時としては天文学的な数字で、そんな金額を払えばルーズベルトの選挙資金は底をついてしまう。チームにとって、選択肢は二つしかないように思えた。パンフレットなしで選挙戦を展開するか、スキャンダルに発展して当選の芽をなくす危険を冒してでもパンフレットを配布するか。ヒ素を飲むか青酸カリを飲むか、どちらかを選べと言われているようなものだった。選挙戦の運命は、まだ何も事情を知らないモフェットの手のなかにあった。

いったいどうすればいいのだろう？　チームのメンバーは、対策チームの責任者を務めていたジョージ・パーキンスのもとにこの問題を持ち込んだ。鉄道業界の大物であり、金融企業J・P・モルガンの共同経営者でもあった人物である。パーキンスは少し思案した後、モフェットにこんな電報を打った。「表紙にルーズベルトの写真を使用した選挙用パンフレットを、数百万部配布したいと思っています。あなたが撮影された写真が表紙に掲載されれば、あなたの写真スタジオにはすばらしい宣伝効果がもたらされるでしょう。その対価として、私どもにいくらかお支払いいただくことはできないでしょうか」。モフェットからは即座に返信があった。「これまでに前例はありませんが、そういうことでしたら喜んで二五〇ドルお支払いしましょう」。請求額をもう数百ドル上乗せできることはわかっていたが、パーキンスはその提示額を受け入れた。そしてモフェットは、その気になれば何千ドルもの使用料を手にすることもできたはずだが、それでも、この取引によって絶大な宣伝効果を獲得した。

一見絶望的な状況でも、あなたの立場を有利にしたり、少なくともあなたのほうが有利な立場にあると相手に思わせることはできるのだ。

イギリス人の交渉エキスパートであるガヴィン・ケネディは、**交渉をうまく進めるコツは自分の立場を有利にすることだ**と指摘している。[*2] 例えばあなたの四歳の息子がほうれん草を食べるのを嫌がったとき、立場が強いのは息子のほうだ。[*3] この場合、実際の社会的な地位はなんの影響もおよぼさない。あなたが国際的な大手法律事務所のパートナーであるのに対して、息子のほうはまだ自分の名前すら満足に書けず、四文字の自分の名前を書くのに五つも六つも書き間違いをしていたとしても、そんなことはなんの関係もない。この状況で「息子にほうれん草を食べさせたい」という要求を満たせるのは息子本人だけで、そのうえ、ほうれん草を食べることを重視しているのもあなたのほうだけだからだ。どちらの立場が有利かは、状況によって決まる。あなたの子供や役所の頑固な窓口係など、一見無力な側が交渉で有利な立場にたっていることは意外に多い。どんなに強い軍事力を誇る先進国だろうと、五人の人質をとって立てこもる犯人の前にはまったくの無力だ。[*4] その犯人がたった一挺の拳銃しか持っていなかったとしても、その国の警察は、建物を包囲して犯人の次の動きを待つくらいのことしかできない。数十年前まで頻繁に行われていたように建物に突入すると、人質に犠牲者が出る可能性が高いし、この状況で犯人と立場を対等にしようと思えば、警察が犯人の友人や家族を強制的に連れ出して、「お前の母親は我々があずかっている。三つ数えるまでに言うとおりにしないとお前は母親を失うことになるぞ」と脅《おど》すしかないからだ。[*5]

交渉の決め手となるのは、有利な立場にたつというのはどういうことかを理解し、どんなに不利な状況にあっても、自分が有利になるように場の状況をコントロールできる能力なのである。

相手が有利に見えたら考えるべきこと

ジェームズ・ストックデールは、最も多く勲章を授けられた米軍将校の一人だ。[*6] ベトナム戦争中、ベトコンの捕虜としてとらえられていたストックデールは、反米のプロパガンダ映画に強制的に出演させられそうになったことがある。数名の戦争捕虜とともに収容所内で抵抗運動を組織していたために、彼に白羽の矢がたったのだ。ストックデールはとらわれの身で、やせ細っていた。彼はいったいどうやって出演を回避できたのだろう？

ストックデールは撮影がはじまる少し前に、自分の房に置かれていた椅子をつかんで顔に激しくたたきつけ、顔を血まみれにしたのだ。彼の見た目はプロパガンダ映画にそぐわなくなり、結局映画は製作されなかった。

相手が拳銃を持っていた場合はどうだろう？　アメリカのある議員は、強盗に襲われたときにこんなことを言ったらしい。「どうかひと思いに殺してくれ。私は末期がんなんだ。自殺も考えたんだが、そうすると妻が生命保険を受けとれない。ここで殺してもらったほうが、家族のためになる」。信じられないような話だが、効果はあった。圧倒的優位にたっていたはずの強盗との立場は逆転し、強盗はその場から立ち去ったという。

まったく打つ手がないと思える状況でも、必ず何かしらの手段はある。**相手の優位にたつため**

の選択肢は、あなたが考えているよりも実はずっと多いのだ。

あいにく、いま、あなたのふところ具合が寂しいとしよう。[*7] 冷え切ったリビングで、子供たちはなんの飾りもない粗末なクリスマスツリーを前に毛布にくるまりながら暖をとり、妻から離婚を突きつけられる。そんな数週間を過ごしたあと、あなたは短期の貸付を申請しようと決意して、重い足どりで銀行に向かう。貸付を得るために、あなたはどんな手段をとるだろうか？　一番みすぼらしい洋服を選んで窮状をアピールし、銀行の担当者のあわれを誘おうとするだろうか？　子供に楽しいクリスマスを過ごさせてやりたいのだと訴え、返済はままならないかもしれないが、自分に情けをかけてくれれば神がその行いに報いてくれるはずだと、担当者を説得しようとするだろうか？　そんなことをしても、まず貸付は受けられない。銀行はお金に余裕のある人にお金を貸すものだ。貸付というのは相手の経済的な安定性に賭ける行為であり、賭けに失敗すればお金は戻ってこない。だからといって、お金を借りた人が石油を掘り当てて一夜のうちに大金持ちになったとしても、銀行に感謝して倍の金額を返してもらえるなどということもありえないのだが、とにかく、銀行はお金を失うリスクを最小限に抑えなくてはならない。そのため、経済的に逼迫《ひっぱく》している印象を与えないほうが貸付を受けられる可能性は高くなる。それに、**自分が相手にお願いをしている立場だとも思わないほうがいい。相手はただ単に仕事をこなしているだけだ。**銀行はお金を貸すのが商売なのだ。好意で貸付をしているわけではない。その証拠に銀行は、「貸付がご入用な場合は当行へ」とお金を貸すための宣伝活動までしているではないか。

交渉の際は概して相手のほうが優位にあるように思えるものだ。[*8] 自分の交渉期限やプレッシャーや不安は実感できても、悠々とソファに構えているように見える相手の心の内は読めないからだ。販売の担当者は仕入れの担当者のほうが立場が強いと感じ、仕入れの担当者は納入業者のほうが優位にあると思い込む。労働組合員の目には経営陣が会社への絶大な影響力を誇っているように見えるが、経営陣から見れば会社に対する大きな影響力を持つのは従業員だ。営業スタッフは顧客や同業他社が自分より優位にあると信じて疑わない。自分の不利な点ばかりを意識して、顧客が同業他社を少しでもほめると、顧客をライバルに奪われるのではないかとすぐに不安でいっぱいになる。

だが、**あなたのオファーとまったく同じオファーを出せる人は存在しない。あなたが提示するオファーの独自性を意識して、交渉における自分の立場にもっと自信を持とう。**交渉の成否は、あなたの力がおよばない部分で決まることも多い。仕入れの担当者はほとんどの場合、業者を選ぶ基準について会社からすでに指示を受けている。専門職の従業員がどうしてもあなたの会社の製品がいいと言っているからという理由で、他社より価格設定は高めでもあなたの会社と取引するように言われている場合もあれば、納入業者は一定以上の規模の会社から選ぶ決まりになっていたり、ひとつの品物につき取引先は二社までと限定されていたりする場合もある。特に交渉相手が巨大企業の場合は、相手のほうが圧倒的に立場が強いと思ってしまいがちだが、実際にはそうではない。豊富な資金力を象徴するかのように社用車がずらりと並ぶ広大な駐車場や、それだけでひとつの町として成立しそうなほどの多くの建物群をかまえる巨大企業は、一度方向を定めて動き出したら止められない大きな船のようなものだ。[*9] 交渉が成立しなかったとしても、その要因は相手の優位性にあるのではない。ひとつの決めごとには大勢の人間の労力が注がれているため、誰もそれまでの取り決めをやぶる一人になりたくないだけなのだ。

　あなたが上司のところに出向いて昇給交渉をしようとする場合、あなたはきっと、自分のかわりなんていくらでもいると考えるだろう。一方、上司はあなたを失うことを危惧して、予算の範囲内であなたを満足させるにはどうすればいいかと考える。誰かに対して優位にたつというのは、その人の運命を決める力を持つことにほかならない。つまり、**交渉の場で最も立場が強いのは、相手に最も大きな損害を与えられる人だということになる。自分のほうが立場が弱いと思ったら、相手が自分に対してできる最悪のことはなんだろう？と考えてみよう。**[*10]**相手は自分にたいしたことはできないと気づくはずだ。**たとえあなたが自分が有利にたてる要素はまったくないと思い込んでいたとしても、少なくとも相手との協力関係に自ら終止符を打つことはできる。現にガンディーは、一見優位な立場にあった宗主国イギリスへの不服従運動を展開することで、武力を行使せずにイギリスの植民地支配からインドを独立に導いている。

「自分のような者にいったい何ができただろう？」と、起きた出来事に対して責任を感じずにすむという点で、無力でいることが心地よく感じられるときもある。[*11]だがそれはごく例外的な状況で、通常、私たちは場をコントロールできない状況下では居心地のよさを感じない。病院が嫌いな人が多いのは、病院では自分にものごとの決定権がないからだ。バスに乗っていて遅刻しそうなときと、自分で車を運転していて遅刻しそうなときでは、バスに乗っているときのほうがより腹立たしさを感じるのも、やはり自分で場のコントロールができないからだ。[*12]

　交渉の場で有利な立場にあるのは、結局誰なのだろうか？　――それは、あなた。**交渉相手に、あなたが有利な立場にたっていると感じさせればいいのだ！**[*13]

畏縮させるテクニックと対策

交渉に長《た》けた人は、交渉がはじまる前から自分が優位な印象を相手に植えつける。あなたがこれから内見しようとしているマンションの部屋の売主が、運転手つきの超高級車でやって来たとしよう。あなたはそれを見てどんな気持ちになるだろうか？　あなたはそれほど社会的地位の高い人物との取引がはじまることに舞い上がり、恥ずかしくてとても値引き交渉などできなくなる。初対面のときに社会的地位の高さをアピールするのは、詐欺師の伝統的な常套手段だ。彼らは昔から、人間の注意がどこに向けられるかをちゃんと把握していた。豪華なエントランスロビー、美しい受付嬢、見晴らしのいい高層階のオフィス――どれも自分の優位を見せつけるための小道具で、*14 相手を畏縮させるためのちょっとしたテクニックは、ほかにもいろいろある。まずあなたは、相手のオフィスの前で待たされる。これから会うのはあなたより重要な人物なのだとあなたに思わせるためだ。オフィスでは相手の椅子より五〇センチほど低い椅子を勧められる。すわってみると直射日光が顔に当たってとてもまぶしい。あなたと話しはじめる前に、相手はアシスタントにこれから二分間（きっかり二分間だけだ）、電話をつながないようにと指示を出す。あなたが話し出しても、相手は退屈そうに時間を気にしてばかりいる。あなたの名前と会社名はすぐに忘れるくせに、あなたのライバル会社で働いているという自分のテニス仲間について話すときの声にはとても親しみがこめられている。あなたが持参したサンプルには目を向けようともしない。そんな態度を示されたあとでようやく相手から交渉のオファーが出されると、あなたは飛び上がらんばかりにうれしくなる。

中国のビジネスマンは「長い待ち時間」として知られる交渉テクニックを使う。[*15] 中国政府は、中国内陸部にある生産拠点との交渉に来た国外のビジネスパートナーの宿泊先を、さらに人里離れた場所に用意することが多い。それも、高級で居心地がいいとはお世辞にもいえない施設を選ぶ。初回の交渉時、外国からの客人は友好的に迎え入れられるが、それが終わると、彼らはひと言も英語を話さない運転手の車で中国の大草原にある宿泊先に連れ戻され、そこで次回の交渉日程を知らされないまま、何日も、ときには何週間も待たされる。そのうち忍耐強い客人たちの我慢も尽きて、彼らは帰国しようとスーツケースに荷物を詰め、苦労してなんとかつかまえたタクシーで空港へと移動する。すると、それを耳にした中国側のビジネスパートナーは空港へ駆けつけ、愛想をふりまきながらすぐに交渉の日時を設定しましょうと約束する。だがその交渉が終わって数日たつと、また同じことが繰り返される。そうこうしているうちに、外国人のビジネスパートナーたちには、中国側のほうが優位にあるように感じられてくる。

オーストラリアには豊富な石炭資源がある。日本はその反対に石炭資源には恵まれていないが、多くの石炭を必要としている。[*16] それにもかかわらず、交渉の場で有利な立場にあるのは日本のほうだ。その理由は何だろう？　それは、交渉が日本で行われているからだ。オーストラリア側はまず、飛行機で何時間もかけて移動しなければならない（オーストラリアからはどこに行くにも遠い。ニュージーランドでさえ飛行機で数時間の距離だ）。そして慣れない土地で格闘し、なじみのないホテルに滞在する。せめて航空券代分くらいはしっかり働いてくるようにと会社からプレッシャーも受けている彼らは、航空券にかかったお金を無駄にしまいと合意を急ぎ、交渉で大損をしてしまう。それに対して日本側は、訪問販売の営業マンのように売り手側に足を運ばせることに成功し、毎晩自宅で眠ってリラックスしながら交渉にのぞむ。
自分から出向いている側のほうが、立場は弱いのだ。このことは、バーテンダーとウェイターの違いを考えてみるとよくわかる。私たちは自らバーテンダーのいるところまで足を運び、こちらを見て注文をとってもらえるようにとなんとか相手の注意を引こうとする。それに対してウェイターは、私たちの指示をあおごうとまるで召使いのように私たちのもとへやって来る。どちらも客の注文をとっていることに変わりはないのだが、私たちが相手のほうへ出向いているときのほうが、相手の立場はずっと有利に感じられるのだ。

かなり前の話だが、金融業者のJ・P・モルガンが、特に売りに出ていたわけでもないロックフェラー家所有の土地を買おうとしたことがある。モルガンの強い要請を受けて、初代ロックフェラーは息子を向かわせたが、息子がモルガンのオフィスに足を踏み入れてもモルガンは顔を上げようともせず、仕事をつづけながらこう尋ねた。「それで？　いくらほしいんです？」。ロックフェラーの息子はまだ若かったが、それで畏縮することはなかった。「モルガンさん、何か勘違いをされているようですね。私は土地を売りたくてここまで出向いてきたわけではありません。あなたが買いたいというから来たんです」

これこそが、立場を逆転させる正しいリアクションである。**交渉に長けた人は、いろいろな方法を駆使してあなたに自分は無力だと感じさせようとする。しかしあなたが相手の策略を見抜いて状況を正せば、相手の意表をついてあなた自身の立場を有利にすることはできるのだ。**

立場が最も強くなるとき

自分のほうが有利な立場にあると相手に感じさせられる状況が理解できれば、あなたの優位性が最も高まるタイミングも理解できるようになる。

あなたがオートロックの玄関の外に締め出されてしまったとしよう。業者を呼んで解錠をたのむと、二〇秒ほどの作業に軽く一〇〇ユーロ（一ユーロ＝約一二〇円）は請求される。鍵開けの専門用具をたずさえた業者は、実直そうに見えても料金は前払いで請求する。その年一番の冷え込みとなった日にコートもなしに外へ締め出されてふるえているあなたにとって、鍵を開けてくれる業者は救世主だ。扉の向こうにあるのは、クッションが八つ置かれた柔らかなソファとパチパチと音をたてる暖炉のある、シナモンの香りただよう居心地のいい空間だ。そのなかに戻るためならあなたはどんな請求額にも応じるだろう。だがなかに入れたとたん、鍵の業者はあなたにとって、法外な料金を請求する鍵開けの得意な人間にしか見えなくなる。いわゆる**「前払いの原則」**である。客はサービスを受ける前に支払いを求められる。サービスを受ける前は提供側の立場が強く見えるが、サービスを受けたあとではそれがたいして価値のないもののように思えてしまう場合がほとんどだからだ。[*17]

サービスを提供する側の優位性は、タイミングによって大きく変化する。ホテルにチェックインしたとき、夜勤のフロント係に提示された宿泊代が予約時の料金より高かった場合は、その日はひとまず眠って交渉は翌日にしたほうがいい。宿泊前はサービスを提供するホテル側のほうが立場が有利だが、サービスを受けたあとでは、あなたのほうが立場は強くなる。

雇用主との雇用契約が有効なあいだは、昇給交渉の際に立場が有利なのはもちろんあなたのほうだ。車の値引き交渉をするなら、バス停から三キロ先の工業団地内にあるディーラーまで雨のなかを歩いていく客よりも、まだ十分走れる車を所有していて、その車でディーラーを訪ねる客のほうが断然立場が強い。

何かを要求したいときは、あなたの立場が最も有利になるタイミングをみはからって動いたほうがいい。就職をするときでいえば、相手からのオファーを受けてから正式に返事をするまでの期間がそれに当たる。オファーの前にこちら側の要求を提示してしまうと、別の候補者が選ばれてしまう可能性がある。だが正式に仕事のオファーを受諾したあとに条件面の交渉をしようとしても、オファーをのんだ時点であなたはすでに相手の提示した条件を一度受け入れてしまっているため、相手はその後の再交渉に消極的になる。カンパニーカー（会社が購入もしくは一括でリースし、社員に支給する車。ドイツではカンパニーカー制度のある企業が多く、車は仕事以外でも使用可）を支給してほしい、角部屋のオフィスがほしい、引っ越し代を負担してほしいなどの要求がある場合は、仕事のオファーを受けてから返事をするまでの期間に出すようにしよう。あなたの立場が最も有利なときなら、そうした要望も受け入れてもらいやすくなる。*[18]

借金の取りたてをするのも、あなたの立場が最も有利になるタイミングがいい。例えばあなたがケータリング業者で、顧客がまだ料金を支払ってくれていない場合は、お腹をすかせた招待客が集まっている次のイベントの直前に、滞納している料金を一括請求するといい。

あなたが客の立場でも同じことが言える。あなたがフローリング用の木材を注文して、そのなかのひと箱に虫食いがあったとしよう。その場合は、虫食いのあるひと箱分を除いた残額の支払いを、先にすませてしまわないほうがいい。少し前に、私は車のリム（タイヤのホイールの一部）の修理を依頼したのだが、そのうちのひとつが明らかにきちんと修理できていなかった。修理工は数日中に私のところへ来て修理しなおすと約束したが、私がそれ以外の三つの修理代を支払うと、彼はその後二度と姿をあらわさなかった。料金の支払いを保留にするときは、債権管理回収業者にまわされないよう、支払わない理由を会社の担当者に確実に伝えておくようにしよう。*[19] 依頼した業務がすべて終わるまでまったく支払いをしなければ、あなたの立場は有利なままだ。あなたの立場が最も有利になるタイミングを見きわめる目を養おう。

立場を弱くしないためには？

アメリカの大統領がはじめからイランと戦争をする可能性を排除するのは、一見、世界平和にとって喜ばしい出来事のように思える。だが、対するイランが戦争を依然として選択肢のひとつと見なしていれば、イランはアメリカよりも選択肢をひとつ多く有していることになり、その分だけイランの立場も強くなる。**早い段階で選択肢を絞り込んでしまうと、あなたの立場は不利になるのだ。**

メディアの注目を集める人質事件でも同じようなことが起きる。五人のドイツ人がテロリストグループに連れ去られ、放送局も新聞も、全メディアが人質になった人々の様子をノンストップで報じたとすると、どんな状況が生じるだろうか？　人質になっている人々の「商品価値」は途方もなく高くなり、彼らの運命をにぎる犯人の優位性もまた連動して高くなる。なにしろ膨大な需要があるというのに、提供できる「商品」は五つしかないのだ。*[20] 事件に対する人々の関心が、犯人と交渉する際のドイツ政府の立場を不利にしてしまうのである。結果として政府は、有権者を失望させないために相手の要求にしたがう以外の方法はとれなくなってしまう。

日常生活に置きかえるなら、**どれかひとつの選択肢だけに強い興味を示すのはやめたほうがいい。自分の興味の対象を相手に知らせてしまうと、あなたの優位性が損なわれるからだ。**購入する家を探している家族が、ある家を気に入ったとしよう。子供たちに自分の部屋を選ばせ、メジャーで部屋の広さを測ったあとに、大幅な値引きに成功した例はこれまで聞いたことがない。[*21] 選択肢を絞り込むと、あなたの立場を不必要に弱めてしまうのだ。

あなたが弱い立場にあることを自分から明かすのもやめたほうがいい。今日この契約が成立しなかったら、製造を一時中断して従業員の労働時間も短縮しなければならないといった逼迫した状況を、わざわざ相手に告げる必要はない。これまでつきあいのあった会社Ａから交渉相手である会社Ｂに取引先を変えたい理由も明かさないほうがいい。交渉相手Ｂのライバルである現在の取引先Ａに不服があること、交渉相手の会社Ｂの製品をすばらしいと思っていることなど、自分の手の内を明かしてしまえば相手のほうが立場が強くなる。交渉相手を優位にたたせるような言動はつつしむべきだ。

自分の立場を弱くする最もありがちな過ちは、ものを売るときに希望価格を明記することだ。あなたはベンツの新車に希望価格が書かれているのをこれまで見たことがあるだろうか？　あるはずがない。希望価格を明示するのは交渉のアマチュアだけだ。それでも、売りたいものの希望価格を書いておく人は大勢いる。「目安になる価格を書いておけば買い手を尻込みさせることはないだろうし、そこから何ユーロか値切られるのはどうせ織り込み済みだから」というのが彼らの言い分だ。

だが、九〇〇〇ユーロという車の売り値を見た買い手はどう思うだろう？　言い値どおりで買う人はまずいないだろうと考え、九〇〇〇ユーロからいくら引いてもらえるかを思案する。希望価格を明記するのは、開口一番「本当は一〇〇〇ユーロでこの椅子を売りたいんですが、もっと安く売ることもできますよ」と買い手に言っているようなものなのだ。あなたはいきなりそんな提案を、その椅子のセールスポイントについて語る前に買い手にもちかけるだろうか？　もちろんそんな申し出をする人はいないだろう。だが、希望価格を書いておくというのは、つまりそういうことなのだ。駆け引きをする前に自ら不利な立場にたって、安く車を売りますよと周りに知らしめているようなものだ。希望価格を提示している売り手から物を買うときの値下げ交渉は、買い手側の義務だと言ってもいい。売り手は、はじめからそこに書かれた価格で品物を売ろうとは思っていないのだから。

フランスの作家、オノレ・ド・バルザックについてのこんな逸話を聞くと、立場の弱さを相手に悟られてはいけないということがよくわかる。パリのある出版業者がまだ若いバルザックの才能にほれ込み、三〇〇〇フランで小説の執筆を依頼しようとした。だが彼が住んでいるのが貧しい地域だとわかって、金額を二〇〇〇フランに下げた。その後、執筆依頼をするためにバルザックの住まいがある建物の前まで来てみたら、一五〇〇フランで十分だと思うようになった。その建物の階段を延々とのぼってようやくバルザックの粗末な屋根裏部屋に着き、彼が古いパンを水にひたしながら食べているのを目にしたときには、出版業者はオファー額を三〇〇フランに決めたという。

第三者の力を借りる

自分の立場を強める手段を探しているなら、第三者の力を借りるのもひとつの手だ。こんな例がある。あるところに、建物の状態がひどいにもかかわらず、大家が住人の訴えに耳を貸さず、まったくメンテナンスがほどこされないアパートがあった。排水設備すらもろくに機能しないというのに、大家は一切動こうとしない。*22 しかし住人たちには、弁護士を雇えるほどの経済的な余裕はなかった。そこで彼らは自分たちの要求を聞き入れさせるために、郊外の瀟洒《しょうしゃ》な住宅地に建つ大家の自宅前に押しかけ、自作の立て看板と横断幕を手に、大家の職務怠慢に対して抗議した。すると一五分もたたないうちに、何か手を打ってデモを解散させるよう、大家のもとに近隣の住民からの苦情が集まりはじめた。大家はようやく住人の訴えを聞き入れ、アパートの修繕をはじめたという。

私の友人の一人は、アムステルダムで数ヶ月ルームシェアをしていた。だが彼がそこを引き払ったあとも、彼の大家兼同居人だった女性は、敷金を返してくれなかった。引っ越し後の半年間、何度メールを送ってもなしのつぶてで、彼女の携帯に電話しても、一度も電話に出てもらえなかった。彼はどうするべきか考えた。オランダの弁護士に返金交渉を依頼してもいいが、ひどく手間がかかるうえに、結果が出るまでにおそらく何年もかかるだろう。返金の望みはないように思えたが、ふと彼の頭に、あるアイディアが浮かんだ。彼はフェイスブックにアクセスし、大家のページから彼女の友達リストをすべてコピーした。そして、彼女が敷金を返そうとしないことを、このリストの友人知人全員に知らせてもいいのか、と彼女に書き送った。彼のしたことは脅迫だという人もいるかもしれない。それどころか、ゆすりじゃないかと思う人もいるかもしれない。しかし彼は思いきって大胆な手に出ることにした。彼の口座に敷金が振り込まれたのは、その一週間後である。

そうはいっても交渉相手に影響力を持つ第三者が、いつも簡単に見つかるとは限らない。人質をとって立てこもる犯人の説得役を警察がどこからか探し出してくるように、あなたも自分の交渉相手に影響力のある人物を見つけ出す必要がある。そんなときは、あなたの交渉相手の親戚や友人や同僚を味方につけよう。[*23] **交渉とはなんの関係もないように見える部外者が、あなたの立場を有利にしてくれることもある。**

あなたの立場を意識的に優位にする方法については、次項で取り上げる。

2　立場を強くする

「袖からトランプのエースを出して見せるには、前もってそれを仕込んでおかなければならない」
ルディ・カレル（ドイツで活躍したオランダ人司会者）

希少価値を利用する

社員の一人が、「すばらしいアイディアが浮かんだ」と言って勢い込んでやって来たとしよう。彼にすでにそのアイディアについて知っているのは誰かと尋ねると、こんな答えが返ってくる。*1「もう全部の部署の責任者に話しましたよ。でも全員、私のアイディアをくだらないって言うんです。まったく、わからず屋ばっかりだ」。その答えを聞いたあなたは、即座にそのアイディアは役に立たないと判断するだろう。だがもしその社員が、まだ誰にも話していない、もしくは誰もがそのアイディアを実行に移したがったが、自分はあなたにそれをしてもらいたいのだと言われたら、あなたの受けとり方はまったく異なるはずである。**競争心は、その対象となるものの価値を計り知れないほど上昇させる。それが実際の競争にせよ、ただ単に競争心をあおるための演出にせよ、効果のほどは変わらない。**

希少効果は、交渉において最も有効な心理的メカニズムのひとつだ。数が限定されているものやほかの誰かがほしがっているものは魅力的に見える。競争心をあおられ、反射的にそれを手に入れたいと考えるからだ。[*2] まだ小さい私の四人の甥っ子と姪っ子は、あまりラスク（パンを二度焼きした焼き菓子）が好きではない。それでも、ラスクを一枚テーブルの上に置き、これが最後の一枚だから食べるなら早い者勝ちだと彼らに声をかけたら、私は彼らに踏みつぶされる前にテーブルの前からすみやかに退散するはめになるだろう。希少効果は非常に強く、どんな領域でも、どんな年齢層に対しても作用する。これまでに採掘されて加工された金《きん》を、延べ棒も結婚指輪も金歯も、すべて溶かしてさいころをひとつ作ったら、一辺の長さはどれくらいになるかご存知だろうか？　二〇メートル弱と推測したあなたは正解だ。[*3] もし金がこれほど珍しいものでなかったとしたら、金に興味を持つのは、おそらく風変わりな石のコレクターくらいだろう。多くの企業は、特に高級ブランドを扱う企業は、自社製品の製造数を意図的に低く抑えている。販売店の優位性を高めるためだ。もし私があなたに、私が保有する不動産ポートフォリオに五〇〇〇ユーロ投資することを勧めたとしたら、あなたはとりあえず検討はしてみても、おそらくリスクが大きすぎると判断するだろう。[*4] だが私が、二〇人から投資を募る予定で、すでに一九人が五〇〇〇ユーロずつ投資をしていると言ったら？　あと一人しか投資できないとわかると、競争心がはたらいて、あなたはリスクについては考えなくなるはずだ。この効果は交渉にも適用できる。あなたが提供するものに希少性があると相手に思わせることができれば、あなたの立場は強くなるだろう。

　ガーナの首都アクラから内陸部にある第二の都市クマシまで、「マミー・ワゴン」と呼ばれるバスが出ている。[*5] このマミー・ワゴンに乗りたいのなら、ゆっくりしているひまはない。このバスの空席はいつもひとつしかないからだ。誰かが〝最後の〟空席に腰を下ろすと、バスにすわっていたサクラが席をたち、またひとつだけ空席をつくる。そうしている限り、バスに乗っている本物の乗客たちは、もうすぐ満席になってバスが出ると考えて、数時間先になるかもしれない出発を我慢強く待ってくれるからだ。**競争心をあおれば希少効果は強くなる。誰もがあなたの提供するものをほしがっている状況で、なおかつそれに希少性があるように見えるとき、あなたの優位性は最も高くなる。**バスの残席がひとつしかないように見せかけておけば、バスの運営側は自分たちの都合のいいようにことを進めることができるのだ。

　アパートの借り手を探しているときは、部屋の見学時間を決めて、内見希望者は皆その時間に来てもらうようにするといい。同時に友人知人も招待すれば、あなたの部屋は人気物件に見えるため、部屋を見ている人々は競争心をあおられる。多くの付箋を貼りつけたライバル会社のカタログを置いたり、競合他社からの手紙を、その会社のレターヘッドが印刷された部分がわざと見えるようにして置いたりするのも、営業スタッフの競争心をあおるためのよくあるトリックだ。[*6] **あなたが何かものを買おうとするときは、自分がお金を売る立場だと考えるといい。**[*7]「私のお金と引き換えに一番価値のあるものを提供してくれるのは誰だろう?」と考えて行動すれば、あなたにものを売ろうとする側の競争心をあおることができるだろう。

　お金を借りようとしているときでさえ、貸し手の競争心をたきつけることができれば、あなたの有利になるよう交渉できる。例えば、あなたは銀行の支店で、金利が安く月々の返済額も少ない貸付を受けるための交渉をしているとする。あなたに有利な条件を引き出したいのなら、一度その場を辞して昼食にでも行き、数時間後にまた同じ支店に戻ってこんなふうに言ってみるといい。「私がいまどこに行ってきたかはおわかりですよね……」。もちろん銀行の担当者は、ライバルのことをよく知っている。あなたがそう言うだけで、相手の想像力はフル回転をはじめるはずだ。

ドナルド・トランプは、独特な方法で希少価値を生み出している。[*8] トランプ・タワーもトランプ・ワールド・タワーも、トランプが手がける物件はその独自性で人気を集めている。同じような高層ビルはニューヨークにごまんとあるにもかかわらず、トランプは彼の物件はこれまでにあったどんなビルよりも高級感にあふれているというイメージを自らつくり上げた。最上階のペントハウスはロココ調で統一し、ありとあらゆる雑誌にその写真を掲載させて、ビルの名声を高めている。トランプ・タワーと同趣のビルは存在しないという希少性ゆえに、家賃設定は桁はずれに高い。希少性はどんなものからでも生み出せる。あなたの取り扱っている製品に独特のディテールを加えた限定モデルを用意し、五〇個限定で販売してみるのもひとつの方法だ。

交渉の対象がどんなものでも、価値を高めて見せる簡単な方法がある。「うまく説明できないんですが、この絵は私にとって特別な意味をもつ作品なんです」と言うだけでいい。あなたがその品物を手放しがたく思っていて、売るのを躊躇《ちゅうちょ》している様子を見せれば、それを疑う人はいない。**あなたにとって特別な品だと思わせることができればその品物の価値は上昇する。**品物の価値が上がれば持ち主の立場も有利になる。品物に希少性があると思っただけで私たちは合理的な判断ができなくなり、反射的にそれを手に入れたいと思ってしまうからだ。[9]

口説き落とすための必勝テクニック

ピックアップアーティストコミュニティという集まりがある。女性を口説き落とす効果的な方法を考案して実際に使用するという、共通の目的を持つ男性たちのグループだ。アメリカ人の著名なジャーナリスト、ニール・ストラウスはこのコミュニティに入り込み、彼らの洗練されたテクニックを『ザ・ゲーム　退屈な人生を変えるナンパバイブル』[10]という本にまとめあげている。この本によると、ナンパで決め手となるのは、交渉と同じように、自分の立場を有利にすることだという。相手に対する優位性を高めることが成功の秘訣なのだ。女性に声をかけた瞬間に、男性の立場は女性よりも下になる。誰かに声をかけるのは、相手に何かを求めているときと相場が決まっているからだ。それとも、あなたはいままで街頭のキャッチセールスに自分から声をかけたことがあるだろうか？

基本的に人間は、相手の社会的地位が自分より低いと感じると、その相手からは距離を置きたくなるものだ。そのためナンパを成功させるには誘う側は自分の社会的な力やスキルを相手に示して、自分の優位性を高めなければならない。周りの人を笑わせるのが得意だったり、仲間内のリーダー的存在だったり、弱い人の味方だったりすることを示す必要がある。例えば「彼女は僕の妹だからね。何があろうと僕は彼女を守らなきゃならない！」。そう言えばその男性の株は上がり、女性たちの見る目が変わる。だが理想的なのは、電話がひっきりなしに鳴ったり、携帯に頻繁にメッセージが届いたりする様子を見せて、ふだんから女性たちに取り囲まれているような印象を与えることだ。

ボディランゲージにも気をつけよう。背もたれに体をあずけてゆったりとすわると自分の優位性をアピールできるが、相手に向かって身をのりだすようにしてすわると、相手よりも立場は下に見える。「ピーコッキング」と呼ばれる面白い方法もある。極端につばの広い帽子をかぶったり、コートの折り返し部分に羽根飾りをつけたりと、奇妙な服装をするのだ。どうしてこの方法で自分の優位性を高められるのだろう？　なぜならそういうおかしな格好で問題なく社会生活を送れているということは、きっと社会的地位のある人に違いないと周りに解釈してもらえるからだ。

腕のいいナンパ師は自己紹介をしない。すぐに誰にでも取り入ろうとするのはなれなれしい営業スタッフのすることだ。腕のいいナンパ師はミステリアスで自分をひけらかそうともしない。立場の強い人間は自分の優位性を人に見せつけたりはしないのだ。発言はしても人に質問をしないのも、腕のいいナンパ師の特徴だ。

それから、誘う相手の優位性を下げ、自分を相対的に優位にする方法もある。「ネギング」という、一見否定的なふるまいをして相手の地位に揺さぶりをかけるテクニックだ。例えばこんな感じだ。「クロークにいた女性、君とまったく同じ服を着てたね。でも君のほうがずっと似合ってるよ」。「見事な出っ歯だね。とってもかわいいよ」。

恋がたきを追い払うための方法まである。その恋がたきの見た目がよくても、がっちりと体格がよくてもきちんと効果を発揮する方法で、群れのなかにいる支配的なオス（Alpha Male）を無力化できるということから、アモッギング（AMOGing = Alpha Male of the Group）と呼ばれている。ネギングと同じように、言い回しを工夫して相手の優位性を下げるのだ。恋がたきが人を笑わせるのが得意なら、

「本当に面白いな。でも俺たち全員に好かれようとして、無理して場を盛り上げなくていいんだぞ」と言えばいい。体格のいい相手なら、「よく鍛えてるな。俺のボディガードになってくれよ」と言えばいいし、とても頭がよい相手なら、「俺の私設秘書になってくれ。お前はすごい！」と言えばいいのだ。
どれも、相手に対する優位性を高めるためのテクニックばかりである。

制限時間のプレッシャーを利用する

時間的なプレッシャーの下に置かれている側のほうが立場は弱い。あなたに時間的な制約がある場合は、それを相手に悟られないようにしよう。だがその一方で、相手側にどんな時間的な制約があるかは把握しておいたほうがいい。相手側の時間的なプレッシャーが大きければ大きいほど、そして相手側のタイムリミットが近づいていればいるほど、あなたの立場は強くなる。とりわけ相手のタイムリミットが目前に迫っている場合は、相手があなたのオファーに応じる可能性はかなり高くなる。

例えば貸付が打ち切られるため四週間以内にオフィスビルを売らなければならないなど、交渉相手が自ら事情を話してくれることが理想的だが、相手が特に何も言わなくても、**時間的な制約と無縁の交渉相手はめったにいないというのは頭に入れておいたほうがいい。**相手が時間的なプレッシャーなどないふりをしていても、それを鵜呑みにしてはいけない。もし本当に時間的な制約が何もないのだとしたら、そもそも相手はあなたとの交渉にのぞむ必要はないのだ[*11]。では、相手が何も言おうとしないときはどうやって相手の事情を突き止めればいいのだろう？　そういうときは交渉の進み方をわざと遅らせて、相手が動揺するかどうか様子をうかがおう。相手はもっと早い時期に次回の交渉日時を設定しようとするかもしれない。あなたからの返事を二日以内にほしがるかもしれない。あなたがミーティングを延期すると、神経質になったり、不機嫌になったりするかもしれない。

しかし、相手がすでに時間的なプレッシャーの下にある場合もそうでない場合も、交渉時のやり取りに期限を盛り込めば、相手へのプレッシャーを強化できるだけでなく、あなたの優位性を効果的に高めることもできる。[*12] **「ご都合のいいときにまたお寄りください」という言い方は避けて、常に時間を設定するようにしよう。**[*13] あなたは銀行のアドバイザーで、低金利の住宅ローンを顧客に勧めているとする。だが顧客の反応は煮え切らない。他の銀行でもっといい条件でローンが組めるかもしれないと考えているからだ。あるいは、欧州中央銀行が来月公定歩合を引き下げる可能性について思いをめぐらせている可能性もある。そんなときはこんなふうに言うといい。「今週中に決断されたほうがいいですよ。来週からは新しい決算期がはじまります。そうすると役員会が開かれて、ローンの手続き方法についてもまた一から協議されます。そのうえ今回は私の上司に当たる役員が定年退職して役員会に新しいメンバーが加わるので、結果がどうなるかまったくわかりません」。[*14] これで、あなたの立場は有利になる。このように、期限はあなたが設定したものでなく、あなたが影響をおよぼせないやむをえない事情によるものだと説明したほうが効果は大きい。あなたが期限を設定していると思われると、あなたが相手を脅《おど》しているような印象を与えてしまうからだ。またこの例でいえば、相手から期限内に回答がなかったとしても、役員会のメンバーは変わったが手続きに変更は加えられなかったと説明すれば、相手との交渉は続行できる。新しく就任した役員が従来通りの方法に賛同することは、十分ありえるのだから。

もうひとつ、相手との関係を損なわずに期限を設定できる方法に、人材雇用時の「承諾期限つき内定」がある。[*15] 例えば、就職の内定を相手が火曜の一二時までに承諾しなかった場合、内定は取り消しにならないが、カンパニーカーの契約書をそれまでに送付しなければならない都合上、カンパニーカーの支給はできなくなるという類のオファーがそれに当たる。期限をもうけて相手にプレッシャーを与えながらも、この方法を使えば、期限が過ぎたあとも相手との関係を維持することができる。

私がまだ一〇代だったとき、フランクフルトの旧オペラ座の前で、人気歌手のコンサートに出かける母とおばを待っていたことがある。私はチケットの受け取りに行き、それを二人に手渡すためにそこにたっていたのだが、付近には「チケットを譲ってください」と書かれた紙を持った大勢の人がいた。そのうち、誰かが私が手にしている二枚のチケットに目をとめると、私の周りにはあっという間に人だかりができ、彼らがオファーするチケットの買い値は一枚数百マルクにまでつり上がった。私がチケットを手ばなす誘惑に負けてしまう前に母がやって来て、彼らのねたましげな視線を浴びながら、私からチケットを受け取った。その数分間、私は付近一帯で誰よりも優位な立場にあった。なぜなら需要の大きさに対してチケットは明らかに不足していて、そのうえ開演時間は刻々と迫りつつあったからだ。自分でも意識しないうちに、私はオークションの当事者になっていたのだ。**期限が競争心と組み合わされると強力な力を発揮する。**[*16] 「水曜の一〇時までに、この条件で品物をお買いになるかどうか決めてください。それを過ぎたらこれは他の希望者に売却します」。そう言うと、交渉が成立する確率は何倍も高くなるのだ。

時間的なプレッシャーに対して交渉相手がどう反応するかを観察すると、相手の実情が見えてくる。相手がすぐにプレッシャーに屈したときは、相手にはどうしても交渉を成立させたい事情があり、あなたは交渉において全面的に強気に出てかまわないということになる。

期限がもたらすプラスの作用はほかにもある。交渉成立までの時間を短縮できるというのもひとつだ。学生が修士論文を期限までに仕上げるのは、はじめから期限が設定されていて、それまでに仕上げることを義務づけられているからだ。仕事の量は与えられた時間をすべて満たすまで膨張するというのは、「パーキンソンの法則」ですでに立証されている。[*17] 年金暮らしの女性が姪に葉書を書くのに、葉書はどれにしようかしら？　何を書こうかしら？　どこのポストに投函しようかしら？　傘は持っていったほうがいいかしら？と半日を要するのに対して、多忙な人は同じ作業を仕事の合間の数分間ですませてしまう。これは交渉にも当てはまる。何度も交渉をこなしている人は、交渉に動きが出たりどちらかが譲歩したりするのは、たいていタイムリミット直前だと知っている。多くの場合、交渉の合意は、例えばどちらかがもうすぐ帰路につかなければならないときなど、期限が迫ったときに成立するものなのだ。[*18]

時間的なプレッシャーに屈しないよう気をつけよう！　もしあなたが弁護士かなにかで、業務上期日を厳守する必要があるのでなければ、期限をそこまで真面目にとらえることはない。もしその期限があったとしても、再交渉はいつでもできる。それにもし、その期限が交渉の対象の希少性と関連がある場合、それは希少価値を生み出すための方便にすぎない可能性が高い。相手が時間的なプレッシャーをかけてきて、ここで決断を躊躇したら交渉は成立しないのではないかと不安になったときは、相手の策略から身を守るために、まず少し距離を置いて自分と相手の力関係を確かめ、自分の優位性を高める努力をするようにしよう。

最終権限を持つ存在を利用する

もし交渉相手が契約事項に変更したい点があると申し出てきたときは、「残念ですが法務部は変更を受けつけてくれないんです」と言おう。どんな事情があれ法務部と進んで揉めたがる人はいないだろうし、そう言えば社内の法務部がまるで最高立法府でもあるかのような印象を相手に与えることができる。部署名を出さずに、「これ以上価格を下げたら、上層部が激昂して私はすぐに辞表を書くしかなくなります」という言い方をしてもいい。

最終的なゴーサインを出す権限があなたにないと相手に思わせるのは、矛盾しているようだが、交渉で有利にたつための非常に効果的な手段だ。

交渉相手に、最終権限を持つのはあなたでなく、役員や法務部やあなたの友人だと思わせることで、あなたの立場は強くなる。あなた以外の誰かの合意を取りつけるには、もっとよいオファーを提示しなければならないような気にさせられるからだ。目の前にいない人を人間的な魅力で取り込むことはできない。交渉の成否を決めるのは、純粋にオファーの良《よ》し悪《あ》しだけだ。最終権限を持つ存在は、漠然としているとなお効果的だ。交渉しているのは感情に訴えられる人間でなく、オファーの数字しか見ない「おぼろげな誰か」だという印象が強くなる。それに最終権限を持つのが特定の人物でなく、監査役会や委員会だと思えば、交渉相手も決定権を持つ担当者と直接話をしたいとは言わないはずだ[19]。あなたでない誰かにオファーの是非を判断する権限があると相手に思わせておけば、あなたは間接的に値下げ交渉をすることもできる。例えばこんな言い方が考えられる。「監査役会にはもう好条件のオファーがたくさん出されていると聞いています。もう少し安い価格でないと取引は成立しないと思いますし、私個人としてもそのほうがありがたいのですが」。あるいは「あなたが納得させなきゃならないのは、私じゃありません。私の妻です」と言ってみてもいい。決定権を持つ誰かの存在を利用すれば、追加のサービスや値引きを勝ち取ることもできる。「妻もこの品物を買うのに同意はしてるんですが、これは店頭に陳列されていたものだから、いくらか安くしてもらわなきゃだめだっていうんですよ。陳列されていたっていっても、私には新品同様にしか見えないんですがね」。こう言えば、あなたは値引き交渉の矢面に立たずにすむ。あなたは買い手というよりも、交渉相手のアドバイザーとしての役割を果たすことになるからだ[20]。

イギリス系アメリカ人の交渉のエキスパート、ロジャー・ドーソンは、最終権限を持つ組織の存在を匂わせることで、絶望的に思える状況を打開したことがある[21]。彼のオフィスの賃貸契約はあと二年残っていた。賃貸料は一七〇〇ドルと決まっていたが、ドーソンは残りの二年間の賃貸料を下げてもらう必要があった。値引きを成功させるために、彼はどんな説明の仕方をしたのだろうか？　ドーソンはオフィスの貸主のところに行き、三〇分後に彼の会社の役員会が開かれる予定で（実際には役員会など存在しなかったのだが）、賃貸料が一四〇〇ドルまで下がらなければオフィスは閉鎖されることになりそうだと告げたのだ。「だったら訴訟を起こすまでだね」と貸主は言った。「そうですよね！　でも役員会はきっと、〝訴訟を起こしたいならそうすればいい。ただこのロサンゼルスじゃ裁判が開かれるまでに二年はかかるだろう〟と言うでしょうね」とドーソンが答えると、それを聞いた貸主はドーソンにこう尋ねた。「君がそのミーティングに行って、なんとかしてもらえないだろうか？　賃貸料は一五五〇ドルにしてもいい。もしそれでも足りないようなら、一五〇〇ドルまでなら下げられる」。ドーソンはこうして、はじめから目標にしていた値引き額を勝ち取った。だがもし彼が貸主に、料金を下げてくれなければ賃貸料は支払わないとだけ告げていたら、値引き交渉は成立していただろうか？　そんなことをしていたら、貸主は機嫌を損ねて、おそらく本当にドーソンを訴えていたに違いない。

次のような状況を想像してみよう。「この絵を一〇〇ユーロで買いましょう」「承知しました」「じゃあ、これから妻の首をたてに振らせなきゃ。いま連れてきますね」。どういうことかおわかりだろうか？　売り手は買い手のオファーに同意して一度合意が成立したにもかかわらず、買い手は決定権を持つ妻の存在を持ち出すことで、二度目の交渉開始を宣言したのだ。

あるいはこんなふうに言ってみてもいい。「わかりました。これですべての点で合意できたことになりますね。あとは残りの経営者から賃貸料の額の承認を受けるだけです。私は三人いる経営者のうちの一人にすぎませんから」。そしてそう話した数日後、電話をかけて結果をこう報告するのだ。「大変お恥ずかしい話なんですが、残りの経営者の同意は得られませんでした。一平方メートル当たり一二ユーロ以下ではお貸しできないということです。申し訳ありません」。最後に最終権限を持つ誰かをかつぎ出すことで、借主との値下げ交渉がいったん終わったあとでも、自分に有利な形で交渉を再開できるのだ。不動産売買の場合は、あなたの代理として交渉を行う仲介業者を使うといい。仲介業者が交渉してできるだけ値を下げたあとであなた自身が直接売り手と会えば、売り手が仲介業者と合意した金額が単なるオファーにすぎなかったふりをして、もう一度交渉ができる。「あなたの希望価格は三〇万ユーロということでしたね。この部屋の価格としては妥当です。もしあなたがキッチンを置いていってくれればの話ですが（ドイツの住宅には、賃貸の場合も中古で一軒家を購入する場合も、キッチンがついていない物件が多い。その場合は自前でキッチンを用意しなければならず、その物件を出るときには自分で用意したキッチンは持って出るのが一般的である）」。

弁護士や業者のような、ほかに交渉の権限を持つ誰かがいない場合、もしくはそうした仲介役を立てるのが不都合な場合は、あなた自身が「ほかに権限を持つ人物」になってもいい。交渉を行う同僚やパートナーに相手から出されたオファーをすべて自分に見せてくれるよう頼んで、共同で物事を決められるように手配しておけばいいのだ。あなたが誰かを交渉の場に送るときも、決して白紙委任をしてはならない。あなたの承認が必要だということを、必ず明確にしておこう。

組織のなかで交渉の場に出たときの立場が最も弱いのは、その組織のトップにいる人物だ。企業のCEO、ある市の市長、一国の大統領などがそれに当たる。この場合、自分以外にもものごとの決定権を持つ誰かがいることを明確にする必要性はさらに高くなる。監査役会、市参事会、議会――アメリカなら上院だ。アメリカの大統領が、何かを決定するときには上院の承認が必要だと強調しているのを耳にしたことがあるだろう。

交渉相手がこの戦略を使った場合は、どう対処すればいいだろうか？　その場合は相手の手に乗らず、同じ方法で相手にやり返そう。そうすれば、相手はその戦略を使うのをあきらめてくれるかもしれない。それが無理でも、少なくともお互いの立場を対等にすることはできる。「価格を一〇〇〇ユーロ以下に下げないよう上司に言われてるんです」と言われたら、即座にこう返せばいい。「私は上司に九〇〇ユーロ以上は出せないと言われてます」。そうすればその後、相手は最終決定権を持つ誰かの存在を匂わせなくなるに違いない。

車を購入するとき、何かを訊くたびに担当者が上司のところにおうかがいをたてに行くようなら、担当者が戻ってくるころに誰かに電話をかけて、毎回その担当者を待たせよう。そして「無料で内装を革張りにはできないと上司が申しております」と担当者が言えば、あなたは「月々の支払いが八〇〇ユーロを超えるローンを組むのは無理だと妻が言ってます」と返せばいい。相手側に決定権を持つほかの誰かが控えているようなら、あなたも同じことをすればいいのだ。

交渉も大詰めを迎え、相手側から自分の一存では決められないと告げられたときにも、その交渉を決裂させたくないとあせって、相手の有利になるようなオファーを出さないように気をつけなければならない。その場合も「わかりました。あなたの上司の方の承認が必要ということですね。それでは私もこの件に関して上司と相談してみます」と、あなたの側にも同じように最終権限を持つ誰かがいることをほのめかすにとどめよう。*22

念のために、交渉の開始時点で「あなたはこの場で決定をくだす権限をお持ちですか？」と相手に確認するくせをつけたほうがいい。ただし、実際は誰かにおうかがいをたてなければならないにもかかわらず、自分を優位に見せようとして決定権は自分にあると答える相手も少なからずいるということは頭に入れておこう。交渉に慣れていない人は、最終決定権は自分にないと思わせたほうが交渉には有利だと理解していないことが多い。だが、誰かの同意が必要だという言い分は立場を有利にするための口実にすぎない、と判断したときは、例えばあなたが不動産業者だったとしたら、こんなふうに念押ししておこう。「もし、いまあなたの理想どおりのアパートが見つかったら、もちろんその場で即決なさいますよね？　あなたの条件にぴったりなのに決められない理由なんてあるわけないですから」。そう先手を打っておけば、その後「母に敷金を出してもらうので、まず母に訊いてみないと決められないんです」といった類いの言い訳を借り手は持ち出せなくなる。[*23]

しかし、もし本当にその場にいない誰かが最終的な決断をくだすのだとしたら、そこにいる相手とよい関係を築いてもただの骨折り損ということになる。決定権のない相手と交渉しても時間の無駄だ。そのため、交渉のテーブルにつくのは決定権を持つ人のみという条件つきの交渉も少なくない。交渉の際は、次のように必ず権限を持つ人の同席を求めるようにしよう。「あなたの上司にも同席していただいたほうがいいんじゃないでしょうか。最終的な判断をなさるのは上司の方なんですよね?」。あるいは「奥様をお連れになってはいかがですか? そうすれば直接お話できますから」と言ってもいい。最終権限を持つのが監査役会だった場合はどうすればいいか? その場合は、次の監査役会がいつ開かれるかを尋ねよう。そうすれば、監査役会で権限のある人たちに直接オファーできる。また、大人数の交渉チームを相手にするときは、誰がどんな権限を持っているかを確かめて、特に意識を向ける必要のある相手を突き止めよう。元警官のドイツ人の交渉エキスパート、マティアス・シュラナーは、警官として反体制派グループとかかわっていたときに、次のようなことに気がついたと述べている。クラブからグループを退去させるときなど、何かに関して彼らの合意を取りつけたい場合、リーダー格のAでなく、単なるメンバーの一員にすぎないBと話してグループ全体の同意を得ようとすると、グループ内で必ず揉めごとが起きるのだ。Bの言うことがどんなに理にかなっていようが、AにはBが自分のポジションを奪おうとしているようにしか思えないからである。[*24]

代替案なしで交渉してはいけない

給与交渉をするときに、相手よりも優位にたつにはどうすればいいだろう？　拳銃で脅してみればいいだろうか？　それとも、別の会社から受けたオファーの具体的な内容を突きつけて、給与額の引き上げを迫ったほうがいいだろうか？[*25]　互いの優位性をはかるには、交渉が成立しなかった場合に失うものが大きいのはどちらかを考えてみるといい。そうした比較の際に、基準として役立つのがＢＡＴＮＡ《バトナ》だ。ＢＡＴＮＡとは、ハーバード大学交渉学研究所（ハーバード大学の交渉に関する研究機関）の創設者であるロジャー・フィッシャーとウィリアム・ユーリーによって確立された概念で、**「交渉で合意が成立しない場合の最良の代替案（Best Alternative To A Negotiated Agreement）」**の略である。つまり、交渉が決裂した場合の自分にとっての最善策を把握していれば、あなたは自分のＢＡＴＮＡを知っているということになる。代替案がよいものであればあるほど、いま行っている交渉の重要性は低くなり、あなたの立場も強くなる。

あなたはいま、世界的なコンサルティング企業、ボストン・コンサルティング・グループの採用審査の最終段階にいるとしよう。給与額は、業界の平均的な初任給である一〇万ユーロを提示されている。こういうときのあなたの交渉における優位性は、あなたが持つ代替案によって決まってくる。あなたがすでにほかの二社から同じくらい興味深い仕事のオファーを受けていて、その給与額が九万ユーロと一一万ユーロだった場合、あなたのＢＡＴＮＡは一一万ユーロだ。無二の親友が五人もいることなどありえないのと同じで、ＢＡＴＮＡも常にひとつしかない。代替案

ＢＡＴＮＡなしで交渉してはいけない

として最良のひとつがあなたのＢＡＴＮＡだ。

ほかの企業から、あなたがまだ仕事のオファーを受けていない場合はどうなるだろうか？　その場合、あなたはＢＡＴＮＡを持たないということになり、立場は弱くなる。

だからといって「九万五〇〇〇ユーロ以下のオファーは受けられません」というように、なんとなく頭に浮かんだ数字を最低限のリミットとして挙げてもあまり説得力はない。きちんと根拠のある数字を示して交渉に役立てるには、やはりＢＡＴＮＡが必要だ。

では、別の企業からのオファーなど、**現実の代替案がない場合にはどうすればいいのだろう？**　その場合は、**あらかじめほかの代替案を調べる時間をとって、そのなかの最良の選択肢をＢＡ**

TNAとして把握しておくようにしよう。 BATNAがなければあなたの立場は弱くなり、思うような成果を上げられなくなる。代替案はひとりでに転がり込んでくるわけではない。ほかの企業に就職したらどうなるか、起業できる可能性はあるかなど、代替案として考えられる選択肢についてじっくりと検討しよう。それでも代替案が見つからないときは、面接で失敗しないよう、しっかりと準備しておくしかない。

それから、**BATNAは高く設定しておく**ようにしよう。たいていの人は、できるだけ多くの選択肢を片っぱしから試そうとする。「本当はボストン・コンサルティング・グループに入りたいけど、うまくいくかどうかわからないしなあ。もし採用されなかったら、いろいろな会社を当たってみればいいか」というように。だがこのアプローチの仕方は間違っている。第一希望の選択肢との交渉前に、代替案は高く引き上げておいたほうがいい。同じくコンサルティング大手のベイン・アンド・カンパニーとマッキンゼー・アンド・カンパニーをBATNAにしようと目標をたて、もしその両社から提示された給与額一〇万ユーロのオファーを手に本命との交渉にのぞんだとしたら、本命企業での給与額は一〇万ユーロを下回ることはないのだ。

二つの企業から職のオファーを受けたあとに、採用面接にのぞむときのことを想像してみよう。代替案なしで面接を受けるときよりも、自分の立場が優位に感じられるはずだ。反対にアパートの部屋を見学しているときに、もしこう考えていたとしたら、交渉での立場はおのずと弱くなる。「どうしてもこの部屋を買いたい。交渉がうまくいかずにもしこの部屋を買えなかったら、また何ヶ月もインターネットで物件を探して、なかを見せてもらう約束を取りつけて、同じことを繰り返さなきゃならなくなる」。だが事前にアパートの売り物件について調べ、条件に合うアパートはほかにもあると知ったうえで交渉をすれば、立場はまったく違ったものになるだろう。

インターネットを使えば巨大な情報のプールにアクセスでき、ほんの数十分もあれば、ほぼどんな状況においても強固なＢＡＴＮＡをつくり出せる。[*26] 少しネットで検索するだけで、どんなディーラーよりもアウディの新車の価格に詳しくなれるのだ。

こんな話がある。ある企業が自社工場のひとつを売却し、特殊な部品の調達をたったひとつの納入業者に頼らざるをえなくなった。[*27] ライバルがいないことを知っていた納入業者は、自分たちに有利な条件を引き出すために交渉の場で企業側に大きな圧力をかけてきた。企業側はそれにどう対処したのだろうか？　企業側の交渉チームは、自分たちの立場をなんとか優位にできないかと交渉のエキスパートに助言を求め、次のミーティングまでにしっかりとしたＢＡＴＮＡを用意することにした。売却した工場を買い戻して部品をまた自社で製造した場合、製品ひとつ当たりのコストはいくらになるか議論し、次のミーティングで企業側はその数字をたずさえて自信を持って交渉にのぞみ、明確な希望価格を提示した。納入業者に依存せざるをえず、立場の弱かった前回の交渉とは大違いだ！　その結果、彼らは部品の製造を再開するために工場を買い戻さずにすんだという。ＢＡＴＮＡのおかげで、よい条件で交渉を成立させることができたというわけである。

企業によっては、ＢＡＴＮＡなしで交渉を行ってはならないという社内規則のあるところもある。重要な交渉の予定が入りそうなときは、すぐにインターネットで交渉相手のライバル会社を一〇社探して、彼らとあらかじめ交渉して、交渉相手に提示できるよいＢＡＴＮＡを用意しておこう。そうして準備しておけば、立場は何倍にも有利になる。交渉があなたのＢＡＴＮＡより悪い結果で終わることは決してない。何も持たずに交渉にのぞんだり、その場ではったりを言ったりするかわりに、袖口に砒素をしのばせて交渉のテーブルにつけるのである。

ＢＡＴＮＡについて理解できれば、冷戦中、核兵器が超大国間の平和の維持に果たした役割は大きいと、多くの政治アナリストが見なしている理由もよくわかる。数十年にわたって相互に武力による威嚇をつづけていたにもかかわらず、アメリカとソ連が粘り強く交渉を重ねていたのは、どちらも交渉が決裂した場合の代替案が行使されるのを恐れていたからだ。[*28] 核実験もミサイル発射テストも特殊な戦車の開発も、すべて交渉における自国の優位性を高めるための手段だったのである。

お金以外の条件から代替案を算出するには？

だが、交渉の対象に金額以外の条件が含まれている場合は、どうやってＢＡＴＮＡを算出すればいいのだろう？　あなたは中古でＢＭＷのステーションワゴンを買おうとしていて、選択肢はふたつあるとする。[*29] ひとつは二〇〇六年モデルのマニュアル車で走行距離は五万キロ、一年間のディーラー保証つきで価格は一万五〇〇〇ユーロ。もうひとつの選択肢は、隣人が一万四〇〇〇ユーロで売却しようとしている二〇〇七年モデルのオートマチック車で、走行距離は六万キロ、保証はついていない。あなたがディーラーに行って交渉をするとしたら、あなたのＢＡＴＮＡはなんだろう？　隣人の車の売り値である一万四〇〇〇ユーロだろうか？　だがそれではほかの条件の違いが考慮されないことになる。隣人の車のほうが安くて新しいが、オートマチックであるうえに（ヨーロッパではマニュアル車のほうが主流で人気も高い）走行距離も長い。車の購入にかかわる比較的単純な交渉から数十億の金額が動く企業買収交渉まで、交渉の種類にもいろいろあるが、ほぼどんな状況においても、交渉にはさまざまな条件が複雑にからみあっている。そんななかでＢＡＴＮＡをつくり上げるには、いったいどうすればいいのだろう？

そんなときは**個人的な好みに合わせて、比較する選択肢の条件を一つひとつ金額で評価すればいい。**この中古車購入の場合でいえば、隣人の車の条件を、例えばこんなふうに評価する。

・車の年式：一年新しい。あなたとっては三五〇〇ユーロの価値がある。
・走行距離：一万キロ多い。あなたの目から見ると価値は二五〇〇ユーロ減少する。
・トランスミッションの種類：オートマチック車はあなたにとって三〇〇〇ユーロの価値がある。
・保証：保証がない分、あなたにとって価値は一五〇〇ユーロ減少する。

各要素を金額で評価するのは難しく感じられるかもしれないが、そうしなければ条件面を考慮に入れた代替案を数字であらわせない。ものごとを金額に置きかえるのにどうしても抵抗がある人は、保険会社の金額設定のことを考えてみるといい。右腕を失った場合や失明した場合などの悲劇的な出来事に対してすら、明確な金額がつけられている。どんなものに対しても、金銭的な価値を与えることはできるのだ。もちろんそれぞれの要素の価値はまったくの主観で決めてかまわない。実のところ、オートマチック車は私にとっては非常に大きな価値がある。先のリストの評価額を一万ユーロにしてもいいくらいなのだが、読者の方に奇異な感じを抱かせないよう、こ

ディーラーの車	隣人の車	あなたの評価
・2006年モデル	・2007年モデル	+€3,500
・走行距離５万キロ	・走行距離６万キロ	－€2,500
・マニュアル車	・オートマ車	+€3,000
・1年間の保証付き	・保証なし	－€1,500
€15,000	€14,000	合計€+2,500

隣人の車の価値
(BATNA)
€11,500

BATNAを算出する

こでの金額は抑え気味に設定してある。

リストの金額をまとめると、結果は次のようになる。三五〇〇－二五〇〇＋三〇〇〇－一五〇〇＝二五〇〇。車の売り値は一万四〇〇〇ユーロだ。隣人の車を購入すると、実際にこの額の出費が生じるため、－一万四〇〇〇ユーロということになる。そのほかの要素の価値を加えると（－一万四〇〇〇＋二五〇〇）、答えは－一万一五〇〇ユーロだ。この数字が、ディーラーの車と比較したときの、あなたにとっての隣人の車の価値である。*30

要するに、ディーラーの車は隣人の車よりずっと割高なのだ。すべての条件を金銭に換算してディーラーの売り値と比較すると、差額は三五〇〇ユーロになる。ほとんどの交渉では、このようにさまざまな要素を金銭に換算する方法をとらざるをえない。

この例でいえば、車の製造年や走行距離は

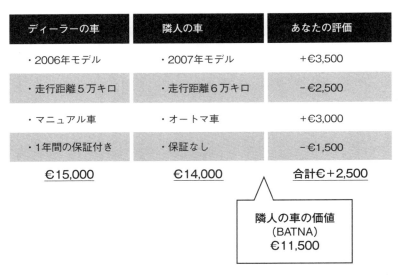

変えられないが（走行距離についてはディーラーの良心を信じるしかないが）、価格はディーラーとの交渉しだいで調整可能だからだ。隣人の車と価値を同等にするには、ディーラーは三五〇〇ユーロを下げなくてはならない。つまり、ディーラーの売り値である一万五〇〇〇ユーロから三五〇〇ユーロを引いた、一万一五〇〇ユーロがあなたのBATNAということになる。いろいろな要素がからんだ複雑な状況でも、明確なBATNAをつくり出すことはできるのだ。

交渉相手の代替案を把握するには？

相手方のBATNAも把握しておくと、交渉の役に立つ。いまのアパートから引っ越すことにしたとしよう。あなたは新しい借主からいくらかお金を受けとるのと引き換えに、自分のキッチンを置いていきたいと考えている。しかし、あなたが五〇〇〇ユーロ請求したいと思っていても、もし新しい借主が、アパートに合うキッチンを三〇〇〇ユーロで譲ってくれる知り合いがいると主張した場合、交渉は成立しない。だが新しい借主が多忙な会社員で、キッチンの設置など、引っ越しにまつわる手間を最小限に抑えたいと考えていたとしたら、交渉のしようはある。キッチン業者のところへ行って、アパートに合うキッチンとその設置費用の合計額を問い合わせてみればいい。そうすれば、新しい借主のBATNAを把握できる。ひょっとしたら本人よりも彼のBATNAに詳しくなれるかもしれない。

「あなたの同僚の方は一〇パーセント値引きしてくれるとおっしゃってましたよ」。交渉の場では、こういうはったりをよく耳にする。私たちがBATNAを正直に告げるのは、それがとても強力な武器になるときだけだ。そうでない場合は、架空の代替案をつくり上げたり、代替案を誇張したり、いろいろなオファーのなかから都合のいい部分だけを選び出して、それがあたかもひとつのオファーであるかのように話したりすることもある（この詭弁術はチェリー・ピッキングと呼ばれている）。

交渉相手が出まかせを言っているかどうかは、どうやって見きわめればいいのだろう？　嘘を見抜く方法については、私の前著『*Durchschaut!*（嘘を見破る！）』で詳細に解説しているため、ここでは、最も重要なテクニックだけを挙げておくことにしよう。普通の人は、嘘をつくときに不安や罪悪感をおぼえるものだ。**特に理由もないのに相手が不安そうにしているのに気づいたら、相手を疑ったほうがいい**。不安は表情にあらわれる。話をするときに、ためらったりつっかえたりするのも不安のあらわれだ。相手が納入期限について話すときにふいに物憂げな顔をしたとしたら、要注意だ。

嘘をついていると言葉も動きもぎこちなくなる。生き生きと闊達《かったつ》に話すかわりに、目の前にすわっている相手がピノキオのような不自然な動きをしていたとしたら、それはその人が嘘を見抜かれるのを恐れている証拠だ。交渉相手の言動が突然ひどく堅苦しくなったときには、気をつけたほうがいい。

交渉相手のふるまいに違和感はないだろうか？　ちぐはぐな言動ではないだろうか？　相手が重大な話のテーマに似つかわしくない笑みを浮かべていたとしたら、それは嘘をついているしるしだ。

嘘を見抜くための最も簡単な方法は、**相手のふるまいの変化に注意する**ことだ。ひとつのテーマについて話している最中に、**声が小さくなったり大きくなったり、話し方が速くなったり遅くなったりしていないだろうか？**　最も重要なテーマについて議論しているときにそうした変化が見られたら、相手が嘘をついている可能性がある。

相手の嘘に気づいたときはどうすればいいだろう？　そんなときは尋問のプロが言うように、「やかんを吹きこぼれさせればいい」。つまり、**相手が嘘をつき通せなくなるようにストレスをかければいい**ということだ。相手を質問ぜめにしよう。誠実な相手は質問に進んで答えてくれる。だが嘘をついていると、質問に答えるたびに極度に神経を消耗する。話を途中でさえぎられて内容を問いただされようものなら、精神的な負担はさらに増える。だから質問をつづけよう。すでに答えを知っている場合でも、相手に質問をして尋ねよう。そうすれば交渉相手の信頼性を試すことができる。

驚くべきことに、私たちは初対面の人間を頭から信用してしまう。ゼロから信頼関係を築くのでなく、私たちは相手に信頼の前貸しをしているのだ。[*31]　人間不信に陥りたくなければ、知らない相手を信用するのはやめたほうがいい。相手に対する信頼感や不信感で交渉時の判断をにぶらせてはならない。**個人的な信頼感と交渉はきちんと切り離そう。ビジネスの交渉において、相手への不信感はあって当然の感情である。**　その不信を、特定の誰かへの個人攻撃と受けとるようなことがあってはならない。[*32]

自分の優位性を高められたら、相手にはきめ細かな配慮をしよう。**自分の立場が有利であればあるほど、相手に敬意を払うのを忘れてはならない。**　ネルソン・マンデラは長年にわたる拘留生活から解放され、国民から聖人のようにたたえられた。当時南アフリカの大統領だったウィレム

・デクラークと初のテレビ討論会を行ったとき、マンデラは大衆の圧倒的な支持を受けている自覚があったにもかかわらず、尊大な態度をとろうとはしなかった。[*33] マンデラはこんなふうに回想している。「討論会が終わりに近づいたころ、私は相手を辛辣《しんらつ》に批判しすぎたように感じはじめていた。相手は私のパートナーとして、これから一緒に国をまとめていこうとしている人物なのに」。討論会の最後に、マンデラはデクラークのほうを向いてこう言った。「デクラークさんと私の意見は全面的に一致しているわけではありません。それでも、デクラークさん、私はあなたを信頼しています。これから力を合わせて、この国の問題を解決していこうではありませんか」。マンデラはデクラークに手をさしのべた。「あなたとこうして手を取りあい、共に前に進めることを誇りに思います」。もしマンデラが自分の優位性を相手に見せつけ、相手に屈辱を与えていたら、内乱が勃発していたかもしれない。

人間の優位性に関する面白い実験がある。四－三－二ゲームと呼ばれている実験だ。[*34] まず実験の参加者三人に、それぞれ異なる枚数の票を振りわける。お金をはじめ、さまざまなものを三人のあいだで分配する方法を決めるための票である。票を振りわけた結果、参加者Aは四票、参加者Bは三票、参加者Cは二票持っている。分配方法を決めるには過半数以上の票が必要であるため、参加者のうち二人以上が手を組まなくては分配方法は決まらない。つまり、所有している票数は違っても、参加者の立場は対等ということだ。誰も一人では決断できず、過半数を獲得するには協力し合わなくてはならない。それにもかかわらず、この実験をすると興味深い現象が起きる。三票を持つ参加者Bと二票を持つ参加者Cが常に手を結ぶのだ。その理由はなんだろう？一見すると参加者Aの立場が最も有利に見えるため、ほかの参加者にはAが傲慢に見え、自分たちは助け合わなくてはならない弱者のように思えるからだ。この実験結果が示すとおり、純然たる優位性は相手をひるませてしまうため、相手との協力関係を築くさまたげになる。交渉の好機を逸する要因になりかねないのである。[*35]

自分の優位性を示すのはいいが、相手をひるませてはならない。常に自分の優位性の度合いを把握し、自分の立場が有利であるときほど、相手には相応の敬意を払うようにしよう。

2　明確な目標が大きな成果を生む

「測定できるものは測定し、
測定できないものは測定できるようにすればいい」

ガリレオ・ガリレイ

不思議の国に迷い込んだアリスの前に、ふいにチェシャ猫があらわれる。アリスがチェシャ猫に、どの道を行ったらいいかと問いかけると、チェシャ猫は「それはきみがどこに行きたいかによるけど」と答える。「行き先はどこでもいいの」とアリスが返すと、チェシャ猫はアリスにこんなふうに言う。「だったらどの道を行ってもかまわないよ」[*1]

交渉に不慣れな人は、獲得したい目標を設定しないまま交渉に出向き、できるだけ高い成果を上げようとする。交渉における立場の優位性についても考えない。しかしあなたはいま、交渉で有利な立場にたつのは重要だとわかっているし、自分の立場を優位にする方法も知っている。交渉にのぞむ前にあなたがしておかなければならないのは、残るは目標を設定することだけだ。交渉前に、自分が到達したい目標を明確に設定しておくようにしよう。目標が明確であればあるほど獲得できる成果も大きいというのは、すでに多くの学術研究によって証明されている。[*2] **目標は、あなたが獲得できる成果の上限だ。**あなたの要求よりも多くのものが手に入る可能性はかなり低く、例えば民事訴訟の場合は、要求以上の結果が出ることはまずありえない。交渉の結果、到達できたのは目標の半分以下だったなどという事態は誰もが避けたいところだろう。交渉結果にあなたが満足できるかどうかは、客観的な評価ではなく、目標にどのくらい近い成果を上げられたかにかかっている。**目標は、私たちが交渉の成否を判断するための基準になる。**成否をはかる基準がなければ、あわてて交渉に同意して後悔することにもなりかねない。交渉時にオファーの良し悪しを判断することができないからだ。

何度襲いかかってもパンクしない頑丈なタイヤに当惑しながら車の周りをうろつくジャッカルのように、するべきことがわからなくて無策なまま迷走しないためにも、目標は前もって具体的に設定しておいたほうがいい。[*3]「車の希望価格は一万九〇〇〇ユーロ、スノータイヤは一五〇〇ユーロです」と言うほうが、「できるだけ高値で売りたいと思っています」と言うよりずっといい。具体的な数字があれば交渉のモチベーションも高くなる。昇給交渉をするときには、「少しでも給与をアップしてもらおう」と考えるのでなく、「二〇パーセント昇給を勝ち取りたい」などと具体的な数字を前もって決めておくようにしよう。**目標となる数字は、紙に書きだしておくともっといい。**販売関連部署の従業員には、明確な販売目標をあらかじめ書かせておく企業もあるほどだ。長年の経験上、そうすれば目標が具体的になり、さらに目標達成への義務感も生まれることがわかっているからだ。[*4]

目標のメリットはほかにもある。設定した目標に照準を合わせていれば、交渉の準備に力が入るばかりか、目標を達成しようとする意志も強固になるため、獲得できる成果がおのずと高くなるのだ。*5

高い目標と最低基準を決めておく

心理学者のシドニー・シーゲルとローレンス・フォーレイカーが興味深い実験を行った。参加者たちをふたつのグループに分け、それぞれのグループ内で互いを相手に交渉してもらうというシンプルな実験だが、交渉で利益を倍にできた参加者には、利益を増やせる交渉の機会がもう一度与えられる。だがその機会を得られるのは、利益がある一定以上の額に達した参加者のみという条件つきだ。再度交渉の機会を得るための最低利益額は、ひとつのグループでは六ドル一〇セントと設定され、もうひとつのグループでは二ドル一〇セントと設定された。すべての参加者に具体的な目標が与えられたわけだが、結果はどうなっただろうか？　最低利益額を六ドル一〇セントに設定されたグループが獲得した利益額の平均は六ドル二五セントだったのに対して、最低額の設定が二ドル一〇セントだったグループが獲得した利益額の平均は、三ドル三五セントだった。

この実験結果が示すことは明白だ。目標を高く設定すれば、その分交渉の成果も上がるということだ。*6

特定の目標が目の前にあると、ものごとのとらえ方も変化する。目標達成に役立つ事実に意識

	最低利益額（目標）	獲得した利益額の平均
グループA	6ドル10セント	6ドル25セント
グループB	2ドル10セント	3ドル35セント

目標と成果の関係

が向くようになり、ゴール前の直線を頭に描きながら走るプロのマラソンランナーのように、交渉の成功を頭に思い描きながら交渉を進められるようになるのだ。[*7]

目標設定が低ければ、交渉結果に落胆するリスクは減るが、交渉で獲得できる成果もまた小さくなる。「結果がどうなるか、とりあえず交渉してみよう」というのは、交渉に向かうときの悪い姿勢の典型だ。具体的な目標設定をさまたげる要因は、たいていの場合、私たちの臆病さにある。目標に到達できなかったときに挫折感を味わい、その失敗の原因が自分にあると認めるのが怖いのだ。

あなたの目標設定は、あなたのBATNA《バトナ》より上でなくてはならない。交渉が最善の代替案と同程度の結果に終わるのでは、あなたも不本意だろう。しかし目標を高くするにしても、それはあくまでも現実的な範囲内で設定する必要がある。一九八〇年代に販売されていたフォルクスワーゲンのゴルフⅡに、新車のゴルフと同じくらいの価値があるなどありえないのだから。

交渉に合意する最低条件を決めておくのも、目標設定のうちだ。取引に合意する最低の額をあらかじめ考えておこう。ただし、**交渉をするときに照準を合わせるのは、理想とする目標額のほうでなくてはならない。**最低額に意識を集中させると交渉に不利になるというのは、数々の学術研究で証明されている。最低額が交渉の基準になってしまうからだ。しかし目標額に意識を集中させておけば、それ以下のオファーは損失のように感じられるため、なんとか損失を避けようとして交渉にも熱が入る。[*8] 例えば、自分の古いCDコレクションを売ろうとしているとしよう。最低額を五〇ユーロと決めて、それ以下では絶対に売らないと決めていたところに、誰かが買い値として五五ユーロ提示したら、あなたはどう反応するだろう？　おそらくその価格に満足して、ほっとするに違いない。交渉相手がそんな様子に気づいたら、相手はそれ以上一セントも値を上げようとはしないだろう。では、売り値は八〇ユーロ（だが最低価格は五〇ユーロ）だと自分に言いきかせていたとしたらどうだろう？　その場合、あなたは価格を引き上げようと粘り強く交渉し、価格が八〇ユーロに達してようやく満足気な様子を見せることになる。最低価格に照準を合わせて交渉をする人は多いが、そうするとほとんどの場合は、その最低価格にしか到達できない。だがそれでは交渉が成立する額はＢＡＴＮＡと同程度になってしまう。交渉に長けた人は、交渉を成立させる最低条件を念頭に置きながらも、照準は常に最高の条件に合わせているものだ。[*9]

しかし、組織のなかで自分自身の目標を設定したり、企業としての目標を明確に認識したりするのはそう簡単なことではない。ペンシルベニア大学ウォートン校の教授であるスチュアート・ダイアモンドは、アメリカのある大企業に経営幹部として採用された女性が、初出勤の日に経営戦略の方向づけを求められたときの様子について述べている。[*10] 彼女が最初のミーティングでほかの一二人の経営陣に、その企業が目標としていることを各自書き出してほしいと要請したところ、社長は彼女をそばへ呼んで小声でこう言った。「君はわが社に入ったばかりだが、我々はもう何年もここで働いているんだ。社の目標など承知しているに決まっているじゃないか」。それでも、社長は彼女の要請を聞き入れた。すると驚いたことに、企業の目標として出された項目は二つ三つどころではなく、経営陣一人ひとりがまったく異なる内容を目標として挙げたのである。あなたがほかの誰かの代理として、もしくはチームの一員として交渉をするときは、自分たちの共通の目標は何かを事前にクリアにしておくようにしよう。

交渉にのぞむ際に意識しなくてはならないのは、つまり、自分の優位性を高めること、目標を非現実的にならない程度に高く設定すること、そしてその目標をきちんと書き出して、交渉の場に持っていくことだ。ただし交渉が思うように進まなくても、目標をすぐに下方修正してはならない。目標に変更を加えるべきなのは、それまでは把握できていなかった交渉相手の最良の代替案など、新しく重要な情報が出てきた場合のみである。

交渉相手に侮辱されてひどく腹をたて、いますぐにでも誰かが目標達成のための軌道修正に力を貸してくれればいいのにと思った経験は、あなたにもあるのではないだろうか。そんなときに落ち着きを取り戻すためにも、目標は常に念頭に置いておくようにしよう。交渉をする目的は、賢さを見せつけるためでも、相手が愚かで間違っていることを自覚させるためでもない。給与をアップさせたり、レストランで一番いい席を手に入れたり、古い車をできるだけ高値で売ったりするためだ。交渉の場での言動はすべて、こうした目標を達成するための手段でなくてはならないのだ。

自分の持ちものは高く評価してしまう――授かり効果

授かり効果というのは、自分が所有しているものの価値を、客観的な価値よりもずっと高く評価してしまう現象のことである。[*11] 一度手に入れたものに対しては、それを手放したくないという心理がはたらくため、合理的な判断や取引ができなくなるのだ。ハーバード大学の教授、デービッド・A・ラックスとジェームズ・セベニウスは、企業の経営幹部向けのセミナーを行ったとき、参加者に役割を割りふった。[*12] 企業買収の買い手役と売り手役である。そして彼らが資料に目を通す時間を十分おいてから（資料の内容は全員共通である）、全員にその企業の適正価格を見積もるよう求めた。その結果、売り手役の参加者が出した見積もり額の平均は、買い手役が出した見積もり額の平均の二倍もあった。

この効果が交渉に与える影響は明白だ。自分がオファーしているものの価値を過大評価し、交渉の成立を危うくさせてしまう。目標設定は高いほうがいいのは事実だが、合理性を欠いてはならない。常に交渉相手の立場にたった現実的な視点を持つことを心がけよう。ビジネスパートナーにあなたが告訴されたとしても、それは相手が軽率だからでも、頭がおかしいからでもない。あなたの弁護士は告訴した相手を非難するかもしれないが、弁護士は依頼人には必ず、勝訴する見込みが大いにあるかのような話し方をするものだ。しかしあなたのビジネスパートナーが理由もなしに訴訟を起こすことなどあるはずがない。

私たちを取り巻く現状も、授かり効果によって私たちにはすばらしく価値のあるものに見えている。現状が変わらないことで生じるリスクよりも、現状を変えるリスクのほうがずっと高いように思われる。

人間があらゆる発展に抵抗を示すのは、いまあるものに非合理的なほどの価値を見出しているからだ。[*13] 私たちは以前からあるものに固執して、いろいろな理由を持ち出しては現状維持をしようとする。街頭にもたれてわめく酔っ払いの戯言のような理屈をこねて現状を保ったところで、新しいひらめきは何ももたらされないのだが。[*14]

このパートのまとめ

有利な状況を引き寄せる

・立場の優劣を決めるのは主観だと理解しよう
・相手に畏縮しないようにしよう
・あなたの立場が最も有利になるタイミングを利用しよう
・不必要に自分の立場を弱めないようにしよう
・あなたの立場を有利にするキーパーソンになりうる第三者を見つけよう

立場を強くする

・競争心をあおり、希少性を高めよう
・相手に時間的なプレッシャーを与えよう
・最終決定権を持つ存在をつくりだそう
・自分と交渉相手のＢＡＴＮＡを把握しよう
・重要な交渉にのぞむときは、あらかじめ自分のＢＡＴＮＡを引き上げよう

明確な目標が大きな成果を生む

・目標は成功をはかる基準である
・具体的かつ高い目標を設定しよう

Ⅱ　交渉中のコミュニケーション

4　交渉は対立ではなく信頼

「抱擁で敵の動きを封じ込められることもある」

ネルソン・マンデラ

自分の要求を容赦なく相手に突きつけ、そして狙いどおりのものを手に入れるピンストライプのスーツを着た嫌味な人物。こうした交渉担当の冷酷なビジネスマンのイメージを私たちに植えつけたのはハリウッド映画だ。だがそういう映画のストーリーを書く脚本家の収入は、映画業界のなかではお世辞にも多いほうとはいえない。それどころか脚本家は、自分が脚本を書いた映画の撮影現場に足を踏み入れる権利すら持たない場合がほとんどだ。映画にかかわるクリエイティブな仕事をしている人々のなかで、最も労働契約条件が悪いのは脚本家だ。つまり、脚本家は交渉が不得手なのである。交渉するビジネスマンのイメージをつくり上げたのは脚本家だというのに、皮肉なものだ。

交渉相手とはよい関係を築いたほうが、交渉の成果は上がりやすい。その理由を知りたければ、自分自身にこう問いかけてみるといい。交渉においてあなたが寛大になれるのは、好感の持てる相手に対してだろうか？　それともあまり好感の持てない相手に対してだろうか？　関係性のよさが重要な理由はしごく単純だ。**私たちは、なんの関係もない相手に対しては、よい関係を築けている相手に対してよりもずっと攻撃的になる。**もしかするとあなたは、相手との関係のよさが意味を持つのは、長年にわたって近い距離で一緒に仕事をする場合のみだと思っているかもしれない。しかし実際には、ほぼどんな交渉にも未来へのチャンスが秘められている。車の購入のような、一見一度限りのものにしか思えない交渉も例外ではない。買い手と良好な関係を築き、車を売ったあとも買い手への心配りを忘れなければ、買い手の子供や配偶者や、あるいは買い手自身がまた車が必要になったとき、また自分のもとで車を買ってもらえる可能性が高くなる。世界ナンバーワンの車の販売員として知られるアメリカ人のジョー・ジラードは、何の考えもなく毎月一万三〇〇〇枚ものグリーティングカードを顧客に送っていたわけではない。**顧客との結びつきは売り手の大きな強みであり、顧客とよい関係を築くことは、同じものを扱うほかの売り手とのあいだに明確な差をつける手段でもあるのだ。**

スチュアート・ダイアモンドの交渉術コースでは、学生をいくつかのチームに分けて交渉のシミュレーションを行わせ、どのチームが高い成果を上げたかを学生自身に評価させている。その結果は、ほぼ毎回同じだという。**交渉時の態度が悪いチームは（相手を脅す、侮辱する、相手の話をさえぎる、相手にあてこすりを言うなど）、交渉の成果も上がらない。交渉時の関係がよいチームほど、交渉の成果は高くなる。**交渉相手に敬意を持って接すれば、相手に好意を持ってもらえるだけでなく、相手の理解も得やすくなるからだ。好感の持てない相手の言い分に耳を傾けようとする人はいない。[*1]交渉相手に好かれるかどうかで、交渉の成果は大きく変わる。歌そのものよりも、誰がその歌を歌っているかが肝心なのだ。

あなたが相手に共感できなくても、どんな極端な状況にあっても、相手との関係性が重要であることに変わりはない。**人質事件が起きたときは、人質が生きている時間が一分でも長いほうが解放されるチャンスは大きくなることがわかっている。**犯人と人質とのあいだに結びつきが生まれ、犯人が人質を殺すのに躊躇するようになるからだ。そうした現象のひとつとしてよく知られているのが、これまでいくつもの事例が確認されているストックホルム症候群である。この名称のもととなった、一九七三年にスウェーデンの首都ストックホルムで起きた銀行強盗立てこもり事件では、犯人と人質の一人が恋に落ち、二人の結びつきは犯人の服役中も途切れることはなかった。[*2]

旧ソ連の独裁者ヨシフ・スターリンは、「一人の死は悲劇だが、一〇〇万人の死は統計上の数字でしかない」と言ったとされている。相手を一人の人間として認識できなければ、その人に対する共感は生まれない。あなたが大きな組織や役所の代表として交渉を行う場合、相手にあなたを一人の人間として見てもらえるよう、こんな言い回しを使うといい。「私はこのケースについて上司と長い時間をかけて協議を重ねてきました。どうか私の努力をふいにしないでください」。そうすれば相手はあなたを単なる「取引先企業の社員」や「役所の一員」として見なくなるため、あなたは相手と個人的な関係を築けるようになる。

目標達成のために良好な関係を築くというと、まるで自分の利益のために人を操ろうとする不道徳な行為のように思えるかもしれない。だがこの場合の主眼は、相手をだますことにあるのではない。相手との関係がよければ、場の雰囲気もよくなり、双方にとってプラスになる。ところが一度敵対関係に陥ってしまうと、その後数十年にわたって業務に支障をきたすことになる。あなたの言うことにどれほど理があろうが、提案がどれほど有意義だろうが、相手はいちいちあら探しをして、頭痛の種を持ち込むだろう。

だから**相手とは、早い段階で友好関係を築いておこう。**激しい議論の真っ只中に相手がチョコレートの箱を取り出してあなたに手渡したとしたら、あなたはどう思うだろうか？　おそらく「こちらを取り込もうとする見えすいた手だ」と考えるに違いない。それを相手の純粋な好意として受け取れるタイミングは過ぎてしまっているからだ。交渉中に相手から濃いコーヒーを勧められたら、今度は「抜け目のないやつだ。明日の交渉のときに私が疲れているように、これで夜寝つけなくするつもりだろう」と思うかもしれない。交渉前か、少なくとも議論が白熱する前の段階ではポジティブに作用する相手への好意も、タイミングを逃したあとではしたたかな計算にしか見えなくなる。*3 頼みごとをしたくなってはじめて、ひきつった笑顔で相手のドアをノックするのでは遅すぎるのだ。あなたの隣人に、夜の一一時に大音量でテクノ音楽をかける迷惑な習慣があったとしよう。頼んだり、議論をしたり、脅したり、あなたはいろいろな方法を駆使してその習慣を改めさせようとするが、まったく効果がない。しかしそうこうしているうちに、ついにあなたの人生最良の日がやってくる。隣人が引っ越すことになったのだ。今後、同じように隣人と揉めないためには、いったいどうすればいいだろう？　近所迷惑になるようなことをしない人が越してくるのを、ただ期待して待てばいいのだろうか？　そしてもし厄介ごとが起きたときには、また同じごたごたを繰り返すしかないのだろうか？　そうではなく、新しい隣人が引っ越してきたら、今度はすぐにでも動き出すようにしよう！　ケーキを手に挨拶に行き、部屋に招き入れてもらって歓迎の意を伝えるのだ。友好な関係を築くのはできるだけ早いほうがいい。そうすれば、誤解が生じる余地をはじめから少なくできる。このことはほぼすべての状況に当てはまる。良好な関係が基盤にあれば、もしあなたが相手の話に上の空で返事をしたとしても、あなたの人間性のせいでなく、「個人的に嫌なことがあって今日は機嫌がよくないんだろう」、あるいは「渋滞に巻き込まれていらいらしているのかもしれない」などというように、その原因はあなた以外のところにあると解釈してもらえるようになる。[*4]

早い段階に、できるだけ多くの部署のできるだけ多くの関係者とよい関係を築くよう心がけよう。弁護士事務所やコンサルタントは、クライアントである企業の上層部とだけよい関係を築こうとするため、経営陣が一新されたときに頭を抱えることになる。相手方との人脈は広いほうが交渉の成果は長続きする。今日はBという人物が担当でも、ひょっとしたらその役職は、明日にはAという人物に変わっているかもしれないのだ。**人脈は、交渉の手段がすべて絶たれた場合の安全ネットのような役割を果たしてくれる。**[*5]

信頼関係を築く秘訣とは？

歴代のアメリカ大統領のなかでも、ロナルド・レーガンがいまでも偉大な人物と見なされているのはなぜだろう？　レーガンはそう見なされるようなことをしたのだろうか？　レーガンの熱狂的なファンでさえその理由はうまく説明できない。アメリカの伝記作家のエドモンド・モリスは、レーガンのことを木星にたとえて「大きな引力を持つ、とらえどころのない存在」だと述べている。一方、同じ大統領でもジミー・カーターはとてもカリスマ的とはいえない人物だった。カーターが来た部屋はまるで誰かがそこを出ていったばかりのような閑散とした雰囲気になり、暖炉の前でカーターと話をするとたいてい火は消えてしまうと冗談口をたたかれるほどだった。[*6]それでもカーターはさまざまな問題に対してすばらしい交渉力を発揮し、その結果としてノーベル平和賞を受賞している。つまり、カリスマ性がなくても交渉相手と十分よい関係を築くことはできるということだ。

アメリカがタリバンと交渉するとき、天気や家族や好きな食べ物の話題から会話をはじめるところを想像してみよう。とても奇異な感じを受けるかもしれないが、これが目標に効率よくたどりつくための理想的な交渉のはじめ方だ。

席につくなり「それでは本題に入りましょう」と言うのでなく、最初は相手の精神状態を読みとることからはじめよう。交渉相手はストレスを感じて、いらだって攻撃的になっているだろうか、それとも、上機嫌で愛想がよく、開放的な気分でいるだろうか？　よく知っている相手でも、日によってまったく別人のような印象を受けることもある。ただし、強硬に自分の要求を押し通そうとするタイプの相手との交渉にのぞむ場合でも、あなたは友好的に、オープンな態度で相手に接したほうがいい。そうすれば、相手も強硬姿勢を強めるかわりに、あなたに対して寛容な態度を示してくれるようになる。人間はえてして、周りから求められているとおりのふるまいをしようとするものだからだ。

友人たちが会話しているときの様子や、気の合う者同士が話しているときの様子を観察すると、彼らのふるまいがよく似ているのに気づくはずだ。ボディランゲージ、体の動きや話すときの速さ、それどころかくだけた話し方をしたり堅苦しい話し方をしたりといった話し方のスタイルまで似通っている。**人間は、自分と同じような気分でいる人間に最も感化される。**腹をたてている人は同じように腹をたてている人に感化されやすく、悲しげな気分でいる人はやはり悲しげな気分でいる人に感化されやすい。*7 そして双方が相互に感化しあうと、ふるまいは自然に似通ってくる。気の合う友人同士の話し方やしぐさが似ているのはそのためだ。つまり、**あなたが相手と良好な関係を築くために、互いに打ち解けあっている状態を意識的につくり出すには、あなたのふるまいを相手に合わせればいいということになる。**あなたの話し方やしぐさは、わざとらしくならない程度に相手に合わせるようにしよう。この二者間の相互の信頼関係はラポールと呼ばれている。ラポールは、精神科医のジークムント・フロイトが患者と良好な関係を築く際にも、重要な役割を果たしていた。*8

では、交渉時に相手とのあいだに良好な関係やラポールを形成するには、具体的にどうすればいいのだろう？　例えばあなたが車の販売員なら、「車の予算はどのくらいをお考えですか？」ではなく、「以前はどんな車に乗っていらしたんですか？」という会話から話をはじめるといい。*9 **どんな人に対しても使うことができ、誰も嫌な気持ちにさせない話題から会話をはじめるのだ。天気、映画、旅行、食の好みやスポーツなど、分野はどんなものでもかまわない。**壁に掛かっている絵について話しているうちに交渉相手に元医学生の芸術家の娘がいることがわかり、交渉相手は本当は娘に医学部を卒業してほしいと思っていたなど、話の糸口にすぎなかった話題が興味深い会話に発展することもある。相手の関心事やこれまでの人生についてなど、話をする前に相手に関する情報を仕入れておくのも、もちろん大いに役に立つ。私はときどき、私の家族やお気に入りの旅行先など、ごく個人的なことについても訊かれることがあるが、彼らがその問いに対する私の答えにたいして興味がないのは容易に見てとれる。単にトレーニングで学んだ交渉の手順をなぞっているだけなのだ。しかし世間話の意義は、よくある礼儀正しいやり取りを通して双方が本当に興味を持てる話題を効率よく見つけることにある。そして**互いに興味のある話題が見つかれば、煩わしいお決まりの儀式もその場にいる全員にとって楽しめるものになるばかりか、交渉におけるあなたの態度にもプラスに作用する。**不機嫌な状態で交渉をすると、相手に対してひどく批判的になりがちだからだ。[*10]

　交渉相手に友好的な態度をとっても、目標の追求に支障が出るわけではない。交渉相手が、交渉役としてのあなたと一人の人間としてのあなたは別人だという事実に気づき、心理学でいうところの「認知的不協和（人が矛盾するふたつの事実を自分のなかに抱えたときに感じる不快感）」を感じているときこそ、交渉を大きく前進させる絶好のチャンスだ。相手は自分のなかにある不快な感情を解消しようと、問題解決に協力的な態度を示して調和を取り戻そうとするからだ。[*11]

　交渉相手との会話を、常に差し障りのない話題からはじめたほうがいいのはそのためだ。**会話のなかで相手があなたに同意を示す回数が多ければ多いほど、交渉の重要な点においても同意する可能性は高くなる。**[*12] そしてその場にポジティブな雰囲気を生じさせれば、最初から相手とのあいだにラポールを形成し、交渉が成立しやすい下地をつくり上げることもできる。物件を案内中、家の立地のよさやベランダの眺めのよさなどについて相手からの賛同を得ている不動産業者は、その時点ですでに売買が成立する可能性を確実に高めているのだ。[*13] あなたが恋人と喧嘩をして、

相手が同意する回数が多いほど、重要な点でも同意する可能性が高くなる

部屋に重い空気がたち込めているときにも、この方法は有効だ。「もう八時じゃないか。何か食べようか？」といったなんでもない質問を相手に繰り返すのだ。**相手から何度も肯定の返事を引き出しているうちに、空気はやわらぎ、行き詰まった状況は解消されるはずである。**[*14]

　交渉が難航した項目は書きとめておき、時間を置いてからまたその項目に取り組むようにしよう。はじめから、一五分以上話しても進展の見られない項目は後回しにするなど、一定の時間制限を決めておくといい。[*15] そうすれば、五つ目の項目で行き詰まったまま深夜をむかえるような事態は避けられる。

良好な関係を築くための一番の近道は、第三者を介することだ。友人との食事の席で知り合った人とは、親しくなるのにさほど時間はかからない。あなたの同僚や知り合いのなかに、あなたの交渉相手と親しい人がいたときは、交渉の場に来てもらうか、少なくとも交渉相手にあなたを紹介してもらえるよう頼んでおくといい。紹介してもらう場合は、直接会って個人的に引き合わせてもらえれば理想的だ。

あなたが逆の立場でも同じことが当てはまる。交渉相手を、友人や知り合いを通して見つけるのだ。新しい車を買いたいときには、あなたが知っている誰かにおすすめのディーラーを教えてもらうといい。そうすればディーラーは、あなたの友人ネットワークと長期にわたってビジネスができると考えるため、取引を一回限りのものと見なす場合よりも、ずっと友好的に接してくれる。車を買うときには、車よりも先にディーラーを選ぶようにしよう。*16

相手とラポールを形成し、良好な関係を築くのは、実はとても簡単なことなのだ。相手の気分を把握して、感じのいい会話をかわすだけでいい。そうすれば、相手が譲歩してくれる可能性は高くなる。*17 感じのいい会話をすれば友好的な下地ができ、交渉時にも、無関係の人間と交渉する場合よりも友好的な判断をしてもらえるようになるからだ。*18 交渉相手とは、私的な場でできるだけ多くの時間を過ごすようにしよう。相手と食事に行ったり飲みに行ったりする時間がないときは、せめて交渉がはじまる前に私的な時間が持てるよう、交渉の場に早めに入ることを心がけたほうがいい。*19

決定プロセスに巻き込むことで味方をつくる

学生たちは、ただ授業を聞いているよりも授業に積極的に参加したほうが新しい内容を吸収しやすい。それと同じように物事を決定するときも、決定プロセスに参加したときのほうが、たとえ決定内容が自分の見解にそぐわなくても、それを受け入れやすくなる。[*20] 交渉に自身の時間と労力を注ぎ込みすぎると、私たちはその交渉を打ち切ることに抵抗をおぼえるようにもなる。

ほとんどの場合、交渉の場には関係者全員が出席しているわけではない。企業の合併を決めるのはその企業の経営陣だが、その決定は何千人もの社員に影響する。組合員全員の労働条件について交渉をするのは労働組合だし、家族全員の引っ越しを決めるのは親である。だが決定プロセスに関与していない者は、疎外されたように感じて決定事項に不満を抱える場合が多い。

人間は疎外されると、大きな不安を感じるものだ。昼食に行くときに声をかけられなかったり、ミーティングや会社のミニキッチンで祝う同僚の誕生日について知らされていなかったりすると、私たちは不安になる。同じ種族の人間から疎外されるというのは、私たちの祖先にとっては確実に死を意味していたため、いまだに、この根源的な不安はちょっとしたことですぐに呼びさまされてしまうのだ。[*21]

決定プロセスに関係者を関与させなかった場合、あなたは敵をつくることになるだろう。 ひょっとしたらあなたはただ単に時間を節約したかっただけかもしれないが、結果的には関係者を関与させないほうがもっとずっと時間がかかる。疎外されて自尊心を傷つけられた同僚の不満を解消させなくてはならないからだ。そういう事態を避けるのは、そこまで大変なことではない。**た**

いていは、仲間にEメールであなたがこれから決断しようとしていることを知らせるだけでこと足りる。そしてその終わりに「明日の一二時までに反対意見が出なければ、全員同意したものと解釈します」と付け加えておけばいい。そしてもし反対意見が出されても、あなたの決断は変えなくていい。要は、あなたが彼らの意見や考えを尊重しているという印象を与えることができればいいのだ。[*22]

二〇〇二年の九月一二日、当時アメリカ大統領だったジョージ・ブッシュは、国連演説でアメリカがイラクを攻撃すると発表した。もしブッシュが、その場でただアメリカの決定を告げるだけでなく、別の方法をとっていたとしたら、その後の世界情勢はまったく違ったものになっていただろう。[*23] ブッシュの演説を聞いた二〇〇カ国近い国の元首たちは、不意打ちをくらい、疎外されたように感じた。この戦争は大きな批判の的となり、最終的にはアメリカを支援するいわゆる「有志連合」が結成されたものの、そこにはエルサルバドル、エリトリア、ラトビア、ミクロネシア、パラオ、コスタリカといった世界の主要国とは言いがたい国が名をつらね、なかには独自の軍を持たない国まで含まれていた。もしブッシュが決定プロセスに世界の国々を関与させていたら、イラク侵攻を批判する声は当然あがっていただろうが、アメリカはもっと大規模な支援を受けていただろうし、今日《こんにち》にいたるまで戦争挑発者と非難されることもなかっただろう。

関係者には、常にできるだけ早くあなたが決断しようとしていることを知らせるようにしよう。第三者から耳にする前に、あなたから直接伝えたほうがいい。

また、ほかの人間を決定プロセスに巻き込んでよい結果を導き出すということでいえば、**交渉相手に助言をあおぐ**という方法もある。あなたが交渉相手に助言を求めたら、相手は驚くだろう。

しかし、自分の専門知識や判断があなたに高く評価されたうえでのことだとわかれば、悪い気はしないはずである。[*24] それに「私があなたのオファーを受け入れるとしたら、私は上司にどんなふうに説明したらいいでしょう?」と助言を求めたら、交渉相手は問題をあなたの視点からとらえる機会を持てることにもなる。ひょっとしたらそこではじめて、交渉相手はあなたの事情を飲み込んでくれるかもしれない。もし住んでいる賃貸アパートの建物が防火基準を満たしていないことであなたが役所と揉めたとしても、担当者を大声でどなりつけるのではなく、こう訊いてみたらいい。「こういうことはあなたがきっと一番詳しいですよね。どうすればいいか、アドバイスをいただけないでしょうか?」。そうすれば、敵を自分のアドバイザーにすることができる。担当者の自尊心を、あなたの利益になるよう役立てることができるのだ。ウィリアム・ユーリーはこの**「助言を求める質問」**を、交渉で成果を上げるための最も効果的な方法のひとつだと述べている。助言を求められ、あなたに尊敬されていると感じた相手は、交渉結果であなたを失望させまいとするからだ。「あなたがもし私の立場だったらどうしますか?」と尋ねて、もし相手の答えが気に入らなければ、「あなたが本当に私のような状況に置かれているわけじゃないですもんね」と皮肉を付け加えることだってできる。[*25]

相手を尊重すると、自分も得をする

アメリカ人の伝説の石油王アーマンド・ハマーは、一九六〇年代に非常に独創的な方法を用いてリビアの石油採掘権を獲得している。自分のオファーを羊の皮に書かせ、それを緑と黒のリビアのナショナル・カラーのひもでくくらせて提出したのだ。ハマーはそれによって、ただ単にビジネス上の契約だけを結ぼうとしているのではなく、交渉相手のしきたりについてすでによく学んでいること、そしてそのしきたりを尊重していることを相手に示した。ハマーはほかの入札者のような利益を求める〝誰か〟ではなく、交渉相手に敬意を払う一人の人間としての対応を見せたのだ。[*26] その結果、ハマーは石油の採掘権を獲得した。相手に敬意を示すことが大きな意味を持つのは、立場の強い者から弱い者に対してだけではない。交渉においても、相手を尊重すれば相手は歩み寄りを見せてくれるものなのだ。

オーストリアの精神科医アルフレッド・アドラーによると、人間が持つ劣等感の根源は子供のころに感じる無力感にあるという。自分の社会的な立場を向上させて劣等感から解放されたいという思いは、その後、私たちのなかから一生消えることはない。そのため、自分の社会的立場を軽視する発言をされると、人は自尊心を傷つけられ、分別をなくしてしまう場合が多い。**交渉相手をおとしめるような態度をとると、理性的な交渉はほぼ望めなくなる。**

第三者が同席しているときは、特に言動に気をつけたほうがいい。興奮しすぎた交渉相手がついあなたのことを頭の悪いペテン師よばわりしたとしても、相手が翌日きちんと頭を下げて謝れば、おそらく相手を許すことができるだろう。だがそこに第三者が同席していた場合、相手を許すハードルはずっと高くなる。少なくとも正式な謝罪を求めるだろうし、もし正式な謝罪がなければあなたは相手のことを死ぬまで許せないかもしれない。[*27]

交渉は優位性をめぐる闘いだとよく言われるが、優位にたつのはどちらか片方だけという決まりはない。大学病院には大企業のような明確な序列があり、医長はまるで王様のようにふるまっている。医長回診のときには上級医師や一般医や看護師やその他の取り巻きたちが医長の無意味な長広舌に魅せられたかのように熱心に耳を傾け、医長がくだらない冗談を言えばそのたびに笑いが起きる。しかし、人間の優位性は常に序列と結びついているわけではない。誰にでも、人より優位にたてる得意分野というのはあるはずだ。アメリカ人作家のラルフ・ウォルド・エマソンはこんなふうに書いている。「どんな人にも私よりまさっている何かがあり、学ぶべき点がある」。あなたも交渉相手の強みや得意なことを見つけるようにしよう。人生経験や人脈の豊かさ、相手の感情を理解する能力、運動能力、料理の腕前など、誰もが少なくともひとつはあなたにない何かを持っているはずだ[*28]。交渉相手の得意分野が見つかれば、相手に対する敬意が生まれる。そして相手がそれについて夢中になって話しはじめるのを目にすれば、たとえそれが一九二三年から一九二四年にかけての鉄道模型に関するマニアックな知識でも、尊敬の念は一層高まるだろう[*29]。**相手を尊敬するというのは、相手に好感を持つということでも、相手と同じ意見を持つということでもない。「尊敬する（respektieren）」という言葉は、もともとラテン語の「respectare（もう一度見る）」に由来する。つまり、もう一度振り返ってわざわざ見直したくなるような気持ちが「尊敬する」ということだ。**一見しただけでは相手の強みがわからなくても、雑音の向こうにある尊敬すべき何かを見きわめるために、相手をよく観察しよう。

そして尊敬できるところを見つけたら、相手をほめてあなたの尊敬の念を伝えよう。具体的な点を挙げてほめるとより効果的だ。例えば、私の講演の後に誰かが私のところへ来てほめ言葉を口にするにしても、ただ「すばらしい講演でしたよ！」と言うのと「実例がわかりやすくて論理の組みたて方もすばらしかったです」と言うのとでは、受ける印象はまったく異なる。

組織の末端で働いている人は、自分が適正な評価を受けていないと感じ、組織内での自分の立場を、まるで機械や家具の一部のようなそこにあって当たり前の歯車のひとつにすぎないと思っている場合が多い。大きな出来事が起きるわけでもなく、限られた状況でしか権限を行使できないため、権限を持てる場においては彼らは最大限にそれをふるおうとする。だが敬意を持って接すれば、そうした相手の姿勢も変えることができる。[*30]

ウェイターは、ディナーのときにあなたが楽しい時間をすごせるかどうかを左右できるし、市役所の窓口係なら、一週間はかかりそうな役所の面倒な手続きにあなたを巻き込むことができる。だがあなたが相手を尊重すれば、彼らも権限をふるって優位にたとうとは思わなくなる。自分に敬意を示してくれる相手が困るのを見て喜ぶ人はいないからだ。

シートベルトをせずに車を運転しているところを警官に止められたとき、いらだって無愛想に受け答えをしていたら、違反切符を切られるのは避けられないだろう。だが、「止めていただいてありがとうございます。このままだとひょっとしたら命を落としていたかもしれません」と言って警官に敬意を示せば、ひょっとしたら状況は違ってくるかもしれない。[*31]違反切符に関しては、もうひとつ、状況を変えられるかもしれない対処法がある。矢継ぎ早に質問するなどして警官が違反切符を切るのを遅らせたほうが、見逃してもらえる可能性は高くなるのだ。いったん違反切符の記入をはじめてしまうと、最後まで態度を一貫させようとする気持ちや、途中で意見を変えて意志の弱い人間だと思われるのを避けようとする気持ちが働いて、警官は手続きを途中で止めようとはしなくなる。しかしパートナーや上司や子供との揉めごとなど、シートベルトの着用を忘れていたことに対して相手の共感を得られるような理由づけができれば、あなたを見逃す警官の心理的負担も軽減できる。[*32] それからもうひとつ付け加えておくと、こうした状況で違反を大目に見てもらえる確率は女性のほうが高い。女性は違反に対して不服申し立てをすると脅したりせずに、本能的に警官の人間としての情に訴えようとするからだ。

子供の意思を尊重する

ロシアの作家、レフ・トルストイはこう書いている。「幸福な家庭はどれも似たものだが、不幸な家庭はいずれもそれぞれに不幸なものである」（『アンナ・カレーニナ』岩波文庫、中村融訳より）。閣僚のポストと親としての役目は、責任が重いにもかかわらず、職業訓練をまったく必要としない数少ない職業の代表格である。子育てに関して親が多くの間違いを犯してしまいがちなのは、子供をきちんと理解できるだけの知識を持っていないからだ。

言葉で考えをまだうまく表現できない子供は、親と議論をしても言い負かされるとわかっているため、泣いて親に圧力をかける。子供は親が自分の泣き顔を見たがらないことも、人前で泣くと親が困ることも知っている。自分のなかにあるネガティブな感情をうまく説明できずに泣き出すことも多い。しかし、彼らも決して好んでそうしているわけではない。泣くのはエネルギーがいるし、疲れるし、それに楽しくもなんともない。泣くことは、子供にとっての最後の切り札なのだ。

子供は自分の無力さを自覚している。衣食住のすべてを親に依存し、お金も持っていない。子供を威嚇すると、子供は自分の無力さを再認識させられるため、反射的に強い反応を示す。泣くこともそのひとつだ。だから子供に対しては、叱りつけるかわりに彼らのすることを尊重し、自分の生活に関しては自分に決定権があるのだと思わせたほうがいい。子供が何かをしたがったときは、それがどんなに非合理的に思えても、軽くあしらわずにその理由を考えよう。例えば、子供が寝室で食事をしたがったときは、寝室のなかをよく観察するようにする。そこで食事をしたい理由は、ひょっとしたら、すわると目の高さが大人と同じになれる丸椅子が置いてあるからかもしれない。そんなときはその椅子をダイニングに移動させればいい。

子供にあなたの要求を真面目に受け止めてもらうには、あなたも子供の要求を真面目に受け止める必要がある。レストランを選ぶときなど、子供がかかわるものごとに関しては、できる限り子供自身に選ばせるようにしよう。歯磨きのような必然的な生活習慣にすら、選択の余地はある。子供が使う歯ブラシや歯磨き粉を自分で選ばせればいいのだ。

ある調査では、一〇代の若者の七五パーセントが、親と良好な関係を保つために最も重要なのは、親が自分たちの言うことに耳を傾け、理解してくれることだと回答している。一方で、同じことを最重要事項として挙げた親は四一パーセントにすぎなかった。*33

あなたがテレビでお気に入りの番組を見ているときに、誰かが部屋に入ってきて勝手にテレビを消してしまったとしよう。おまけにその誰かは自分のしたことを謝りもせずに、あなたに向かってあなたがいまするべきことを並べたてはじめる。そんなことをされたら、あなたはいったいどんな気持ちがするだろうか？

信頼を回復する謝り方とは？

子供は謝罪の効用を知っている。謝罪するにはある程度自制心を働かせなくてはならないとはいえ、謝れば問題を解決できると早い段階で親から教えられるからだ。ところが大人になると、私たちはいつの間にかそれを忘れてしまう。[*34]

依頼人に謝罪を勧める弁護士は多い。そうすれば、相手方から損害賠償請求を取り下げてもらえる可能性があるからだ。極端な場合には、国全体が何世代にもわたって過去の過ちを認めようとしないときもある。例えば、トルコは一〇〇年近く前にアルメニア人を虐殺したことをいまなお否定していて、トルコでは、そのことについて議論をするだけでも「トルコ侮辱罪」の罪に問われてしまう。

謝罪は、相手のなかにあるわだかまりを解消できる唯一の手段だ。ことの大小を問わず、謝罪を受けなければ、相手はあなたへの報復感情を持たずに冷静な会話ができるようにはならない。[*35]

私はフランクフルトの地方裁判所で医療訴訟の傍聴をしていたことがあるが、訴訟のうちの大半は、医者が患者に謝罪していれば起こさずにすんだようなものばかりだった。

心からの謝罪をすれば信頼関係をまた構築できるが、次のような言い訳ばかりでなかなか謝罪の言葉を口にしなければ、相手からの信頼を失ってしまうだろう。「確かに三〇分遅刻してきたけど、本当は時間通りについていたはずだったんだよ。乗ろうとしていた地下鉄はどういうわけか早めに発車してて、乗るはめになった次の地下鉄は遅れてたんだ」。**謝罪をするときは、責任を自分以外の何かに押しつけるのでなく、あなた自身に非があることを認めたほうが信頼性は高**

くなる。

つぐないのために苦行をする必要はないが、正直に相手に謝罪の意を表明しよう。本当にあなたに非がなかった場合でも、こんなふうに、せめて相手に不快な思いをさせたことを申し訳なく思う気持ちは伝えたほうがいい。「あなたは大事なお客様の一人です。私たちのアドバイスが行き届いていなかったようで、本当に申し訳なく思っています」。だが**あなたに非がある場合は、それを明確にしたうえで相手の感情に理解を示すのが理想的な謝罪の仕方だ。**例えば、こんな言い方が考えられる。「私の言葉が過ぎたせいで、あなたの気分を害してしまって申し訳ありません」。謝罪のタイミングは早ければ早いほどいい。そのことは、複数の学術研究によってすでに証明されている。[*36] また**謝罪をするときには、今後も同じことが繰り返されるのではないかと相手が不安にならないように、あなたのミスは日常的なものではないと強調するのも忘れてはならない。**

一緒に食べれば、ポジティブな気持ちに

食事は生きるために必要な欲求を満たす行為であるのと同時に、人々のあいだにポジティブな感情を生じさせる行為でもある。太古の時代には、人は一緒に狩りをした同じ種族の仲間としか食事をともにしなかったため、いまでも私たちは誰かと一緒に食事をすると、私たちのなかにある仲間意識が呼びさまされるのだ。**食事中は、一緒に食べている人々や周りの環境に対する評価までもがポジティブになることがわかっている。**[*37] こうした心理を利用して、食事をともにしなが

ら相手との距離を縮める手法は**「ランチョンテクニック」**と呼ばれている。この手法を意識してかどうかはわからないが、誰かと一緒に食事に行ったり、チャリティーディナーを催したりと、私たちがほかの人々と食事をする機会は頻繁にある。

もし状況が許すようなら、交渉相手と一緒にものを食べる機会を持とう。わざわざ食事に招待しなくても、相手にクッキーを勧めるだけでもいい。大事な会合や会議のときだけでなく、彼らがあなたの会社を訪れるたびに**ちょっとしたお菓子を勧めて一緒に食べれば、双方のあいだにポジティブな感情を生じさせることができる。**

信頼を大事にする

人をだまして物を売りつける抜け目のない人間や、相手が書類に署名をしたあとに、にやにやしながら法外な値段をふっかけてやったと口にする商売人のイメージとはうらはらに、交渉に長けた人は正直に適正な価格で交渉することを心がけている。[*38] なぜなら交渉における信頼は、文字どおりかけがえのないものだからだ。[*39]

一度信用を失ってしまうと取り返しがつかない。スチュアート・ダイアモンドは、彼の交渉術コースで実施したシミュレーションの様子について記述している。そのシミュレーションは二者間での交渉で、どちらか一方だけは相手をだましてかまわないという設定で行われた。[*40] すると相手をだませる立場の一人はその特権を十分に利用しつくしたあと、ほかの生徒たちが見ている前で自分の交渉相手にこう言い放ったという。「これじゃあこの先、お前の人生もたかが知れてるな」。これはただのシミュレーションだからと周りが彼を落ち着かせようとしても、その生徒は暴言をはくのをやめなかったそうだ。「ただのシミュレーションでこのざまだ。これが現実だったらもっと大損してるんじゃないのか？」

信頼を過小評価してはいけない。交渉時に双方が相手に対する不信感を抱いていると、その場にいる人間だけでなく、関係者全員のためにならない。インドのニューデリーの裁判官は、現在同地の裁判所で係争中の事案すべてに判決をくだすには、四六六年ほどかかるだろうと推測している。[*41] もしインドのビジネスパートナーとのあいだに法的な問題を抱え、ニューデリーで訴訟を起こしたとすると、あなたは大きな問題を背負い込むことになる。世界には、司法機関に過度な負担がかかっている国や、司法機関がひどく腐敗している国も多い。そのためそうした国での事業にかかわるビジネスマンたちは、どんなに規模の小さい取引を行うにも、事前に相手との強固な信頼関係を築いておく必要に迫られる。それに対して司法システムがきちんと機能している国では、どちらかといえば信頼関係の構築よりも契約の締結のほうに重点が置かれる。[*42] 交渉相手との信頼関係はあるに越したことはないが、万が一信頼がなくなったときは、いつでも訴訟を起こすことができるからだ。司法がしっかりしていれば、婚前契約を結んで夫婦間の財産について取り決めておくことだってできる。司法が整備されていればいたで、またばかげた発想が生まれるということだろう。私たちの文化圏では、ビジネスパートナーとの訴訟とビジネスが並行して行われることも珍しくない。しかし、相手との信頼関係の構築が、司法システムに問題のある国ほど重視されないとはいえ、私たちの文化圏でも双方に信頼関係があればプラスになることはたくさんある。だがその反面、信頼関係が欠如しているとさまざまな不都合を引き起こす。二〇〇七年に起きた世界金融危機以降、貸付を受けるのは困難になり、二〇〇一年のアメリカの同時多発テロが起きてからは、空港でのセキュリティチェックが厳しくなった。一九九〇年代後半、ゼネラルモーターズの仕入れにかかわる取引コスト（意思決定のための情報収集コストや交渉にまつわるコスト、交渉に要した時間など）は、クライスラーの二倍、トヨタの六倍だった。ゼネラルモーターズは納入業者から、他社よりも明らかに信頼性が低いと評価されていたためである。[*43]

交渉相手とのあいだに信頼関係があれば、コミュニケーションの仕方もオープンになる。[*44] **相手との信頼関係を維持するために、質問には必ず答えるようにしよう。**好感の持てない政治家がよくやるように、見当はずれのことを言ったり質問を無視したりして答えをはぐらかすと、長期にわたって信用を損なうことになる。

私たちは自分のことをオープンに話す人に対して好感を持ち、信頼をよせる。旅行好きなことや自分の好きな映画のことなど、個人的な情報を明かせばあなたの信頼性や好感度は上昇する。あなたの私的な面を、ほんのちょっと見せるだけでいい。あなたのプライバシーを明かす必要はないし、こみ入った個人的な事情をむやみやたらに話すことはない。あなたが抱えている離婚問題を微に入り細に入り語っても、聞き手を困惑させるだけだ。

交渉における倫理

「社会における倫理観念の基準が高ければ高いほど、事実と欺瞞の乖離は大きくなる」とドイツの交渉エキスパート、フォアト・フォルガーニは書いている。実際、企業倫理や企業が果たすべき社会的責任について語られている話の内容は、いまや欺瞞に満ちあふれすぎていて聞くに堪えないほどだ。個人や企業が果たすべき倫理的義務など、経済的な観点からいえば、利益を最大化することにしかないというのに。*45 まとまった利益を上げなければ、個人は長期にわたって働き口を維持することはできないし、国も国際的な競争に勝つことはできない。それに当然、企業は経済活動を行ううえでは法的な枠組みを遵守する必要がある。社会貢献をしようとして、企業の役員が会社のお金を社会的なプロジェクトに譲渡せば、それは立派な背任行為だ。企業の経営者ならばもちろん自分の資産は好きなように動かせるし、社会に対する寄付自体は非常に歓迎すべき行為だが、企業の人間が社会的責任を果たしたいなら、企業としてではなく、一個人として自身の給与から寄付をすべきなのだ。

私はフランクフルトの刑事裁判所で実務修習を行っているとき（ドイツの大学の法学部を卒業するには第一次司法試験に合格することが必須要件。その後二年間の実務修習をはさんで第二次司法試験に合格した者が法曹家になれる。著者は法学部卒）、罪を犯した気の毒な人たちを、検事があたかもマザー・テレサの男性版でもあるかのように自分の監督下において子供扱いしているのを見て、決してこんなふうに人を見下した態度はとるまいと心に決めた。倫理学のなかでも、幸福を人生の最大目的とする倫理学、つまり功利主義は私にとっては最も興味深いテーマである。拙著『*Die Moral des Glücks*（幸福の倫理）』で私はその功利主義についての客観的な分析を行い、その根源を詳細に究明したが、人々に倫理について考えさせる一番の方法は、質問だけをして、あとは各自で答えを出してもらうことなのだ。*46 相手を見下していろいろ指図をしてもなんにもならない。

交渉のときにあなたの倫理の基準をどう設定するかはあなた自身が決めることだが、常に次のことは頭に入れておこう。あなたが交渉時に守ろうとする倫理基準が高ければ高いほど、支払うべき代償も高くなる。交渉が決裂する頻度は増えるし、あなたの価値観を優先させれば獲得できる利益が減ることもあるだろう。逆にあなたの倫理基準が低すぎると、その基準の低さが交渉の場でなりふりかまわず利益をかき集めようとする姿勢としてあらわれかねないため、あっという間にあなたの悪評が広まり、あなたはみじめな思いを味わわなくてはならなくなる。[*47] 何を選ぶかはあなたしだいだが、重要なのは、相手の出方がどうであれ、あなた自身の倫理の基準を一定に保つことだ。[*48]「先にはじめたのは相手のほうだ」という言い訳は、大人の世界では通用しない。

互いの共通点を指摘する

はじめてデートをする相手とレストランに出かけたとき、あなたは相手に向かってこんなことを言うだろうか？「魚が嫌いなの？　そりゃ面白いな。僕は魚が大好きなんだよ！」。わざわざそんなことを口にする人はまずいないだろう。人生に面白味を添えるのは多様性だが、**相手との差異を感じると、最初のうちは拒絶反応を起こすものだ。相手に好感を持つきっかけとなるのは共通点だ。「類似性の法則」**と呼ばれていて、すでに学術研究で立証済みの心理現象である。**交渉力の高い人は、平凡な交渉力しか持たない人のほぼ四倍も、交渉時に相手との共通点を指摘することがわかっている。**

交渉をするときには、出身地、出身校、誕生日、共通の友人など、相手との共通点を見つけてそれを強調するようにしよう。[*49] 共通点は、特に個人的なことがらである必要はない。意見が一致しそうな無難な話題を見つけるのはそう難しくないはずだし、それだけでも十分効果を発揮する。アメリカのある上院議員は自分のスタッフ全員に、たとえ自分が正しいと思っても、有権者とは絶対に言い争いをしないようにと申し渡しているという。[*50] 九九パーセント意見が一致している場合は、意見の異なる一パーセントについて議論してしまうが、たとえ九九パーセント意見が違っても、一パーセントでも意見が一致している部分があればその点に焦点を絞って話をするようにと指示しているそうだ。**互いの共通点を認識できる、そうした感じのいいちょっとした会話は「調和を生み出すための軽いスピーチ」と呼ばれており、交渉の前哨戦にも用いられている。**最もよく耳にするのは「私たちは運命共同体ですからね」や、「これから長期にわたって取引できるよう、お互い納得のいく合意をめざしましょうね」というフレーズだ。あなたが口にした内容に相手が疑念を持っている様子がうかがえた場合は、あなたは手っ取り早い利益だけを求めているのでなく、個人的によい関係を築きたいと思っているのだということを相手に示そう。[*51] 一見したところではわからなくても、**双方に共通する目標は必ずあるはずだ。**例えば、チェスの場合はどうだろう？　相手に勝つことしか目的はなさそうに思えるが、双方に共通する目標はどこにあるのだろう？　突然入り込んできた犬に、こまをすべてめちゃくちゃにされるとよくわかる。双方とも、落ち着いた環境でチェスを楽しみたいというのはきっと共通しているはずだ。[*52]

イタリアのファッションデザイナー、フランコ・モスキーノは生前、「この世界に宇宙人がやって来たら、黒人だって我々の仲間だ」と言ったことがある。彼独特の挑発的な言い回しだが、実際、共通の敵を持つことには、共通の目標を持つのと同じくらい人を結びつける力がある。「敵」は特定の人間である必要はない。何かのグループ（例えば「経営陣」）でも、ただの思想

（例えば「社会主義」）だってかまわない。双方が共通して敵と見なすものがあれば、集団としてのアイデンティティを確立できる。「私たちは正義で向こうは悪」という構図が出来上がるからだ。[*53]

同じ手法は、あなたもきっと日常的に使っているはずだ。一週間も雨が続いたり、どんどん駐車場の混み方がひどくなったり、社内の事務手続きの煩わしいことについて、あなたは誰かと文句を言い合っていないだろうか。この種の話をすれば話し相手との距離が近づくと、あなたは本能的にわかっているのだ。交渉のときは意識してこの手法を使うようにしよう！

文化の違いをどうとらえるか？

アメリカのある自動車コンツェルンが、韓国にある自動車メーカーの株の一〇パーセントを保有していた。[*54] 自動車コンツェルンの社長が韓国のそのメーカーを訪れたとき、折を見て、持ち株の比率を五〇パーセントに引き上げられないだろうかと尋ねると、韓国側はそれに対して「できなくはありません」と答えた。そこで社長はアメリカに帰国するとすぐに、幹部クラスの社員を何人か、交渉のために韓国に派遣した。だがおかしなことに、行われるはずだったミーティングはキャンセルされ、延期になるばかりで数週間たってもひとつのミーティングも実現しなかった。そのうち、アメリカの交渉チームに同情をおぼえたらしい韓国側の幹部が、途方にくれたアメリカ人を近くに呼びよせて事情を説明してくれた。「できなくはありません」というのは「できます」という意味ではなく、なんと「そんなことは絶対認めない！」という意味だったのだ！

天国では……
イタリア人が恋人で、
フランス人が料理をし、
ホテルはスイス人が経営し、
機械はドイツ人が整備して、
イギリス人が警官を務めている。

地獄では……
スイス人が恋人で、
イギリス人が料理をし、
ホテルはフランス人が経営し、
機械はイタリア人が整備して、
ドイツ人が警官を務めている。

ジョージ・カーリン

無自覚に異文化を誤解していることは珍しくないが、相手の文化を正しく理解していなければ、知らないうちに相手に非礼をはたらく危険も多分にある。その一方で、いくら話してもわかりあえない文化の違いというのが存在するのも否定しようのない事実だ。だが、交渉の成否は文化の差異とは関係がない。たいていの場合、交渉が決裂するのは相互の感情の行き違いが原因だ。**交渉を成功させる鍵は、勘違いが生じないよう、相手の文化におけるコミュニケーションのとり方を理解することにある。**[*55] 交渉をするときには文化的、宗教的、性的なアイデンティティが重視されすぎるきらいがあるが、**実際の交渉時には、それよりも相手の帰属意識がどこにあるかが大きな意味を持つ。**[*56] リヤドに住む平均的なアラブ人の家族には、同じアラブ人の自爆テロの実行犯よりも、テルアビブに住むイスラエル人家族とのほうが共通点は多いはずだし、ドイツの販売部門の責任者は、すぐ隣のオフィスで働く製造部門の同僚よりも、ひょっとしたらインドネシアの販売部門の責任者のほうに親近感をおぼえるかもしれない。同じことは企業全体にも当てはまる。例えば、ソニーは日本の企業だが、社風は欧米企業のように率直で挑戦的だ。[57] 私たちは交渉相手をつい「中国人」や「アメリカ人」とひとくくりにしてしまいがちだが、自分が交渉相手から、ドイツ人やオーストリア人やスイス人などと十把ひとからげに見られたときのことを想像してみるといい。違和感をおぼえないだろうか。あなたのチームひとつをとっても、多種多様な人間の集まりで、チーム内に一人として同じ人間はいないはずだ。文化的な区分は、広大な誤差の範囲を持つ単なる平均値にすぎない。あまり重視する必要はないのだ。

　ほかの文化の習慣を無理に取り入れる必要もない。交渉相手の国に行くと、その国の文化に無理に自分を合わせようとする経営幹部は多いが、着物を着て何時間もかかる茶道のお茶会に出席したり、自分の国では絶対に食べないようなものを口にしたりする必要はない。あなたもドイツに来たオーストラリアからの客人に、ドイツの珍味としてズルツェ（肉の脂肪分や軟骨のなかにあるゼラチン質を利用した煮こごり）やアイスバイン（豚のすね肉を香味野菜とともに数時間煮込んだ料理）を無理に勧めるのはやめておこう。交渉の場でも、交渉相手に無理に合わせる必要はない。**あなたが相手に敬意を払い、相手の文化を尊重していることを示すだけでいい。**[58] 相手の国の言葉で「こんにちは」というだけでも十分あなたの敬意は伝わるはずだ。そして無自覚に相手を怒らせてしまったときのために、こんなふうにあらかじめ弁明をしておこう。**「交渉中、うっかり失礼なことを言ってしまったら申し訳ありません。そのときにはご指摘ください。そうすればあなたの文化についてもっとよく学ぶこともできますから」**。そうすれば、文化の差による勘違いを未然にふせぎ、信頼に満ちた協力的な雰囲気を生じさせることができる。

5　感情を大事にしよう

「何よりも重要なのは、どんな状況にあろうと落ち着きと冷静さを失わないことだ」

トーマス・ジェファーソン

相手との関係がどんなに良好な場合でも、互いの感情が関係に与える影響は無視できない。人間は感情と無縁ではいられない生き物だからだ。上機嫌で踊り出したくなるときもあれば、落ち込んで一人になりたいときもある。好むと好まざるとにかかわらず、**私たちの行動の源は、ほとんどが感情である。**[*1]交渉中のふるまいに関しても、いくら私たちがあとからもっともらしい理由をつけて説明しようとしたとしても、実際に交渉の場での言動を左右しているのは感情だ。[*2]特にネガティブな感情は影響が大きく、脳の働きを低下させてしまうため、効率的な交渉のさまたげとなる。頭に血がのぼっているときは、両者ともに理性的なふるまいができなくなり、あとになって悔やむことも多いだろう。自分の目標を追求するよりも、相手にダメージを与えることのほうが優先順位が高くなってしまうのだ。[*3] 重要な交渉であればあるほど、私たちは感情的になりやすい。ネガティブな感情はなだれのようなもので、長引くほどに肥大化する。だから**ネガティブな感情がわき起こるのを感じたら、できるだけ早く対処したほうがいい。**病院が、心筋梗塞《こうそく》の患者が運び込まれる前から救急医療について考え、急患窓口を設置しているのと同じように、あなたもネガティブな感情への対処法を自分のなかで明確にし、手遅れにならないよう備えておかなければならない。[*4]

残念ながら、ネガティブな感情が起きるのは珍しいことではない。ここでは、そうした緊急事態に対処するための効果的なテクニックをご紹介することにしよう。

反論しても得はしない

相手があなたを攻撃するとしたら、その対象となるのはあなたの論理かあなた個人かのどちらかだろう。攻撃されれば私たちはつい反論したくなる。「最初に仕掛けてきたのは向こうだから」と無意識のうちに考え、九歳の子供と同じような思考パターンに陥ってしまう。だが**反撃が功を奏することは滅多にない。**反論された相手は、態度を一層硬化させてしまう場合がほとんどだからだ。それにもしその小競り合いに勝てたとしても、結局はあなたの負けだ。そのころには相手との関係は、もう修復不可能なほどのダメージを受けてしまっているからだ。[*5] 自分に屈辱を味わわせた相手の顔を、誰がまた見たいと思うだろう？　ほかの人の前で屈辱を味わわされたのならなおさらだ。**相手から攻撃されたときには、あなた個人への攻撃を、あなたが非難を受ける**

原因となった問題自体への攻撃にすりかえられるような、新しい解釈を付け加えるといい。[*6] 例えばこんな感じだ。「あなたは私が家族を全然かえりみないと言いますが、私だって自分の一番身近な人たちと十分な時間を過ごせていないことを申し訳なく思ってるんです。これからはしょっちゅう出張に出なくてもすむプロジェクトだけにかかわれるよう、最大限努力するつもりですよ」

ニュートンの法則では、作用には必ず反作用が伴うと結論づけられているが、この法則が当てはまるのは物理の世界だけだ。人とのコミュニケーションにおいては、私たちは相手にどう反応するかを自分で選びとることができる。[*7] **ひどく腹をたてているときは、相手の言葉に反応しないほうがいい。**そんなときに口を開いても、ろくなことにならないからだ。あなたの判断力は正常に機能していないし、怒りを感じているときは血液が脳から足やこぶしに一気に送られ、あなたの体は石器時代のような「戦うか逃げるか反応」（強いストレス環境下で、とっさにそれと戦うか逃げ出すかを選びとる急性ストレス反応。いつほかの野生動物に襲われるかわからない状況で、すぐに行動を起こして生き延びるために、動物やヒトが構築したシステムといわれている）を起こしている。怒りの感情というのは、ヘラクレスのヒドラ（ギリシャ神話に登場する九つの頭を持つ大蛇）退治のようなものだ。頭をひとつ切り落とすたびにふたつ新しい頭が生えてくる。少し時間をおかなければ怪物の姿はもとには戻らない。交渉の場で怒りを感じたときは、深呼吸をして一〇まで数を数えよう。それでも怒りがおさまらなければ、アメリカの大統領だったトーマス・ジェファーソンが勧めているように、一〇〇まで数えるといい。そうすればあなたの脳は、また冷静な判断ができる状態に戻るだろう。そうしているうちに、交渉相手にも冷静さが戻ってくる。相手の怒りもまた、そのころにはおさまっているはずだ。

交渉術のテクニックのなかでも私が最も難しく感じるのは、この怒りをおさめるという行為だ。

例えば、午前中の大半をカスタマーサービスのホットラインに電話がつながるのを待ちながら過ごし、ようやく誰かと話ができたと思ったら、「残念ながらここでは請求書の金額を修正することはできません」という答えしか返ってこないときなど、私は自分の到達目標を強烈に意識しなおさなければ落ち着きを保てない。そういうときは、私の目標は苦情を言うことでも電話の相手に八つ当たりをすることでもなく、相手を自分の味方につけて問題を解決することなのだと強く自分に言い聞かせ、なんとか冷静さを保つようにしている。

反対にあなたが苦情を受ける立場だった場合には、**攻撃した相手は当然、あなたが自己弁護をしたり反論をしたりしてくるだろうと予測しているだろうから、あなたは相手の意表をついて、相手に同意を示せばいい。**「おっしゃるとおりですね。私があなたの立場だったら同じように腹をたてると思いますよ」。そう言えば、相手は返す言葉を失うはずだ。日本の柔道家のように、相手の力を利用して技を仕掛けるのである。できる限り相手の意見に同意しよう。通常は、無愛想にすれば無愛想な反応が、攻撃すれば反撃が返ってくるものだが、このパターンを崩さなければあなたの目標には到達できない。

すでに数十年来、日本でビジネスを展開しているイギリス人デザイナーのポール・スミスは、議論が紛糾しすぎたときの彼独自の対処法について私に話してくれたことがある。交渉の場の雰囲気が険悪になったのを感じると、彼はブリーフケースのなかに常備しているゴム製のにわとりを、無言でテーブルの上に置くのだそうだ。そうすると、一瞬あっけにとられた後で全員が思わず笑い出してしまうため、ネガティブな感情は払拭されて、また冷静な交渉ができる状態に戻るのだという。

感情とうまくつきあう

感情をコントロールするというのは、感情をないがしろにするのとはわけが違う。自分のなかにある感情を認識するのはかまわない。問題なのは、感情と自分を一体化させてしまうことだ。あなたは感情そのものではない。あなたはそれをただ感じているだけなのだ。[*8]「落胆しています」と言うのと「落胆を感じています」と言うのとでは意味合いが大きく異なる。前者の言い方ではあなたは自身の感情の犠牲になってしまっているが、後者の言い方では主役はあなただ。「当社のオファーでなく、ライバル社のオファーが選ばれたので、悔しく思っています」というように、自分の感情は正直に相手に告げてかまわない。ただし**感情について話すときには、理性的な表現の仕方を心がけなければ、あなたの感情は相手にうまく伝わらない。**

誰の目から見ても明らかなことがらに関しては、自分が感じていることをはっきりと口にしたほうがうまくいく。例えば「いままでのところ、細かな点についてばかり話していて議論がまったく進んでいませんが、その原因はどこにあるのでしょう？」と言えば、交渉をまた軌道に戻すことができる。

交渉相手が感情的になっているときでも、冷静に、ビジネスライクな態度に徹しよう。精神科の病院でも、入院患者を落ち着かせるのは、同じ立場にある入院患者ではなくプロの医師だ。[*9]その人がどうふるまうかは、あなたの問題ではなく、その人自身の問題だ。常にあなたの目標を忘れずに、感情的になっても何にもならないということを相手に理解させよう。中東にはこんなことわざがある。「誰かに腹をたてるのは、その誰かが犯したミスのために自分自身を罰するようなものだ」

あなたが相手に腹をたてたとしても、怒りの原因は相手のふるまいにあるわけではない。**相手のふるまいを、あなたが否定的に解釈するから腹がたつのだ。**[*10] 日曜のお昼どきに、あなたはテレビを見ながらのんびりとコーンフレークを食べたとする。空《から》に近くなった食べかけのシリアルボウルは、すぐ目の前にあるリビングテーブルの上に置いてある。するとそこに妻がやって来て、ボウルをさっさと片づけてしまう。それを見たあなたは、休日に気持ちよく時間を過ごすことすら許してくれないとは、なんてひどい妻だと腹をたてる。あなたの怒りの原因は、ボウルを片づけるという相手の行為にあるのではなく、その解釈の仕方にあるのだ。ひょっとしたら妻は、あなたが完全にリラックスできるようにと、かわりにボウルを片づけただけかもしれないというのに。たいていは、相手の行動に、相手の意図とはまったく違う解釈を加えるがために揉めごとが起きるのだ。「相手の行動→あなたの反応」ではなく「相手の行動→あなたの解釈→あなたの反応」なのだ。あなたの感情を引き起こすのは、あなたの解釈なのである。

相手に理解を示す効能

交渉のとき、私たちは頭のなかで最大の懸念事項について考える。すぐ目の前にすわっているのは当の交渉相手だ。すると私たちは即座に、相手はまさに私たちが最もとられたくないと思うものを交渉で獲得しようとしているに違いないと思い込む。人間は、自分の見たいものを見ようとするからだ。私たちは外の世界で起きるさまざまな出来事も、そうしたゆがみを通して認識する。**自分が犯したミスや自分のふるまいに関しては、自分のせいではなく状況に起因するものだと都合よく考えるくせに、他人のミスやふるまいに関しては、状況よりもその人の性格に起因するものだと考える。**「根本的な帰属の誤り」と呼ばれる人間の思考の偏りである。*11 相手が神経質な様子を見せると、私たちはきっとそういう性格の人なのだろうと考える。ひょっとしたら強いプレッシャーを感じているのかもしれないとか、そこに来る一時間前に上司に叱りつけられたばかりなのかもしれないとは考えないのだ。

しかし、**相手の考えが理解できれば相手のふるまいも腑に落ちるため、モンスターに見えていた相手も一人の人間に見えてくる。**かたくなで落ち着きがないと思えていた相手が、ひたむきに目標達成を目指す知的な人物に変化する。あなたの上司は頭がおかしいわけではないし、あなたの同僚もでたらめを言っているわけではない。それどころか人質事件の犯人やテロリストでさえ、彼らの価値基準に照らし合わせれば、合理的なふるまいをしているとも言える。*12

相手の考えが理解できたら、それを相手にもきちんと伝えよう。*13 **ただし、相手の考えを理解するというのは、相手が正しいと認めることではない。**あくまでも相手の思考過程が理解できるという意味にすぎないため、相手に伝えるときには「あなたの立場から見れば、きっとこんなふうに思えるのでしょう」といった言い方をするといい。例えば私は、美容師がパーマをかけるのに五〇ユーロの割り増し料金を請求する理由はとてもよく理解できる。パーマにはそれだけ多くの手間がかかるからだ。ただそれを理解しているからといって、料金表の金額にはるかに上乗せした金額を、チップがわりに自主的に支払うことはないが。

立場の異なる相手の考えに理解を示せば、交渉相手も、ひとつのものごとに対してさまざまなものの見方ができることに思いいたる。理解を示せば相手からも理解を得られるようになるのだ。強硬に交渉を進めようが柔軟な態度を示そうが、あなたの交渉スタイルは関係ない。障害物を乗り越えながらとめどなく流れる水のように、相手を理解しそれを相手に示しながら、ゆるぎない態度で自分の要求をつらぬけばいい。[*14]

反感を抱かせない話し方

あなたが問題だと感じていることがらについて誰かに話すときは、必ず一番差し障りのない、客観的に話せる事実からはじめよう。「僕がいいなと思う車に反対するのはもう五回目じゃないか」。それからあなた自身の解釈を告げるようにする。[*15]「僕が自分で車を選ぶのが気に入らないんじゃないかって気がするんだけど」。ただしそのときには、あなたがそう解釈しているだけで、事実を述べているわけではないということが際立つような言い方を心がけたほうがいい。そして最後に質問をする。「僕の言ってること、当たってる?」。そうすれば、あなたが別の解釈を受け入れる用意があることも相手に示せる。**「事実→あなたの解釈→質問」というこの順序で話せば、あなた自身の考えと思考過程を、相手の考えや思考過程に関するあなたの推測をまじえずに伝えられる。**自分の考えていることをほかの誰かに決めつけられると、私たちはどうしても感情的になってしまう。ところがたいていの人は問題について話すとき、「わがままを言ってるだけじゃないか」というように、まずはじめに自分の解釈を、それが自分の解釈だということを際立たせずに話し出してから、ようやく事実を述べる。それでは感情的になるなというほうが無理だ。しかし話す順序を変えるだけで、聞き手の受けとり方は大きく変わる。

基本的に、相手に反感を抱かせるような話し方は避けたほうがいい。**特に「でも」という言葉は相手のネガティブな感情を誘発しやすい。**自分が一生懸命考えて述べたことに反論されて喜ぶ人はいないだろう。だからあからさまに反論するかわりに、まず相手の意見を肯定して戦意を喪失させ、あなたが気がかりに思っていることに相手が耳を傾けてくれる状態を先につくり出すといい。例えばあなたのオファーが高すぎると言われたときには、[*16]「でも質のいいサービスは高いものです」と言うよりも、「ええ、価格設定は高めです。金額の安さよりも、質のいいサービスや信頼性や、販売員をはじめとするスタッフ全員の品物に関する知識の豊富さを優先されるお客様のほうが多いのではないかと考えておりますので」と言ったほうがずっと受け入れられやすくなる。

もし私があなたの前に立ち、私の手のひらをあなたの手のひらに力いっぱい押しつけたら、どうするだろうか？　きっと、私の手のひらを押し返そうとするはずだ。圧力は抵抗を生むのだ。

非常に効果的な**「フィール・フェルト・ファウンドの法則」**という手法がある。[*17]「いいえ、わが社の価格設定は高くありません！」と言うのではなく、「確かにそうお感じになるのも無理はありません。これまでもそう言われるお客様はいらっしゃいましたから」と、まず相手の抱いている感情が当たり前のものであると理解を示し、あなたの話に耳を傾けてもらえるような環境をととのえてから、「でもそういうお客様も、その後五年間、追加コストが一切発生しなかったことでこの価格に納得していただけたようです」と説明を加える方法である。状況に応じて、もしくはあなた自身が使いやすいようにバリエーションをつけて使ってみるといい。

相手の感情を見きわめる

「すごくがっかりしてるみたいね。今年は私の都合で、夏休みを一緒にとれるのが一週間しかないから。私だってあなたの立場だったらがっかりすると思うわ」。こんなふうに相手の気持ちを一方的に決めつけて、「怒らないで」と相手をなだめようとしてみても、相手の感情を逆なでするだけだ。そういう言い方をされた相手は、本当の自分の気持ちは理解されていないと感じてしまう。[*18] コールセンターやホテルの職員など、**苦情受付のプロたちは、激昂している相手に対して「落ち着いてください」とは決して言わない。それよりも彼らは相手に話させ、それに耳を傾ける。**すると苦情を言う側はたいてい驚く。トラブルのさなかにいて、自分はほとんど理解されていないと感じている人にとっては、予想外の対応だからだ。話をしているうちにネガティブな感情は消滅していき、徐々に苦情を言う側にも冷静さが戻ってくる。

もちろん、相手が見せる感情はあなたを思うように操るための偽装という場合もある。交渉のさなかに相手が突然黙り込み、ほとんど泣きそうになりながらこう言ったとしよう。「本当に価格を下げることはできないんです。これ以上安くしたら私はクビになってしまいます。これまで私があなたのためにできるだけ価格を譲歩してきたことはご存知ですよね。もうこれ以上は無理なんです」。相手が本当のことを言っている可能性もないわけではないが、泣くふりをして見せるのは、相手を意のままに動かすためのよくあるトリックだ。[*19] 人を傷つけたいと思う人はいない。

相手が泣き出しそうな気配を感じると、私たちはつい寛容になってしまう。相手の見せている感情が本物かどうか、じっくりと見きわめるようにしよう。

ベランダ目線で全体を眺める

　剣豪、宮本武蔵は一三歳ではじめて決闘に勝利し、二刀流を編み出し、晩年、剣を捨ててからは画人としてもすばらしい作品を残した。その武蔵が自分の兵法を後世に伝えるために最後の弟子に託したのが、『五輪の書』である。武蔵は、戦いで勝利をおさめるための秘訣は視点の据え方にあると記している。目先のことだけに目を奪われるのでなく、山の上から下界を見るように、心の目（観の目）で全体を俯瞰《ふかん》するのだ。この視点の転換が、勝敗を大きく分けるのだという。

　同じことは交渉にも当てはまる。目の前の出来事だけを見るのでなく、目標を常に念頭に置きながら、少し距離を置いて全体の流れを見るようにしよう。**ベランダから他人ごとを眺める第三者のような目で交渉を見るのだ。相手が何かしらの交渉テクニックを使うたびに、そのテクニックの名称を思い浮かべながら頭のなかで分類していくと、あなたの精神をベランダの位置にうまく引き上げることができる。**[*20]

「だったら、あなたの言葉はあまり信用しないほうがいいってことですね」→負い目を感じさせている

「あなたのほかのクライアントがこのことを知ったらどう思うでしょうね」→威嚇している

　こんなふうに相手のテクニックを分類すれば、相手の意図があなたのなかで明確になるため、

ベランダから第三者が見るように、交渉を分析する

そのテクニックは意味をなさなくなってしまう。相手の術中にはまるかわりに、あなたは宮本武蔵のように、余裕の笑みを浮かべながら目の前の出来事を遠くから観察できるようになるのだ。

交渉中にネガティブな感情がわき起こったときには、相手に反論せず、常に冷静さを保つこと。そのうえで自分の感情に見合った反応をしながら相手の感情に注意を払い、全体を俯瞰できるよう「ベランダ」に精神を引き上げれば、あなたは交渉にかかわる感情に、適切に対処できるようになる。

6　知らないと損する情報の引き出し方

「私たちは世界のなかに存在しているが、
私たちのなかにも世界がある」

アーサー・ミラー

私たちには、世界を自分の都合のいいように認識し、その見方を裏づけるような情報ばかりを集めて、反証する情報は排除する「確証バイアス」と呼ばれる心理傾向がある。[*1] 郊外の真っ暗な道を、自分が気に入るものだけにヘッドライトを当てながら車を走らせているようなものだ。ところが他者に関することとなると、今度は真逆の現象が起きる。**相手を十分理解しようとしないだけでなく、私たちは相手を悪者扱いすらしてしまう。**[*2]「**パルチザン・パーセプション**」として知られる思考のゆがみである。元夫婦が互いの人となりについて話しているのを他人が聞くと、誇張されすぎているように思えることが多いのも、サッカーファンが、自分が応援しているチームよりも相手チームのほうが審判にひいきされているように感じるのも、この思考のゆがみが原因だ。[*3]

アメリカの雑誌『ＵＳニューズ＆ワールド・レポート』で、さまざまな人物の天国に行ける確率を推測するアンケートが実施されたことがある。このアンケートでは、マザー・テレサが天国へ行ける確率は七九パーセントとの結果が出たが、たった一人だけ、回答者たちの評価がマザー・テレサを上回った（八七パーセント）人物がいた。回答者自身である。アンケートの回答者は全員、自分を天使か何かのように思っていたということになる。[*4] これらの私たちの心理的な傾向が原因で、交渉や会話の際には、連日数え切れないほどのコミュニケーションの齟齬が起きている。誰もが「この人は私の言ったことを理解していない」と思いながら自分が話す番を待ち、いざ本人が話し出すと、今度はその話の内容が話し相手の言いたいこととずれている。

相手の立場をよく理解しなくては交渉の成果は上がらない。だから**交渉力のある人は質問をする。相手の話をさえぎってでも聞き返し、相手の立場を自分がきちんと理解できているかどうかを確かめる。**入手する情報は多ければ多いほどいい。十分な情報があれば、あなたは目標を正確に追求できる。相手の目標を的確に推測し、理解したうえで相手に働きかけることができるからだ。

相手の頭のなかは理解できるか

スタンフォード大学で心理学を専攻していた大学院生、エリザベス・ニュートンが行った独創的な実験がある。二人一組の参加者たちが、一人が手でテーブルをコツコツたたいて有名なメロディのリズムを刻み、もう一人がそれがなんの曲かを言い当てるという実験である。だがその実験中、リズムが刻まれた曲は全部で一二〇曲もあったというのに、そのうち正確に曲名を言い当てられたのは三曲しかなかった。正解率はたったの二・五パーセントである。テーブルをたたく役目の参加者たちは実験前、正解率は五〇パーセント、つまり六〇曲は言い当てられるだろうと予測していたが、彼らの予測はどうしてこんなに大きくはずれてしまったのだろうか？　私たちがメロディを思い返しながらテーブルをたたいているとき、私たちの頭のなかではその音楽が鳴っている。[*5] しかし曲を言い当てる側の頭のなかでまでその音楽が鳴っているわけではないということに、私たちは思いいたらないのだ。この実験と同じように、私の生徒やセミナーの参加者たちに交互にテーブルをたたいて有名なメロディのリズムを刻んでもらうと、テーブルをたたいているほうの人の顔つきは、ほとんど腹をたてているといっていいくらいに険しくなってしまう。たたき方は激しくなり、いらだったように首を振る一方で、目の前にすわっている相手にはどうしてこの曲が「ジングルベル」だとわからないのか理解できないといった様子を見せる。

私たちの頭のなかで何が起きているかを相手は知りようがない、そして私たちが知っていることを相手も知っているわけではない、ということに、私たちはなかなか気づけないのだ。

次に挙げるのは、賃貸契約の更新について交渉中の、部屋の借り手と貸し手の思考の比較である。[*6] どちらの言い分も納得できるが、それぞれの思考過程はまったく異なっていることがおわかりいただけるだろう。

借り手の思考

物価が上がっているから今より高い家賃は払えない。

この部屋は改装が必要だ。

もっと安い家賃で同じような部屋に住んでいる人を知っている。

学生が高い家賃を払えないのは当たり前だ。

このあたりは治安が悪くなってきているから家賃も下がっていいはずだ。

彼女は借り手に無関心でよそよそしい。

貸し手の思考

物価が上がっているから家賃収入も増やす必要がある。

ずいぶん部屋を乱暴に使ってくれたものだわ。

こういう部屋にもっと高い家賃を出すという人を知っている。

学生は騒がしいし部屋の使い方も乱暴だ。

このあたりの治安を回復させるためにも、大家は家賃を上げるべきだ。

私はとても控えめな人間だし、それに住人のプライバシーも侵害したくない。

数十年連れ添っていて、経験や価値観やものの見方の多くを共有しているはずのカップルでさえ、コミュニケーションには問題を抱えている。[*7] ましてや他人同士ともなれば、コミュニケーシヨンをとるのが難しいのは当然だ。このことはどんな会話や言い争いにも当てはまるが、特に交渉の場合は自分のなかに目標についての具体的なイメージがあるだけに、私たちは交渉相手がそれを認識できない、とは考えもしない。相手の頭のなかが見てとれるわけでもないため、相手が自分のなかのイメージを理解していないことにも気づかない。そのもどかしさはたいてい、テーブルのいらだたしげなたたき方のような形であらわれる。情報のやり取りをするときには、必ず次のことを頭に入れておこう。相手の頭のなかのメロディをあなたが認識できないのと同様に、相手にもあなたの頭のなかで鳴っているメロディはわからないのだ。

道教の始祖の一人である荘子はある時、同時代の思想家、恵子《けいし》と川のほとりを散歩していた。「魚が水面に出て悠々と泳いでいる。あれが魚の楽しみというものだ」と荘子が言うと、恵子はこう返した。「君は魚じゃない。魚の楽しみがわかるはずがないじゃないか」。それに対して荘子はこう反論したという。「君は僕じゃない。僕に魚の楽しみがわからないということが、どうしてわかるのか」[*8]（問答の台詞部分は『湯川秀樹著作集六』岩波書店より引用）。

私たちは自分が経験している世界が本当の世界だと思っている。自分が信じていることは信頼に足る情報にもとづいているが、相手が信じていることは間違った情報にもとづいていると考える。[*9]

相手を理解するには、その相手を好きかどうかとは関係なしに、相手の世界に入り込まなければならない。ネルソン・マンデラは自国のアパルトヘイト政策に反対し、二七年間獄中生活を強いられた。アパルトヘイトは、オランダ系移民の子孫であるアフリカーナーによって導入・施行された政策である。マンデラは投獄されるとすぐに、アフリカーナーの文化や歴史と、彼らの言語であるアフリカーンス語を学びはじめた。マンデラの支持者の多くは、彼がアフリカーンス語で抑圧者と議論をかわすことに怒りをあらわにしたが、マンデラは敵を理解しなければ効果的なアパルトヘイト撤廃運動はできないと確信していた。彼らについて学んではじめてマンデラは、彼らの行動の多くはボーア戦争（アフリカーナーが現南アフリカに建国していた国に対してイギリスが起こした植民地戦争。イギリスが勝利し、南アフリカはイギリスの植民地となった）のトラウマと、数のうえでは自分たちより少数派の、イギリス系移民の子孫に対するコンプレックスに端を発していることが理解できた。マンデラはのちにアパルトヘイト政策を撤廃させ、アフリカーナーであるフレデリック・ウィレム・デクラークとともにノーベル平和賞を受賞しているが、その偉業は、相手を深く理解したからこそ成し遂げられたものだったのだ。[*10]

交渉できる領域を把握する

交渉に影響をおよぼす重要な情報が何かということは、明確に意識しておく必要がある。乱雑で脈絡のない情報が多すぎると、交渉過程が滞ってしまうからだ。[*11] 交渉すべきことがらや相手のBATNA《バトナ》、誰が最終決定権を持っているかなど、交渉に必要な相手の情報を入手することに意識を集中させよう。

なかでも特に重要なのは、**ZOPA《ゾーパ》（Zone of Possible Agreement）と略される、交渉可能な領域を把握する**ことだ。[*12] 例えば、あなたはフリーマーケットで一九七〇年代のスタンドランプを一〇〇ユーロで売るとしよう。希望価格は一五〇ユーロで、価格交渉に応じる用意はあるが、あなたは一〇〇ユーロ以下で売る気はないとする。もし私があなたのランプに興味があるとして、希望価格は七〇

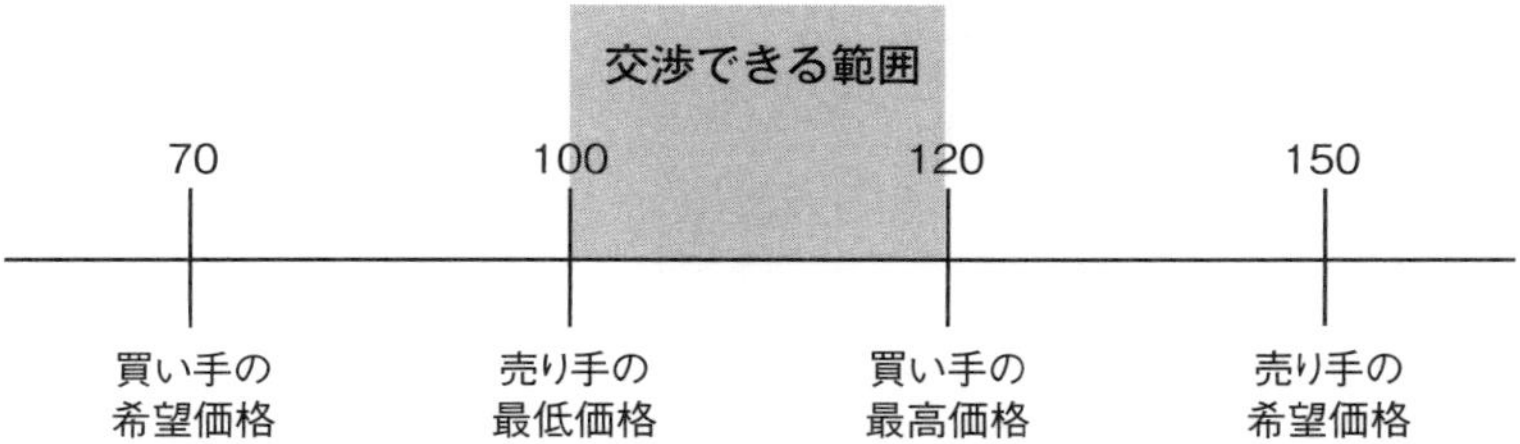

交渉可能な領域（ZOPA）の図

ユーロだが最高一二〇ユーロまでなら出してもいいと考えていたとすると、交渉可能な領域は一〇〇ユーロ（あなたの最低価格）から一二〇ユーロ（私の最高価格）までのあいだということになる。あなたの交渉相手の最高価格があなたの最低価格を下回っていた場合は、交渉は決裂だ。図であらわすと上のようになる。

交渉は綱引きのようなものだ。売り手は結果を自分の最高価格にできるだけ近づけようとするし、買い手は売り手の最低価格の方向に結果を近づけようとする。

売り手はどのくらいまでなら価格を下げる用意があるか、買い手はいくらまでなら出してもいいと考えているか、相手のリミットが把握できれば交渉に大いに役立つ。だが相手が交渉の熟練者なら、あなたがいくつか質問をしただけで「この価格が限度です。これ以上は下げられません」、あるいは「これ以上予算を引き上げるのは無理です」などと自ら進んでリミットを教えてくれることはほぼありえない。交渉に慣れた相手には注意が必要だ。おそらくは真実を言っていないだろうという前提のもとに、第2章で取り上げた嘘を見抜くテクニックを使ったほうがいい。また同時に、あなたが実際にはどのくらいまで価格を下げられるか、あるいはいくらまでなら出せるかといった情報も、相手にもらさないよう注意しなくてはならない。*13

そしてもうひとつ、**交渉において非常に重要なのは、相手の価格設定に関する情報だ。**あなたがデパートで購入を決めたベッドの価格が送料込みだった場合、あなたがベッドを自分で運べばデパート側は当然送料分を節約できる。デパートは自社で運転手を雇用していてその分経費を使っているか、あるいは運送会社と提携していて、配送にかかる費用を負担しているかのどちらかだからだ（可能性としては後者のほうが高いが）。もしあなたがその費用や、少なくとも販売価格に算入されている送料の額を把握することができたとしたら、値引き交渉をするときの大きな強みになる。

価格の内訳を把握するために、販売員に販売価格の算出方法を尋ねてみてもいいが、販売員はおそらく曖昧な答え方しかしてくれないだろう。販売に携わる人は、たいていマーケティングによる価格設定法には懐疑的なものだが、それでも買い手に価格の算出方法を明かしてしまえば、他社と比較される材料を与えてしまうことになるからだ。こうした状況にあっても情報を入手するための方法は、次項を参照してほしい。

発言は質問の形でする

何年か前、私は入院を余儀なくされ、一ヶ月近く仕事ができなかった時期があった。だが元気になって仕事に復帰したあとも、私の病名を尋ねようとする人は誰もいなかった。肺炎をこじらせたのだと答えることに、私はなんの抵抗も感じていなかったのだが。

人から何かを訊かれたときに、「それがあなたになんの関係があるの？」などと答えたことが、どのくらいあるだろう？　おそらくそんな答え方をした経験のある人はほとんどいないに違いない。それなのに、私たちは人に質問をするのを躊躇する。個人的な質問に答えることにも、何年もかけて身につけた知識を見返りもなく披露することにも、実際には私たちはほとんど心理的な抵抗を感じないというのに。だから交渉の場では、**発言はできるだけ質問の形でするようにしよう。意見をすれば反論が返ってくるだけだが、質問をすれば答えが得られる。**[*14]

事前に、あなたが知りたい情報を引き出すための質問リストを用意しておこう。質問の仕方は率直なほうがいい。「この車がまだ三万ユーロもする理由は、具体的になんだと思いますか？」、「あなたがまた昇給を希望する理由はなんですか？」というように、単刀直入な訊き方をしたほうが、入手できる情報量も多くなる。交渉相手に、あなたのオファーのなかでよいと思う点はどこかを尋ねてみるのもいい。あなたが自分のオファーを自らほめたたえるよりも、相手によい点を挙げてもらったほうが、利点をより効果的にアピールできる。それに相手に利点を挙げてもらっているうちに、ひょっとしたら予想もしていなかった情報が聞き出せるかもしれない。

さりげなくほしい情報を入手したいときには、**「もし○○だったら……」ではじまる質問をするといい。**[*15] あなたは今、家電量販店でテレビを買おうとしているところだとしよう。価格交渉をうまく進めるには、できるだけ多くの情報を入手しなくてはならない。「もしテレビを二台買ったらどうなりますか？」、「もし配送を頼まずに、自分でテレビを持って帰ったらどうなりますか？」、「もしブルーレイプレーヤーも一緒に買ったらどうなりますか？」。実際にそのつもりがなくても、こうして質問を重ねていけば、相手が融通をきかせられる価格の幅が見えてくる。

人にものを尋ねるのを習慣にしよう。交渉力のある人は、何があっても動揺せずに、常に目標を見据えて必要な情報を入手しようとするものだ。誰かに馬鹿だと言われたら、「どうして僕を馬鹿だと思うの？」と尋ねればいい。[*16] 相手の頭のなかで起きていることが知りたければ、情報を与えてくれるよう頼めばいいのだ。八歳の甥っ子のパンにチョコレートスプレッドをぬって渡したときに、「おじさんなんか嫌いだ」と言われればショックを受けるが、甥っ子に理由を尋ねて、朝ごはんにはアイスを食べたかったのだと説明されれば、そういう甥っ子の反応も微笑ましく思えてくる。

つらい答えを聞かなければならないときでも、多くを知れば大きなメリットがもたらされる。腹をたてているお客がいたら、あなたの会社の何が嫌で、ライバル会社のどこが気に入っているのか尋ねてみるといい。役立つ情報が答えのなかにふんだんに盛り込まれていることにきっと驚くはずだ。

状況が八方ふさがりに思えても、質問をすれば道が開けることもある。「この金額以上は絶対に無理です」と交渉相手に言われたとしても、あきらめずにすぐにこう質問しよう。「それでは、ほかに交渉できることはありますか？　納入日や設備や、支払い方法についてはどうでしょうか？」。交渉の糸口になる情報は、いたるところに隠されている。「大変申し訳ないのですが、ただいまそのご要望にお応えすることはできません」とよくあるもったいぶった答え方をされたら、「では、どなたなら対応してくださるんです？」、あるいは「あなたはどんな要望になら対応してくださるんですか？」と再度質問すればいい。「残念ですが私にはどうすることもできません」と言われたら、間髪容れずに「ではなんらかの措置がとれるのはどなたでしょう？」と尋ね返そう。

情報を入手するべきタイミング

テレビのトークショーにゲストとして招かれると、いつも興味深い変化を目の当たりにする。番組がはじまる前は全員がリラックスして親しげに話をしているのに、カメラに赤いランプが点灯して番組がはじまったとたんに、挑発的な発言をする俳優、オペラ歌手の第一人者、冷徹な銀行家など、誰もが自分が求められている役割に入り込むのだ。交渉の場合にも同じことが起きる。非情な経営者、頑固な労働組合の代表者、不当な扱いを受けてばかりの職業訓練生など、交渉のテーブルにつくと、全員が自分の役割をこなしはじめる。

情報の入手は、相手と良好な関係を築くときと同じように、正式な交渉が開始される前からはじめるのがポイントだ。それぞれが自分の役割に入り込む前なら、交渉中は「いまそれについてお話できることはありません」と拒絶されそうな質問にも、おそらく答えは返ってくる。

誰かとはじめて一夜をともにしたとして、その相手にこれまでにつきあった人数を訊こうとするときは、その直後のほうが、つきあいが深まってからよりも正直に答えてもらえる可能性は高い。一緒に過ごす時間が増えて、二人の役割が「恋人同士」に移行すると、情報を引き出すのは困難になる。もちろん、正直な答えを聞いてあなたがショックを受ける可能性もなくはないが、知ることには常に代償が伴うものだ。だが交渉の場合、驚くような情報は早めにわかるに越したことはない。例えば、あなたが社員に支払える年間給与は五万ユーロが限度だというのに、これから給与交渉をしようとしている相手は、年収八万ユーロを希望していることがわかったとしよう。あなたはきっと、相手の希望年収が事前にわかってよかったと胸をなでおろすに違いない。給与交渉を取りやめにするか、相手の期待をあらかじめ修正しておくか、あなたはその段階でどちらかを選ぶことができるからだ。交渉のテーブルについてからより、その前のほうがずっと対策は講じやすい。

凡庸に見える人こそ実は手強い

ハーブ・コーエンは、世界で最も有名な交渉のプロの一人だ。これまで幾度も、社長やアメリカ大統領の交渉アドバイザーを務めてきた切れ者である。ところが「はじめて会う人にはがっかりされます」とコーエンは言う。確かに、小柄で体に合わないスーツを着たコーエンは、一見さえない印象を与える。だがその印象は偶然の結果ではなく、計算されたものなのだ。**無害に見える相手に対しては、人間は無防備になるとコーエンは確信している。**

実際、みすぼらしく見える相手に何かを尋ねられると、私たちはその人を助けてあげなければならないような気にさせられる。それともあなたは、助けを求める弱くて控えめな印象の人を、容赦なく切り捨てることができるだろうか？　ピーター・フォーク演じる刑事コロンボを思い出してみるといい。しわくちゃのトレンチコートを着たコロンボは、葉巻を手に一見無意味な質問を繰り返しながら、鬼軍曹のような好戦的な尋問のスペシャリストよりも効率的に、犯人についての多くの情報を手に入れていく。コロンボが状況証拠だけで犯人を追いつめた事件はおそらくなかったはずだ。決め手となるのは常に、自分の優位を信じて疑わない犯人が自ら進んで提供した情報である。

だからといって、いますぐにあなたのコートを、ポケットに石をいっぱいに詰めた状態で何週間も雨にさらして、コロンボのようにしわくちゃにしなければならないというわけではない。**交渉相手に大いに敬意を示して相手の知識や経験の豊富さを賞賛し、相手のガードを下げさせればいいのだ。**自分の無知を自覚しているのが本物の知者だと考えていたソクラテスのように、自分の知識のなさをほのめかして必要な情報を入手するのである。やり手の弁護士は、「よく理解できないのですが」、「どういうことですか？　素人にもわかるようにご説明願えますか？」といった言い回しを多用するため、交渉の場では無害で御しやすい人物のような印象を持たれがちだ。だが彼らは情報を入手する目的でわざと自分を愚かに見せようとしているわけではない。物事を正確に理解するための詳細な説明を求めているだけだ。もしあなたが素人としての立場で〝専門家〟たちに根掘り葉掘り質問をするのが恥ずかしければ、専門家への畏敬の念という概念が生じたころ、人々の尊敬の対象になっていたのは、賢者の石を探す錬金術師や魔女の見分け方についての論文を書いていた神学者だったという事実を思い浮かべるようにするといい。*17

ハーブ・コーエンはひとつの興味深い交渉のトリックについて記述している。ある交渉の場で、そこにいた関係者の一人がカチカチという音がしているのに気づき、交渉相手にその音は何かと尋ねると、その相手はこう答えた。「ああ、気にしないでください。これは私の心臓ペースメーカーの音ですから」。それを聞いたほうはすぐに態度を軟化させて相手にいたわりを見せるようになり、多くの製品を価格面で大いに譲歩して販売することに合意した。質問をした交渉関係者が、心臓ペースメーカーは聞きとれるほどの音をたてないと知ったのは、それから何年もたった後のことだったという。

相手の考えを深く聞き出すには？

交渉は闘いではない。相手の言葉の一言一句に反応したり、主張という主張すべてに反論したりする必要はない。相手が何かを発言すると、私たちはすぐにそのあら探しをはじめてしまいがちだ。特に弁護士にはこの傾向が顕著で、弁護士向けの講演やセミナーを行っていると、私が何かものを言うたびに、参加者の多くが論理全体を聞かずにそれ以前の発言との整合性がとれているかどうかだけを気にしているのに気づくことがある。しかし発言の整合性に意識を集中させるのは、民事訴訟の場合には有益だが、それ以外のたいていの状況ではむしろマイナスになる。人によって差はあるものの、私たちは相手の発言を自分への挑戦と受けとってしまう場合が多いからだ。相手の論旨を理解しようとしたり、互いの利益や重要なポイントについての合意点を探そうとしたりするかわりに、少しでも自分に都合が悪いように思える発言は、ことごとく論破したくなる。まるで、そうすれば得点がもらえでもするかのように。精神科医のジークムント・フロイトは、患者に自分の思考をクリアに認識させるために、頭のなかにある批判を排除するよう求めたそうだ。フロイトの方法にならって反論したくなる気持ちをぐっと抑え、批判を頭のなかから排除する練習をするようにしよう。[*18]

まずは相手の言うことをよく聞くことが大切だ。ただし相手の言うことを聞くというのは、相

相手の話をさえぎらず、メモをとる（テーブルの角を挟んですわる）

手が話している最中に割り込まなければいいという意味ではない。失礼にならないように、ただ相手の言葉が切れるタイミングを待ってから話し出すのと、相手の言うことを本当に理解するのとでは大きく違う。相手の主張をすべて聞かずにさえぎってしまった場合は、相手を怒らせるばかりか、あなたの話もほとんど聞いてもらえなくなる。主張を途中でさえぎられたあとも、相手の思考はベルトコンベアのように結論に行きつくまで止まらないからだ。[*19]

「**アクティブリスニング**」という臨床心理学の言葉がある。[*20]アメリカの心理カウンセラー、カール・ロジャーズが一九五〇年代に導入をはじめたカウンセリングのコミュニケーション技法である。「**相手が考えていることを聞き出す**」というカウンセリングの重要な課題を解決するための技法で、交渉の場でも大いに役に立つ。

アクティブリスニングの方法は非常にシンプルだ。基本的に、**相手の主張をさえぎらなければいい。相手の言っていることが明らかに間違いだと気づいても、すぐにそれを指摘してはならない。**情報の流れを遮断してしまうからだ。相手の目を見てうなずきながら、相手の話を聞いているという態度を示し、「あなたはそこでどうしたのですか？」や「それで？」といった言葉を挟んで話の先に興味を見せる。[*21] 交渉力に乏しい人はひっきりなしに自分の話ばかりして、まずまずの交渉力の人は穏やかにポーカーフェイスで交渉の席に座っているだけだ。だが交渉力に優れた人は、常に相手の話に興味と理解を示し、熱心に耳を傾ける。優秀な営業スタッフと同じで、自ら話すよりも相手の話を聞いている時間のほうがずっと長い。

アクティブリスニングは相手に親切をほどこすためのものではない。この技法を通して最も大きなメリットを享受できるのはあなた自身だ。「こんなにいろいろなことを聞けた、充実した時間ははじめてですよ」というのは、話し相手に心からの興味を示すことで有名なアメリカのトークの帝王、ラリー・キングの言葉だが、実際、**交渉時に最も充実した情報を手にできるのは、最も寡黙だった人物だ。**あなたが黙れば、相手は何かを話さなければならないような気になるものだ。あなたが相手に質問をしたときに、相手がそれに答えなかったり、満足のいく答えが返ってこなかったりしても、あわててその沈黙を埋める必要はない。何も言わずに沈黙が相手に作用するのを待てば、相手のほうから何かを話しはじめるはずだ。

話し手にとって一番嬉しいのは、聞き手が自分の話を聞きながらメモをとってくれることだ。私はこれまで数多くの講義や講演を行ってきたが、せっせとペンを動かして、まるで偉大な人物から個人的に言葉をたまわってでもいるかのように私の言葉をメモしてくれているのを目にすると、いまだにとても誇らしい気持ちになる。ひょっとしたら、実は買い物リストを書いているだけなのかもしれないが、それでも、その光景を見ると私は幸福感でいっぱいになる。メモをとるのはアクティブリスニングのなかでも最も効果的な技法だ。交渉時に相手の話をメモすれば、交渉相手はあなたが自分を尊重し、自分の主張に耳を傾けてくれていると感じるはずである。

相手の話の内容がまったく無意味に思えるときは、メモをとる紙（たとえそれが黄ばんだ古いインクの吸い取り紙にすぎなくても）さえもったいないと思えるかもしれないが、そういうときこそメモは効果を発揮する。あなたが相手の主張に熱心に耳を傾けたはじめての人物かもしれないからだ。メモがわりに使った吸い取り紙は、その役目を終えたらいつでも処分してしまえばいい。

相手の発言を言い換えることで交渉が円滑に

「賢明な調停人の最初の務めは、自分が相手の主張を理解していると相手に思い込ませることだ」と、イギリスの詩人サミュエル・テイラー・コールリッジは書いている。この項でご紹介する手法「**パラフレイジング**」は、まさにこの言葉どおりに自分が**相手の主張を理解していることを相手に示し、できるだけ多くの情報を入手するための方法だ。**「だから君が言いたいのは、夜二人で何をするかをこのところ三回連続で僕が決めているから、今夜は自分が決める番だってことだろう?」というように、**相手の発言内容をすぐに自分の言葉で言い換えてみせるテクニック**

で、古代ギリシャの修辞学の訓練でもこの手法はすでに用いられていた。古代ギリシャや中世のパリの大学では、相手の発言内容を完全に理解して自分の言葉で表現できるようになるまで、学生たちは何度でも相手の主張を自分の言葉で言い換えなくてはならなかったという。

このテクニックを実際に試してみるとわかるが、「そう、まさにそれが言いたかったんですよ！」と言われるよりも、「まだ完全にはわかってもらっていないようですね」や、「私の言いたいことはまったく伝わってないみたいですね」という答えが返ってくることのほうが圧倒的に多い[*22]。

あなたが相手の話を聞いていて、きちんと理解しているということが相手に伝われば、あなたは同じテーマに関する説明を長々と聞かずにすむ。重要な点が相手に理解されていないような気がして、何度も同じ話を繰り返してしまった経験は、あなたにもあるのではないだろうか？

逆に、交渉相手があなたを理解しているかどうかをこんなふうに尋ねてみてもいい。「どうして納入日を私がこんなに重視しているかわかりますか？」。そうすれば、相手があなたの事情を理解したり、あなたの状況について考えたりするきっかけを与えられる。相手にあなたを理解してもらうのも、あなたが相手を理解するのと同じくらい大事なことだ。

イギリス人の研究者、ニール・ラッカムとジョン・カーライルは、同僚の研究者たちから特に交渉力が高いと評価された人物のうちの五一人が交渉する場に実際に同行し、その五一人のふるまいを、平均的な交渉力を持つとされた人々のふるまいと比較する調査を行った。その結果、次のようなことが明らかになった。**交渉力の高い人は、質問とパラフレイジングに交渉時間の三八・五パーセントを割いていたのに対して、平均的な交渉力の人は同じ行為に彼らの半分、全体の**

一八パーセントの時間しか割いていなかったのだ。数ある交渉テクニックのなかでも、ウィリアム・ユーリーがパラフレイジングを最も効果的なもののひとつに位置づけているのも、当然といっていいだろう。

ガードの堅い人から情報を得るには？

独裁国家と交渉する西側諸国は圧倒的に不利な立場にある。相手はすでに何十年もその地位についていて、それ相応の経験を積んでいるというだけでなく、相手に関する情報がほとんどもれてこないからだ。[*23] 冷戦時代のソ連がいい例である。ソ連がなにごとに対しても「ニェット」（ロシア語で「いいえ」の意）と言うのは交渉関係者のあいだでは有名で、首相のモロトフも交渉時には常に強硬姿勢を崩さなかった。こうした状況が今日においても変わっていないのは、アメリカと北朝鮮の交渉を見ればよくわかる。独裁国家の実情はほとんど知られていないが、アメリカ側の情報は、交渉者のトップの好きな色や夫婦の問題にいたるまで、アメリカのニュースでこと細かに報道される。野党やデモの参加者たちが公然と唱える政府批判も、自国の交渉チームに重圧を与え、交渉の選択肢を狭めていく。北朝鮮のジェームズ・ボンドは、テレビでCNNを見たりインターネットで検索したりするだけで、相手の主な情報はすべて手に入れられるのだ。

ソ連のような交渉相手は、自分からは一切なにも提供せずに、ほしいものだけを手に入れようとする。情報に関しても同じだ。そういう相手は交渉の場で、あなたを質問攻めにする。交渉に不慣れな人は礼儀正しくそれらの質問にすべて答えて、そのあとでようやく自分から質問を（もし質問をするとしたらの話だが）しようとする。しかし、そんなふうに一方的に情報を提供していては、自分が交渉で不利になる。だからといって双方がなにも言わなければ、交渉は先に進まない。常に問題になるのは、最初に情報を提供するのはどちらか、だ。

この問題を解決するための、ゲーム理論の「囚人のジレンマ」をベースとした**「交渉者のジレンマ」**と呼ばれる交渉テクニックがある。**相手の質問にひとつ答えたら、相手にもひとつ質問をするという方法だ。**交互に質問しあうのがポイントで、たいていの場合はうまくいく。あなたが情報を与えたら、相手からも情報を与えてもらう。それをずっと繰り返すのだ。[*24] **あなたが先に情報を出せば、相手からの信頼を得ることもできる。**ただし、あなたからさらに情報を出すのは、相手があなたの行為に応えてくれるかどうかを見きわめてからにしたほうがいい。交渉力に乏しい人は、最初に自分が一方的に話し、それから相手が自分と同じだけの情報量を提供してくれるのを期待する。だが交渉のプロは、互いが段階的に歩み寄ったあとでなければ、十分な情報は提供しないものだ。

相手がかなり強情でなかなか情報を出そうとしないときは、相手の反応から相手側の事情を読みとるしかない。できるだけ多くの交渉ポイントについて話し、相手のふるまいを観察しよう。どんな話をすると、相手は怒りを見せたり感情的になったりするだろう？　相手が特に危惧しているのは、それらの交渉ポイントだと考えていいだろう。[*25]

交渉相手以外から情報を入手する

情報は、必ずしも交渉相手から直接入手しなければならないわけではない。中国には、「道がわからないときには、その道を通ったことのある人に訊きなさい」ということわざがあるそうだが[*26]、このことわざどおりに、**交渉相手とかかわったことのある人に、相手が重視していることや相手とのうまいつきあい方などについて尋ねるという方法もある。**

相手の会社を訪ねて、秘書からビルの管理人まで、さまざまな部署のできるだけ多くの人たちと話をしよう。ここでも、アクティブリスニングや、質問や、パラフレイジングが大いに役に立つ。会社が抱えている問題や、納入期限や、不足している製品などについての話が聞ければ大成功だ。

同じ職業に就いている人同士が話すと、情報のやり取りがオープンになるという現象を利用するのもひとつの手だ[*27]。例えば税理士は、パーティーの席で顔を合わせた相手が偶然同じ税理士だったというだけで、自分のクライアントについてこと細かに話をし、初対面の相手に配偶者にすら話さないような情報までもらしたりする。医者からトラックの運転手まで、この現象はどんな職業の人にも当てはまる。だから交渉相手側のエンジニアや経理担当者に会うときは、あなたの会社のエンジニアや経理担当者に同行してもらい、同じ職種の人同士で話をしたり、できれば一緒に食事をしたりしてもらうといい。その際には、あなたがほしい情報や、絶対に口外してはいけないことについて、事前に彼らに知らせておくのを忘れないようにしよう。

相手の立場を理解するための役割交換とイメージング

あるベテラン弁護士が、数名の若い弁護士に新たな訴訟案件を担当するよう指示を出した。独占禁止法に関する訴訟で、彼らの弁護士事務所は原告の代理人を務めるという。若い弁護士たちは訴訟の準備にまる一週間ついやした。独占禁止法関連の論評や論文を調べ、最近の判例についても徹底的に調査した。ようやく準備が終わって、彼らが誇らしげに、ベテラン弁護士に用意した論述をさし出すと、それを見たベテラン弁護士はこう言った。「いい出来だ。ところで、ここからが大事なところなんだが、依頼人は原告ではなく、実は被告のほうなんだ」。若い弁護士たちは唖然とした。ベテラン弁護士からわざと間違った情報を伝えられたことへの驚きや、そのせいで時間を無駄にしてしまったという思いもあったが、何よりも、彼らの目には、訴訟が圧倒的に原告に有利にうつっていたからだ。だがベテラン弁護士はこう言って彼らをなだめた。「数日後には、原告に勝ち目はないっていうのがよくわかるよ」。事実、裁判は被告側の勝訴に終わった。相手方の論拠を深く理解していた分、弁護士たちは被告のための強力な弁護ができたのだ。[*28]

私たちの見解は、誰の利益を代表しているかによって変化する。そのうえ私たちの思考には、自分の能力を過大評価して過剰な自信を持ってしまう「自信過剰バイアス」がかかっている。不動産業者はあなたの家を売却できると確信しているし、弁護士は自分ならあなたの訴訟に勝利をもたらせると信じている。[*29]だからあなたが友人に助言を求めるときは、その出来事の関係者のうち、あなたがどの立場にいるかはすぐに明かさないほうがいい。そうすれば、私情をはさまない中立的な答えが聞ける——もちろん、あなたがそれを望むならの話だが。

役割交換法で相手の立場を理解する

誰かの立場をよく理解するために、意図的にその人物と役割を交換する、「役割交換法」という手法がある。非常に効果が大きいうえに、実際にその人物を巻き込まなくても、自分で簡単に試すことのできる方法である。例えばあなたは近々、自身の昇進について話し合うために上司と面談する予定になっているとしよう。その場合、役割交換法を使えば、あなたはこんなふうに面談の予行演習をしておくことができる。まず最初に、あなたの興味やこれからの抱負など、上司に話す内容について考える。そして考えがまとまったら、友人に上司役を頼んで、実際の面談を想像しながら友人に向かって話をする。そのあいだ友人には、あなたの発言内容をメモしておいてもらう。あなたが話し終えたら、次に互いの役割を交換する。今度はあなたが上司役で、友人があなたの役だ。[*30] 友人は聞いたばかりの内容を上司役のあなたに向かって繰り返す。上司の立場からあなたの発言を聞くと、いったいどんな印象を受けるだろう？

自分の発言を上司の視点から聞く機会を持てば、「自分が昇進するとしたら、それをほかの社員たちに納得がいくようにどう説明すればいいだろう？」、「自分の要望ばっかり言ってるな」など、それまでは考えもしなかった点にも意識がまわるようになる。それと同時に、「仕事に対する意欲を維持できるだろうか」、「いままで課長職についているのは男性社員ばかりだし」といった、あなたの昇進に関する上司にとっての懸案事項も見えてくる。

交渉アドバイザーは、交渉時に行き詰まった状況を打開するための方法として役割交換を活用している。両サイドの代表者一人ずつに壇上にあがってもらい、そこで双方の役割を交換して議論をしてもらうのだ。[*31] プレッシャーと、交渉相手の前でみっともないところは見せられないという自尊心から、壇上にあがった人は誰もが交渉案件を懸命に相手の立場からとらえる努力をするそうだ。結婚式の余興のような光景に思えるかもしれないが、交渉相手の視点を理解するにはとても効果的なテクニックだ。

相手の視点を理解するには、もうひとつ、「イメージング」と呼ばれる手法もある。双方が次の四つの点について書きとめ、その後、それぞれが書いた答えを交換するというものだ。

イメージング

一　自分は自分自身のことをどう見ているか
二　自分は相手のことをどう見ているか
三　相手が自分のことをどう見ていると思うか
四　相手が相手自身のことをどう見ていると思うか

ある企業合併の際に、このテクニックが用いられたことがある。どちらの企業の経営陣も、自分たちは相手方から追い払われるのではないかと危惧していたが、イメージングを行ったあとは互いの印象が変化した。相手は自分たちに害をなそうとしている極悪人でなく、相手も同じように合併に不安を抱いていることが双方ともに理解できたため、その後は私情をまじえずに、冷静に交渉を進めることができたという[*32]。

役割交換法やイメージングを行えば、**両者ともに相手の目標や状況がのみ込めるようになり、その結果として互いの主張に耳を傾け、相手の立場に理解を示すポジティブな協力関係を生み出すこともできる。**自分が相手の立場なら同じ主張をするだろうということが明確にわかるようになるからだ。

アメリカの自動車メーカー、フォードの創業者、ヘンリー・フォードはこんなふうに書いている。「成功の秘訣というものがあるとしたら、それは相手の立場を理解し、自分の立場と同時に相手の立場からものごとを見ることのできる能力にある」。**相手の関心事を理解できたら、次に考えなくてはならないのは、どうすれば合意を成立させられるか、そしてそのためにはどんな障害を取りのぞく必要があるか、だ。**ただしその際には、相手の関心事に対応しながらあなたの目標を達成するにはどうすればいいかという視点を持つのを忘れてはならない。相手から見た交渉の障害が理解できれば、合意への突破口が見つかる場合も多い。[*33]それから、交渉でオファーを提示するときには、見落とされがちな注意点がひとつある。**多くの人は、自分が提示するオファーのよさを相手に伝えようとするとき、相手にとって最も価値のある点でなく、相手にとって最もコストのかかる点を利点として挙げてしまいがちだということだ。**[*34]なにも悪意を持ってそうしているわけではない。自分のオファーのどの点が相手にとって最も価値があって、どの点が最もコストがかかるかが、ちゃんと理解できていないだけなのだ。交渉力のある人は（能力のある営業スタッフにも共通することだが）、交渉において相手が重視している点は何かをまず把握してから自分のオファーを提示する。「仕事は順調ですか？」といった質問から交渉をはじめることで、相手の考えや心情に興味を示すことができる。そして、自分は率直に話し合う用意ができているということをさりげなく伝え、相手から必要な情報を聞き出すのだ。[*35]

交渉場所の選び方

交渉は、どこで行うのが一番いいのだろう？　あなたの会社か相手の会社か、それとも、それ以外のどこか別の場所で行ったほうがいいのだろうか？[*36]　それぞれのメリットとデメリットを比較してみよう。

自分の会社で交渉を行うと、慣れた環境で安心感があるため、あなたは交渉の重要な点だけに意識を集中させられる。何か足りないデータがあっても、社内ネットワークを使ったり、必要なファイルを取りに行ったり、担当者に問い合わせたりしてすぐにそのデータを用意することもできるので、交渉相手からいろいろな情報を引き出せる可能性も高くなる。

一方で、人間は、自分がふだん仕事をしている環境にいると、率直に仕事の話をしなくなる。裁判中の弁護士も絵を描いている最中の画家も、自分の職場にいるあいだは誰もが、仕事に関する情報を明かしてはならないような、ある種の制約を受けているように感じてしまうからだ。[*37]　けれどもあなたの会社では、相手はそうした制約を感じないですむため、オープンに話すことができる。それと同時に、相手もあなたの会社でいろいろな人々と話をして情報を入手する機会を持てることになる。ベルトコンベアで働く作業員が去年より仕事が減ったとこぼすだけでも、相手にとって貴重な情報だ。

反対にあなたが相手の会社に出向くときには、今度はあなたのほうに、交渉に重要な情報を入手できるチャンスが生まれる。また、何かあればいつでも席をたてるという選択肢も持てる。相手が交渉場所として自分の会社を提案したときは、相手の希望を受け入れる意思を伝えよう。そして自分が出向いて行くのと引きかえに、「いいですよ。でも昼食はそちらで用意しておいてくださいね」、あるいは「じゃあ迎えをよこしてもらえますか？」というように、遠慮せずに相手側に何かしらの要求を出すといい。[*38]

ただし相手の会社で交渉する際には、次のことは頭に入れておこう。交渉術のトレーニングコースのなかには、交渉相手を直射日光の照りつける部屋や寒くてたまらない部屋に案内するよう勧めているところがある。居心地の悪い環境で、早く交渉を終わらせたいと相手に思わせるのが目的だ。だが私個人は、この種の策でもたらされるものは何もないし、そんなことをしても交渉の場がぎすぎすした雰囲気になるだけだと思っている。相手がこうした策を使っているのに気づいたときは、部屋の環境を整えてくれるよう、はっきり要求したほうがいい。*39 交渉相手の会社が国外にある場合は、そのほかにもいくつかマイナス要因が伴う。例えばあなたがブラジルまで交渉に出向いたとしたら、時差ボケや慣れない習慣、食事の違いといった問題に加えて、*40 客として不慣れな環境にいること自体があなたの自信にネガティブな影響を与えてしまう。

非常に重要な交渉の場合は、中立的な場所を選ぶのが賢明だ。社内にいるときのような制約をあなたが感じることはないし、相手だけが自国にいて交渉で有利な立場にたつことも、相手にあなたの会社の誰かから重要な情報を引き出される恐れもない。落ち着いたレストランや空港のラウンジ、あるいはホテルのミーティングルームを交渉場所として設定するのがおすすめだ。

7　コミュニケーション手段を変えた交渉法

「驚くべき発明だ。
だが、誰かそんなものを使いたがるだろう」

ラザフォード・B・ヘイズ

直接会って交渉するときには相手から読みとれるはずの情報が、相手と顔を合わせずに交渉するときには手に入らない場合もある。[*1] シスコのテレプレゼンス（アメリカのコンピューター関連企業、シスコシステムズが開発したビデオ会議システム）のようなシステムを使った交渉なら、相手の姿や発言をライブ映像で見られるため、実際に会うときほど明確でないとはいえ、対面交渉とほぼ変わらないくらいの情報を相手の様子から読みとれる。少なくとも電話なら、まだ声のニュアンスを聞きわけることはできる。だがEメールとなると、そこからなんらかの情報を読みとることは到底不可能だ。

電話での交渉テクニックと落とし穴

電話の呼び出し音にはある種の権威がある。窓から身を投げようとしていた人でさえ、呼び出し音を聞いたら、電話をとるために家のなかへ戻るのではないかと思えるほどだ。[*2] 電話で交渉をする場合、あなたには相手が見えないため、相手のしぐさから重要な情報を読みとることはできない。相手が電話のスピーカーをオンにしているかどうかもわからなければ、その場にどんな利害関係のあるどんな人物が同席しているのかもわからない。

それに加えて私たちは、電話では手短にしか話さない。電話で一時間話すととても長く感じられるが、同じテーマで一時間ミーティングをすると、短く簡潔に感じられる。そのため電話で相手とよい関係を築くのは、直接顔を合わせているときよりもはるかに難しい。あなたは、電話越しに恋に落ちたというカップルにこれまで出会ったことがあるだろうか？

電話は必要なことがらを話し合うための道具で、迅速に用件を処理することに重点が置かれる。相手のもとへ出向くのが割りに合わなかったり、時間が十分とれなかったりして、電話で交渉をするのが避けられない場合は、注意すべきことがある。**短時間で交渉をすませなければならないため、事前に念入りに準備をし、必要な情報をすべて手元に用意していた側が立場は有利になる。**前もって入念な準備をしておけるのは、電話をかける側と受ける側、どちらのほうだろう？　もちろん、電話をかける側だ。あなたが高速道路を運転している最中に、交渉相手が〝急に思い立って〟電話をかけてきたとする。ひょっとしたらあなたは、いまなら三〇分ほど時間があるし、オーディオブックも聞きおわってしまったし、ちょっとした交渉ごとをすませるいい機会だと考えるかもしれない。だが、それは間違いだ。いい機会どころか、その状況ではあなたのほうが不利になる。交渉相手は自分のデスクにすわっていて、目の前にはパソコンのディスプレイが二台と書類のファイルが八つあり、そのうえ左側には経理担当者が、右側にはアシスタントが控えている。対するあなたは車のなかで一人きりだ。ノートパソコンはトランクのなかだし、高速道路にも注意を払わなくてはならない。これでは、ほんの数分のあいだに、大きな損をしてしまいかねない。だから、いますぐ仕事を片づけてしまいたくなる気持ちは抑えて、都合のいいときに自分から電話をかけ直すか、交渉の日時をあらためて設定するかしたほうがいい。その場での交渉を避ける口実はいくらでも考えられる。もうすぐミーティングがあると言ってもいいし、電話のハンズフリー通話装置の調子が悪いと言ってもいい。次のサービスエリアに車をとめて、一〇分ほど準備する時間をとってから電話をかけ直すという方法もある。インスタントメッセージでチャットのやり取りをする場合も同じことが当てはまる。じっくり考える時間がないため、チャットで得をするのは交渉に慣れた熟練者のみである。*3

電話での会話を気軽なものととらえる人は多く、電話交渉に向けての準備は、対面で交渉をするときよりもずっと手薄になりがちだ。だが電話で交渉するときの準備も、対面のときと同様、入念に行うようにしよう。そうすれば、交渉相手よりも優位にたてる可能性が高くなる。

しかし、**電話交渉にもちょっとしたメリットはある。沈黙を策略として使いやすいという点だ。**対面交渉で黙り込むと相手から不審そうに見つめられるが、電話の場合、その相手が目の前にはいない。電話でも沈黙の心地悪さは変わらないため、電話の向こう側にいる相手が交渉の準備を十分にしていなかったとしても、あなたが黙れば相手は何かを話して沈黙を埋めようとする。そうすれば、相手が普通はそう簡単に明かさないような情報も、簡単に手に入れることができる。ただ電話の交渉では、最後に合意の握手をかわすこともなければ、合意事項について証明してくれる同席者もいない。私の経験上、相手が同意したにもかかわらず実現しなかったものごとは、ほとんど電話での口約束によるものだ。電話での合意事項に関しては「いいえ、私はそんなこと言ってませんよ」と言ってしまえばすむ話だからだ。だから**電話の場合は先手を打って、交渉が終わった直後に合意事項を文書にして、Eメールで交渉相手に送るようにしよう。**そうでなければ電話での合意を確実に実現するのは難しい。

Eメールでの交渉テクニック

本書での扱いは大きくないとはいえ、Eメールは広く一般に普及したコミュニケーションツールである。日々三〇〇億通を超えるメールが送信されていて、迷惑メールも加えると、一日当たり送信されるメールの数はその五倍にもなるという。*4 メールで交渉をするときの問題は、相手の顔が見えないだけでなく、相手の声からニュアンスを聞きとることすらできないことだ。相手の姿が目の前にあれば、同じ発言でもさまざまな意味に解釈できる。神経質そうに視線をさまよわせたり、同僚に目くばせしたりすれば、その点が相手にとって重要なのだと見てとれる。それに実際に顔を合わせていると、人間は嘘もつきづらくなる。*5 **メールが持つ一種の匿名性は、直接顔を合わせているときには決してしないようなやり取りを生じさせる。そのためメールでの交渉は、対面交渉や電話交渉にくらべて決裂する頻度がはるかに高い。**

メールを介してラポールを形成したり良好な関係を築いたりするのはとても難しい。[6] しかしどうしてもメールでのコミュニケーションを選ばざるをえないときは、直接会って話すときと同じテクニックを用いるようにしよう。「その後、お嬢さんの具合はいかがですか？」といった、**相手への心配りを示す、感じのいい文章を文頭に置くのだ。メールの書き出しで相手への気づかいを見せるだけで、合意が成立する確率が格段にアップすることは、実験でも証明されている。**[7]

その実験では、学生をふたつのグループに分け、ひとつ目のグループには交渉で結果を出すようにとだけ指示が出され、ふたつ目のグループには、互いの出身地と趣味とキャリアプランについての情報をやり取りしてから交渉するようにとの指示が出された。その結果、後者のグループでは学生の九四パーセントが合意にいたったのに対して、前者のグループで合意にいたった学生の割合は七〇パーセントにとどまった。交渉前にやり取りする情報は事前に指定されていて、学生たちは自発的に情報交換したわけではなかったにもかかわらず、これだけの差が出たのだ。[8] メールで交渉をする前に、相手に電話をかけて少し話をするようにすれば、合意に至る確率はもっと高くなる。[9] 事前に直接顔を合わせる機会が持てるとさらにいい。特に女性の場合は、事前に顔を合わせれば、交渉の成果もアップすることが、最新の学術研究で明らかにされている。[10]

間違った意味にとられないよう、メールを書くときは、こんなふうに明確な書き方をするよう心がけよう。「御社と取引させていただけることになって、非常に光栄に思っております。業務の詳細をお送りしますのでご確認ください」。**メールはたいていネガティブなとらえ方をされるものだということを念頭に置き、送信前に、受取人が最もネガティブな読み方をするとどうなるか、最悪のケースを想像しながらメールを読み直し、必要に応じて修正を加えたほうがいい。**メールではラポールや相互の信頼が築きづらいため、相手の意図を邪推してしまいがちだ。[*11] 実際には相手に悪意はなくても、あなたは相手のパソコン画面の隣にいるわけではないから、あなたの誤解は正されない。誤解したままメールを書けば相手からもネガティブな返事が届き、あなたはそれに対してまたネガティブな反応を返し、そうしているうちに状況はどんどん悪化する。メールのやり取りで誤解を生じさせてしまった経験は私にもあるが、私の場合、そのきっかけはなんだったかをさかのぼって考えると、原因はいつも、相手のメールを読んだあと、すぐに書いて送信した返信メールの内容にある。書いたメールは、一度「下書き」フォルダに保存しよう。翌日になって見直すと、あなたはきっとそのメールをすぐに送信しなくてよかったと胸をなでおろすはずだ。しかし、特にネガティブな感情がない場合でも、メールの交渉で合意を成立させるには、対面交渉の場合よりもはるかに長い時間がかかる。コミュニケーションの手段が文字だけに限られている分、情報のやり取りに時間がかかるからだ。[*12]

それでも、メールのやり取りにも利点がないわけではない。[*13] 落ち着いて考える時間がとれるため、交渉に不慣れな人でも軽率に情報をもらしてしまう危険はないし、なにごとにもあわてずに対処ができる。**断るのが苦手だという人は少なくないが、相手に断りの返事をしなければならないときには、メールや電話は便利なツールだ。** 直接会えば、断ることへの申し訳なさから相手の説得に負けてしまい、結局は断りきれなかったということになりかねないからだ。[*14] 一方、逆の立場から言えば、電話やメールを使えば、あなたは手っ取り早く断りの返事を聞けるということにもなる。コミュニケーションの手段は、断りの返事をしたり相手が断ることを予測していたりする場合と、相手に肯定の返事をさせたい場合とで使い分けるといい。

このパートのまとめ

交渉は対立ではなく信頼

・重要なのは歌そのものよりも、誰がその歌を歌っているかだと自覚しよう
・交渉相手とのあいだにラポールを形成しよう
・ものごとの決定にはほかの人間を巻き込もう
・相手を尊重しよう
・ミスをしたらすぐに謝罪をしよう
・交渉相手と一緒に食事をとろう
・相手の信頼を獲得しよう
・相手との共通点を見つけよう
・相手との文化の違いを意識はしても、別の文化に無理に自分を合わせる必要はない

感情を大事にしよう

・冷静さを保ち、反論を避けよう

・自分の感情をコントロールしよう
・相手の感情を見きわめよう
・精神を「ベランダ」に引き上げ、全体を俯瞰して見るようにしよう

知らないと損する情報の引き出し方

・相手の頭のなかにあるイメージを理解しよう
・交渉において重要な情報は何かを意識しよう
・情報を入手する鍵は、相手への質問である
・早くから情報の入手をはじめよう
・自分を凡庸に見せ、相手から答えを引き出そう
・アクティブリスニングとパラフレイジングを活用しよう
・相手の立場に理解を示そう
・交渉者のジレンマを活用しよう。一度に多くの情報を与えず、まず相手があなたの質問に十分な答えを返してくれるかどうかを見きわめよう
・交渉相手以外からも情報を入手しよう
・役割交換法やイメージングを使って相手の立場を理解しよう
・状況に応じてコミュニケーションの手段を使い分けよう

Ⅲ　両者が大きな利益を勝ち取る方法

8　本当に求めているものを手に入れる

「真の発見の旅とは、
新しい景色を訪れることではなく、新しい目を持つことだ」
マルセル・プルースト

図書館に二人の男がすわっている。一人が窓を開けると、もう一人がその窓を閉める。窓を開けたほうがもう一度窓を開けると、もう一人がまた窓を閉め、それを繰り返しているうちに、二人の男はとうとう部屋中に響きわたるほどの激しい口論をはじめ、司書の女性が駆けつけて来る。女性が窓を開けたほうの男に「どうして窓を開けたいのですか？」と尋ねると、男は「空気の入れ替えをしたいからですよ」と答える。もう一人の男に窓を閉める理由を尋ねると、こちらの男は「すきま風が入って寒いんです」と答える。そこで司書の女性は隣の部屋に行き、そちらの部屋の窓を開ける――それで問題は一気に解決した。交渉トレーニングの場でよく引き合いに出されるエピソードだが、交渉の際に陥りがちな思考の落とし穴をよくあらわしている。[*1]私たちは相手の動機を究明しようとせずに、窓の開け閉めをすることだけに意識を集中させてしまうのだ。その結果として生じるのは、勝つか負けるかの「ウィンルーズ」《win・lose》の状況である。窓が開いたままになれば、窓を開けようとしていたほうが勝者になり、窓が閉まったままになれば、もう一人のほうが勝者になる。その場合、双方のあいだにネガティブな感情が生まれるのは避けられず、ことによってはそれをきっかけに関係が破綻してしまうかもしれない。ウィンルーズの状況を目指して攻撃的な交渉をしても、結局交渉は成功しない。相手に嫌悪感や拒絶感を持たれてしまうからだ。[*2] **攻撃的な交渉をする人が相手の合意を取りつけられる確率は、平均すると、相手に協力姿勢を見せながら交渉をする人の半分程度だ。**そのうえ合意の内容は、想定できる最高の合意内容とくらべると、半分ほどの利益しかもたらさない。つまり攻撃的な交渉をすると、得られる成果は、最高の成果を得られた場合よりも七五パーセントも減少することになる。

私のセミナーの参加者を、交渉のシミュレーションをするためにいくつかのチームに振り分けると、ほぼ毎回といっていいほど一人は、「俺に負かされたいやつはどいつだ？」や、「お前らをたたきのめしてやる！」というような発言をする人がいる。だがこれでは、結婚式の最中に、これから協力し合わなくてはならない新婚の妻に向かって、お前を打ち負かしてやると高らかに宣言しているようなものだ。[*3]

ではどうするのが一番いいのだろう？　先のエピソードでは、男たちの窓の開け閉めに関する立場は違ったが、司書の女性は両者の目的を突き止めるために、それぞれに窓の開け閉めをしたい理由は何かを尋ねた。その結果どうなったかは、ご覧のとおりだ。**正反対の立場をとる両者の関心事を、一度に満たす解決法はある。双方が利益を得られる「ウィンウィン」《win・win》の結果を導き出**

すには、まず、交渉相手の関心事を突き止めなくてはならないのである。

ウィンウィンは妥協ではない

ウィンウィンという言葉を耳にする機会は非常に多いが、数多くの交渉術のセミナーを行った経験から言わせてもらえば、言葉の意味をきちんと理解できている人は非常に少ない。[*4] ほとんどの人は、ウィンウィンというのは異なるふたつの立場の中間点を探ること、つまり、妥協することだと考えている。けれども、ためしに次のような状況を想像してみてほしい。あなたは夫とインドへ旅行に行きたいと思っているが、夫はドバイのほうがいいと言う。どうしても意見が一致しないため、あなたはコンパスと三角定規を持ってきて、ふたつのちょうど中間に位置する国を突き止めることにする。中間地点は、アフガニスタンだ。[*5] だが実際にカブールの空港に着き、ブルカ（イスラム教徒の女性がかぶるベール）をかぶったとたん、おそらくあなたの頭のなかは、妥協するのが本当に最良の解決法だったのだろうかという疑問でいっぱいになるだろう。**妥協は結局、双方とも結果に満足できない「ルーズルーズ」《Lose-Lose》の状況しか生み出さないのだ。どちらも本当に望んでいたことの一部をあきらめなくてはならないからだ。**

特に、**交渉相手が自分にとって大事な人である場合、その人のためを思ってすぐに妥協をしてしまいがちだ。**[*6] 心理学者たちが、カップル間の交渉を他人同士の交渉と比較する実験を行ったことがある。[*7] 参加者は全員、同一の交渉シミュレーションを行うよう求められたが、カップル間の交渉では、他人同士の交渉よりも互いに対する気づかいが見られ、双方が控えめな最初のオファーを出した後、比較的早い段階でどちらも互いに歩み寄る様子を見せはじめたという。つまりカップルのあいだでは、他人同士の場合よりも、相手の本当の関心事を突き止めるのは難しいということになる。

調和を乱したくないという思いから、私たちは妥協して争いを未然にふせごうとする。「喧嘩するくらいなら、去年行った旅行先にまた行こうか。あそこならみんな気に入ってたしね」。子供のころから家族のそういう会話を聞いているうちに、私たちは自然に、ことを荒だてないよう人に歩み寄ることをおぼえていく。しかし、妥協の前提となっている、互いの関心事はまったく相いれないものだという考え方自体がそもそも間違っているのだ。**人間一人ひとり、求めるものが違うのは紛れもない事実だが、その要求がどんな関心事にもとづいたものかが把握できれば、両者が満足できるウィンウィンの結果を導き出すことはできるのである。**

交渉トレーニングの世界では非常によく知られた、こんなエピソードがある。姉と妹がひとつのオレンジをめぐって喧嘩をしている。泣いたりわめいたりがあまりにつづくので、ついには母親がやって来てナイフを手に取り、オレンジを半分に切り分ける。一見すると、教材用絵本にでも出てきそうな賢明な妥協案に思える。それなのに、この解決策はルーズルーズの状況しか生み出さなかった。どうしてだろう？　一人はひとつのオレンジをしぼってジュースにしたいと思っていて、もう一人はケーキを焼くのにオレンジ一個分の皮を使いたかったからだ。[*8] したいことは違っていても、それぞれの関心事は相反していなかったのだ。一人が必要としていたのはオレンジの中身で、もう一人が必要としていたのはその皮だけだったのだから。

旅行先をめぐって意見が対立した先の例でいえば、あなたは旅行を通じて異文化を体験したいと思っているのに対して、夫が旅行に求めているのはおそらくビーチでのんびりすることなのだろう。そういう場合は、インドかドバイかという二者択一で口論をするのでなく、例えばオマーンのように、どちらの要求も満たせる旅行先を探せばいい。妥協ではなく、協調するのである。**すでに信頼関係を築いている相手との交渉は、価格について協議する場というよりも、協力してよいアイディアを探すためのプロセスという色合いが強くなる。**そうすると、ただ単に妥協をするよりもはるかによい結果を導き出せるようになる。[*9]

世の中のほとんどの交渉は、はじめからお粗末な妥協案にしかたどり着けないような手順で進められている。さまざまな交渉のポイントを一度に話し合うのでなく、一つひとつ順番に処理していくやり方だ。離婚調停も民事調停も、大規模なビジネス上の取引さえも、最初は価格、次に納入期日、最後に詳細な契約事項というように、弁護士が作成したリストに沿って進められる。各項目ごとに、双方が自分たちに最も有利な条件を引き出そうとするのだ。だがこの進め方では、納入期日を双方の希望の中間あたりに設定したり、無難な契約内容に落ち着いたりと、両者の妥協にもとづく結果しか生み出せない。妥協ばかりを積み重ねても、得をする人は誰もいない。ひょっとしたら買い手はとても急いでいて、納入期日を重視する一方で、社内のＩＴ部門で技術上の問題には対応できるため、そのほかの条件にはまったくこだわっていないかもしれないというのに。交渉相手の関心事がどこにあるかは、交渉のポイントすべてをひとつのものとしてとらえなければ見えてこないのだ。

チャンスを呼びこむうまい断り方

何かを断るのはそう簡単なことではない。ウィリアム・ユーリーはこのテーマだけで二冊の本を執筆していて、そのなかで、はっきりと断るときの口調についても指南している。ユーリーによると、断るときは明確な線引きをするように、威厳を込めてゆっくりと伝えるのがポイントだそうだ。*10「あれが本当に私どもの最終回答ですから」。「そこをなんとかしていただけませんか」。そこでゆっくりとした口調でこう言い渡すのだ。「いいえ、これ以上は無理です」

ただし、相手のオファーに対して断りの返事をする場合でも、「ノー」の裏には必ず「イエス」が潜んでいるものだ。目の前のオファーを断るということは、あなたにはもっとほかに手に入れたいと思っている、重要な何かがあるということだからだ。しかし、断る理由を見つけるのは簡単でも、自分の本当の関心事を把握するのはなかなか難しい。だから交渉相手が肩身の狭い思いをせずにまた交渉の席に戻って来られるよう、裏口のドアは開けておいたほうがいい。そうすればその相手があなたの重視している何かをたずさえて、再度オファーをしてくる可能性を残しておける。「今は無理ですが、もう少しすれば状況が変わるかもしれません」と付け加えておけば、その目的は十分に果たすことができる。相手を追いつめないように気を配るのも忘れてはならない。もし相手に「それはいつごろでしょうか？」と尋ねられたら、「とりあえず様子を見てみましょう」とだけ答えておけばいい。

自分自身を深く掘り下げて、あなたの本当の関心事は何かを突き止められたら、あなたの「ノー」が「イエス」に変わるタイミングもつかめるはずだ。それを踏まえてこんな断り方をするのもいい。「あなたが二、三年、仕事の経験を積んだら、また話しましょう」

断りの返事をした後は、そこで思考のスイッチを切らずに、どんな条件下なら「ノー」が「イエス」に変わるかを考えよう。相手を拒絶しつづけるのは簡単なことではなく、罪悪感を伴う場合も多い。だが状況がどんなふうに変われば肯定の返事ができるかを相手に伝えられれば、あなたも良心の呵責を感じずにすむ。また、それを相手に伝えられれば、相手側にもあなたの提案に対して「ノー」と言う選択肢が生じるため、互いの立場は対等になり、その後も相手との良好な関係を維持することができる。

相手の関心事を突き止める話し方

進化の過程において、人間には競争する行動様式が組み込まれた。私たちの先祖は、必要なものはすべて競争して獲得しなければならなかったからだ。人生のスローガンは「食べものを勝ちとれるか勝ちとれないか、飲みものを勝ちとれるか勝ちとれないか」だった。[*11] だが時代は変わって、私たちはいまでは本来の行動様式とはかけ離れた行動をとらなくてはならなくなった。こんなふうに言うと、現代は人間にとって生きづらい時代のように聞こえるかもしれない。しかし、人間の本質に反した行動をとるのは、なにも悪いことばかりではない。出先のエレベーターでライバル会社の人間に出くわしたからといって相手を殺そうとする人はいないし、社員食堂でかわいい新入社員に襲いかかろうとしたりする人も、そんなところで用を足したりする人もいない。フランスの哲学者、ジャン゠ジャック・ルソーが人間の自然回帰を唱えて以来、自然な状態でいることは理想化されすぎているきらいがあるが、人間の本質に反した行動をとるのは、いまや当たり前になっただけでなく、実は非常によいことでもあるのだ。[*12]

それでも、私たちが祖先から受け継いだ行動様式は私たちのなかに色濃く残されている。実際のお金をめぐって交渉をする実験はこれまで幾度も行われてきたが、その結果、私たちは相手の関心事をほとんど理解しようとしないということが明らかになっている。**私たちは、相手の関心事が自分の関心事と合致しないのは、相手が強情でまともな交渉をしようとしないからだと思い込む。**[*13] そして結局交渉は決裂し、お金をテーブルの上に残したまま、両者とも交渉の席をたってしまうことになる。

「支店のことは支店の人間に処理させろ」とエリア統括マネージャーをどなりつける経営幹部がいたとしよう。この場合、その幹部が重視しているのは、一人ひとりの社員が本来の職務に集中することだ。そのため幹部の目には、エリア統括マネージャーがほかの人間が処理すべき問題にまで関与するのは、自分の役職に不誠実だとうつっているのだ。[*14] もしあなたがそのエリア統括マネージャーのような立場に置かれたとしても、**相手の役職や勢いに畏縮せずに、それが何を重視しての発言なのか、その根底にある相手の関心事を突き止めるようにしよう。**上役の重視している点を把握しておけば、いずれ昇進について上役と交渉する機会がめぐってきたときに、その知識を存分に活かすことができる。上役との関係が良好であってもなくても、相手の関心事を把握できなければ双方が満足するようなよい結果は導き出せない。ハーバード交渉学研究所では、すでに畏縮せずに相手の関心事を突き止めるための方法が確立されている。**最初から、注意を相手の役職ではなく、相手の関心事をつかむことに向けておくのだ。**特に相手が激昂して声を荒げているときは、相手の本当の関心事は、役職が持つ威圧感の陰に隠れてわかりづらくなっているものだ。

私たちは自分を基準に他人の思考を推測する。それ以外に誰も基準にしようがないからだ。そうしてうかつにも、交渉相手も自分とまったく同じ関心事や意図を持っているはずだと思い込む。[*15]さらにコミュニケーション不足もその思い込みに拍車をかける。ほとんどの人は、自分が求めているものをはっきり相手に伝えようとしない。[*16]第Ⅱ部のテーブルをたたく実験を見れば明らかなように、自分の考えが相手にはわからないということをきちんと理解できていないからだ。

交渉力のある人は、自分の関心事について、平均的な交渉力の人の倍近い情報を相手に伝えるものだ。[*17]そうすることで、交渉のポイントごとに、平均的な交渉力の人の倍近い選択肢を相手に示しているのである。

他者の考えはわからないということをよくあらわす、日本のこんな昔話がある。[*18]比叡山延暦寺に、一人の子供が行儀見習いとして預けられていた。子供はある晩、寺の僧たちがぼた餅をつくろうと話しているのを耳にした。ぼた餅は子供の大好物だったが、食べたくてたまらない様子を見せるのはみっともないと思い、子供は寝たふりをすることにした。「出来上がったらきっと起こしに来るだろう」と考えたのだ。そして思ったとおり、しばらくすると、ぼた餅を一緒に食べるかどうか子供に尋ねる僧の声が聞こえてきた。しかし子供は、一度呼ばれたくらいで起き出しては、ぼた餅が出来るのを待ちかまえていたと思われると考え、寝たふりをやめなかった。すると、別の僧がこう言った。「よく眠っているなら、そのまま寝かしてやろうではないか」。それを聞いた子供は「しまった」とすぐに起きなかったことをひどく後悔しながらも、寝たふりをつづけた。だがそのうち、僧たちがむしゃむしゃとぼた餅を食べる音が聞こえてくると、子供はとうとう我慢ができなくなり、「はい！」と答えた。子供に声をかけてからもうずいぶん時間がたっていたため、僧たちは大笑いした。子供はそうしてようやくぼた餅にありつくことができた。自分の求めているものを、一番よくわかっているのは自分自身だ。相手があなたの考えを読みとってくれるのを期待してはいけない。

　病院で医者に症状を説明するときに、具合が悪いとしか言わなかったら、医者は診断をくだせない。みぞおちあたりにひきつるような痛みがあり、それと同時に吐き気も感じると説明してはじめて、医者はあなたの病気を胆石だと診断することができる。**交渉時には、あなたの関心事を少しずつ明かして、相手の出方をうかがおう。**あなたの率直さに相手が応える気配がなければ、それ以上あなたが自分の関心事を明かしても意味はない。その場合は、第Ⅳ部で紹介するテクニックに切り替えるといい。[*19] だが通常は、あなたが相手の関心事を把握しようとしているのだとわかれば、相手も自分の目的を果たせるよう、あなたに協力的な姿勢を見せてくれるはずだ。**最初にあなたが本当に求めているものが何かを伝えたら、相手が何を求めているのか、なぜそれを求めているのかを相手に尋ねるようにしよう。**[*20]

　ほとんどの営業スタッフは、顧客と対面している時間の八〇パーセントは自分が話し、顧客の話を聞いている時間は全体の二〇パーセント程度しかないそうだ。だが**優秀な営業スタッフの場合はその反対で、相手の要求をしっかりと把握するほうに時間をかける。**あなたも同じように、相手の話を聞くほうに時間をかけるようにしよう。例えば新しい家の家具の配置についてパートナーと話し合うなら、こんなふうに尋ねるといい。「どうしてここに棚がほしいの？　本や植物を置きたいの？　それとも部屋のアクセントとして？」。第Ⅱ部で述べたように、**相手に質問をし、そこにアクティブリスニングの技法も組み合わせれば、効果的に相手の関心事を聞き出せるはずだ。**

一番優秀な部下が仕事を辞めたいと申し出てきたとしよう。だがそういうときも気を落とさずに、彼女の退職理由を聞き出すよう心がけたほうがいい。ひょっとしたら彼女は仕事に不満があるわけでなく、子供のためにもっと時間を割きたいと思っているだけかもしれない。もしそうなら、半日は家で仕事をするよう提案すれば彼女は仕事を辞めずにすむ。まずは相手の考えを聞きだし、相手が本当に求めているのは何かを把握することが重要なのだ。

ある企業を、その企業の創設者から買おうとしているところだとしよう。企業の創設者は、往々にして桁外れの売却価格を要求するものだ。[*21] 交渉のトリックとしてそうしているわけではない。創設者の企業への思い入れが価格に反映されるためだ。相手の関心事がどこにあるのかを入念に調べてみれば、相手が本当に重視しているお金以外の何かがすぐに見えてくるはずだ。相手が望んでいるのが、自分がこれまでその企業に注ぎ込んできた労力への正当な評価だった場合は、相手の名前を社名に残し、孫を見習いとして雇い入れることを保証すれば、あなたはずっと安い価格でその企業を買いとることができるし、相手も本当に求めているものを得られる。

価格の背後には、本当に求めている何かが隠されている場合が多い。ほとんどの交渉では、その主眼は一見、価格にあるように見える。買い手はできるだけ価格を下げようとするし、売り手はできるだけ高値で売ろうとする。だが、交渉の目的は価格だけにあるのではない。実際には、目につかないもっと別の目的が隠されているはずで、あなたはそれを見きわめなくてはならないのだ。例えば、企業はあなたからお金だけを求めているわけではなく、顧客であるあなたを満足させたいとも考えている。あなたが満足しなければ、あなたは誰にもその企業を推薦しようとはしないだろうし、ずっとその企業と取引をつづけたいとも思わないだろうからだ。しかし、もしあなたがダイムラーにボルトを納入している下請け業者だとしたら、小さな一業者にすぎないあなたが、ダイムラーのような大きな企業のどんな関心事を満たせるというのだろう？　こういう場合に決して忘れてはならないのは、「会社」や「親企業」としてひとつのまとまりのように見られがちなダイムラーも、一人ひとりの人間が集まってできている組織だということだ。人間がいれば、あなたが満たすことのできる何かしらの関心事は、当然どこかにあるはずなのである。[*22]

交渉は、互いに向かって猛スピードで走ってくる二台の車に少し似たところがある。狭いトンネルのなかを走れば、正面衝突はほぼ避けられない。だが走っているのが幅が二〇メートルもある広い道路なら、事故はたやすく避けられる。道幅は、相手の関心事に対する双方の理解度の深さに比例する。互いの関心事を深く理解していればいるほど、相手の行く手をはばまずに、双方が目標を達成できる解決策を見つけられる可能性は高くなる。[*23]

相手が「私がしたいのは……」という言い回しを多用するようなら、好都合だ。相手の出す要求と同じ数だけ、相手が何を重視しているのかが見えてくる。相手が「……するつもりだ」のような、「したい」よりも強い表現を使うようならもっといい。相手がどうしても獲得したいと思っているものは何かをたやすく把握できる。[*24]

交渉における男女の違い

カーネギーメロン大学の経済学者リンダ・バブコックは、アメリカで経済学を専攻した学生のうち、女子学生の初任給が男子学生の初任給よりも約四〇〇〇ドル少ないのはなぜかを調査した。その結果、男子学生は全体の五七パーセントが初任給を交渉して決めていたが、女子学生で初任給について交渉した人は全体の七パーセントしかいなかったという事実が明らかになった。ただしこの調査では、交渉の成果に男女差は見られなかった。交渉した学生の初任給は、性別とは関係なく、平均四〇五三ドル多かった。

女性はあまり交渉をしたがらず、たとえ交渉したとしても、男性ほど成果が上がらない場合が多い。[*25] 女性はすでに子供のころに、男性と優位をめぐって争わないほうが自分の得になること、競争心をあらわにすると、女らしくないというレッテルをはられてしまうことを学びとっているからだ。[*26] 交渉をめぐるある実験では、参加者に金額を交渉してもいいと伝えたところ、実際に交渉した女性は、男性の八分の一にすぎなかった。[*27] だが実験の責任者が「交渉」という言葉を使わずに、もっと高い金額を獲得できるかどうか尋ねてもいいと参加者に伝えると、交渉した人の割合に男女差は見られなくなった。女性は自分がしている行為、あるいはしようとしている行為が交渉だと意識すると、うまく成果を上げられなかったり、交渉そのものをしたがらなかったりするのだ。例外は他人のために交渉をするときで、その場合、女性は交渉するのを躊躇しなくなる。[*28]

これらの結果から推測されるのは、女性が自分たちの強みに意識を集中させれば、自分のことに関してもすばらしい交渉の成果を上げられるに違いないということだ。相手の関心事を突き止めることにかけては、女性は男性よりもずっと長けている。女性は、自分たちのその強みを十分に意識して交渉にのぞめばいいのである。[*29] 子供のころからすでに、会話の目的には男女差がある。男の子は相手を説得するために会話をするが、女の子は相手について知りたいという気持ちから会話をはじめ、互いに共通する興味の対象を見つけようとする。[*30] 女性のこの能力は大人になっても変わらない。ウィンウィンの結果を導き出すこつさえ知れば、女性はこの能力をすばらしく有効に活用できる。そのうえ男性は一つひとつの項目ごとに勝利をおさめたがるのに対して、女性は全体を見る目を持っている。[*31] ただし女性は、個人的な関心事と仕事上の関心事をごちゃ混ぜにしないよう気をつけなくてはならない。男性は「さあ、これからは仕事の話だ」と明確な線引きができるが、女性は良好な関係の相手に対しては、安易に譲歩してしまう傾向がある。[*32]

交渉力をつけることは、男性よりも女性にとって大きな意味がある。例えば車のディーラーは、女性には男性ほどよい条件は提示しない。女性は、男性ほど大きな値引きをしなくても満足すると思われているのだ。[*33] 初任給の給与交渉をする時間はほんの三〇分程度だが、私たちが手にできる生涯収入の額は、その三〇分にかかっている。[*34] 二万五〇〇〇ユーロで仕事のオファーを受け入れた二二歳の新社会人の女性と、交渉をして給与を三万ユーロに引き上げた同じ年の男性新入社員がいたとしよう。どちらも六五歳まで仕事をつづけ、年三パーセントの昇給があったとすると、この間、男性の収入は、女性よりも三六万ユーロ多い計算になる。そこにさらに三パーセントの利子が加わると、男性の口座に入るお金は、女性よりも合計五六万八〇〇〇ユーロも多くなるのだ。

隠れた関心事を見抜くには？

インドのある市場で、象商人が一人のアメリカ人に声をかけた。「このすばらしい象がたったの一〇〇〇ルピーですよ、ミスター」。それに対してアメリカ人は「それはお買い得だが、残念だけど私は象を買ってもどうしようもないんだ。ニューヨークのアパート住まいなんでね」と答えたが、象商人はかまわずこう返した。「いいでしょう、じゃあ九〇〇ルピーならどうです?」。「わからないかな、私は二八階にある二部屋のアパートに住んでると言ってるんだ」とアメリカ人が言っても、象商人は引き下がらなかった。「ああ、あなたは本当に交渉がお上手ですな。では七〇〇ルピーにしましょう。でもこれ以上はまけられませんよ!」。すでに立ち去るそぶりを見せていたアメリカ人はそれを聞いて立ち止まり、振り返ってこう言った。「いいだろう。交渉成立だ!」。象商人のオファーを拒むアメリカ人の立場は一貫していたが、この結末では、アメリカ人の本当の関心事がどこにあったのかがちっともわからない。

相手によっては、関心事を見きわめるのが難しいときもある。ベテランの不動産業者によると、**物件に案内したお客が何を見てもポジティブな反応しかしないときは、その物件を選ばないものだという。**[*35] **愛着の反対は、嫌悪ではなく無関心だ。**「バスルームは小さすぎるし、玄関ホールは大きすぎる。使ってある床材も気に入らない」と細かな点にいちいち文句を言う人は、実はその物件に興味があるのだ。こういう場合も、嘘を見抜くテクニックはとても役に立つ。

相手の本当の関心事を突き止めようとするとき有効な判断基準となるのが、アメリカの心理学

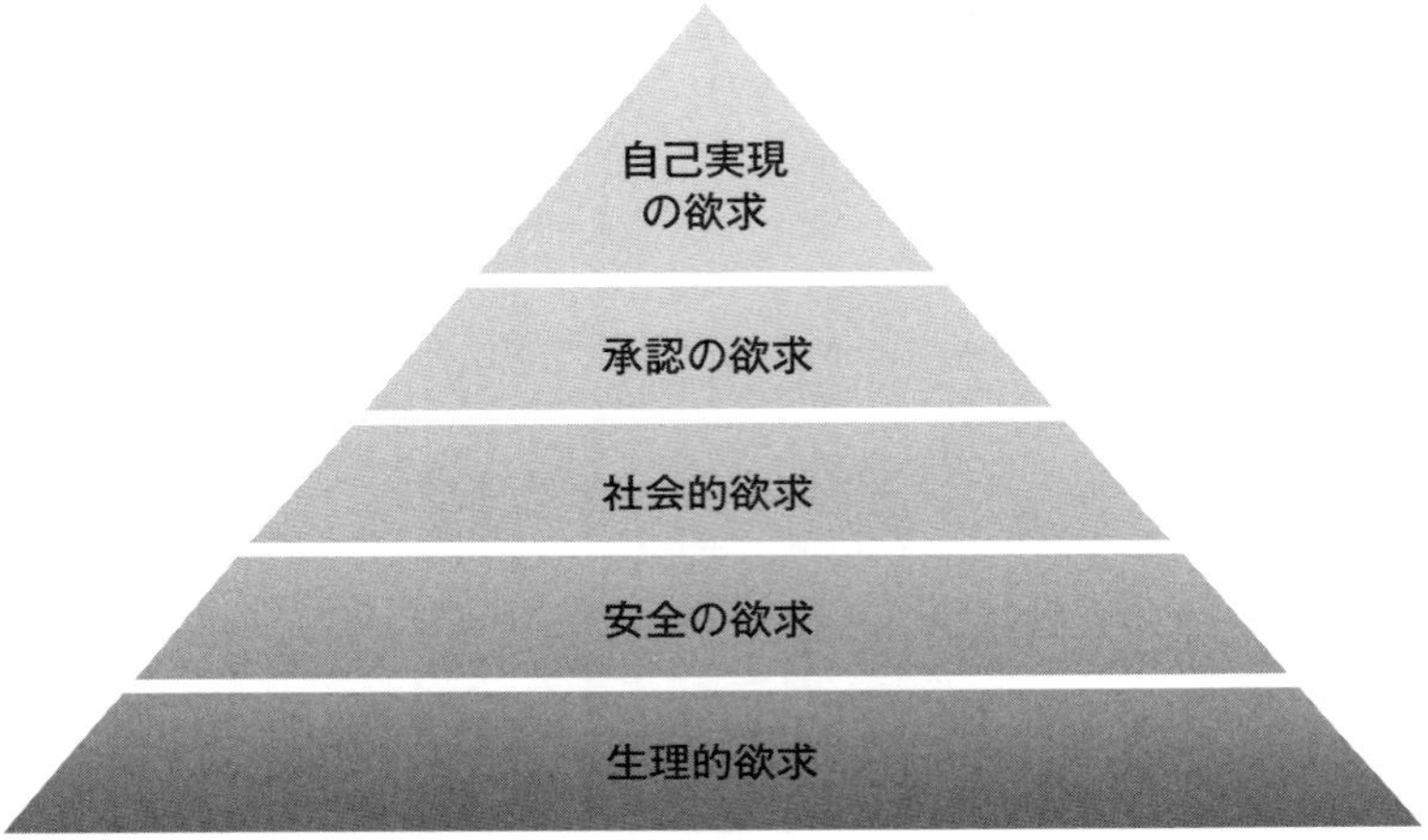

マズローの自己実現理論

者、アブラハム・マズローが確立した**自己実現理論**である[*36]。マズローは人間の欲求について長年研究し、それを五段階の階層からなるピラミッド型のモデルとして理論化した。一番下の階層は生理的欲求、その上が安全の欲求、そして社会的欲求、承認の欲求とつづき、ピラミッドの一番上が自己実現の欲求、つまり潜在的に持っている自分の可能性を開花させたいという欲求である。マズローの理論で興味深いのは、下層の欲求が満たされなければその上にある層の欲求は生じないと指摘している点である。お腹をすかせている人は、自己実現について考えない。頭にあるのはどこで食べ物を調達するかということだけだ。その点は特に意外でもなんでもないし、お腹をすかせているかどうかは容易に見てとれる。だが、生理的欲求が満たされて自分の地位や立場の安全を確保しようとしている人、生理的欲求が満たされて自分の立場も安定し、他者からの尊敬や承認を求めている人については、一見しただけではどの欲求のレベルにいるか見分けがつかない。目の前の交渉相手がいまどの階層にいるか、よく考えて判断しよう。相手の雇用契約が期限つきなら、相手にとっては自己実現するよりも、安定した雇用条件の確保のほうが大事なはずだ。一方、相手が正社員として働いているなら求めているのはおそらく周囲からの尊敬や自己実現の機会だろうから、その場合は、新しい業務は相手の能力にふさわしいものだということを強調すればいい。下層の欲求が満たされた後でなければ、高い目標への興味は生じないのだ。

マズローのピラミッドは、個人にだけでなく、会社や国家に対しても当てはまる。ほぼどんな国際問題に関しても、国家の関心事は欲求のピラミッドに即して分類できる。[*37] 数十年前の、シナイ半島の領有権をめぐるエジプトとイスラエルの交渉を例にとって見てみよう。[*38] 交渉の場ですぐに明らかになったように、イスラエルが懸念していたのは、自国の安全が脅かされることだった。シナイ半島の地政学的状況を考えれば無理もない。それに対して、相手を脅威と見なしていないエジプトが重視していたのは、最も人口規模の大きいアラブ国家として、アラブ世界での指導者的立場を世界に示すことだった。求めていたのは国の威信で、つまり欲求のピラミッドでいえば、エジプトはイスラエルよりも上の、承認の階層にあったのだ。結果的にシナイ半島は、エジプト軍の兵力制限地域を設けた形で（イスラエルにとっての安全確保）エジプトに返還されることとなった（エジプトにとっての承認欲求）。

相手の本当の関心事を突き止める方法がもうひとつある。「カンパニーカーなしの年収一〇万ユーロと、カンパニーカー込みの年収九万ユーロならどちらがいいですか？」というように、**総合的な価値が同等になるよう、いくつかの条件を組み合わせたパッケージを複数作成して、オフ**

カンパニーカーなしの年収10万ユーロと、カンパニーカー込みの年収９万ユーロの選択肢で相手の関心事を突き止める

アーする方法だ。交渉相手が話し合いに応じる様子を見せるのはどの点で、一歩も引こうとしないのはどの点だろう？　この方法の利点は、双方に柔軟に対応する余地があることだ。[*39] 価格だけが交渉のポイントになる場合は、値引き以外に議論の対象になるテーマはないが、パッケージとしていくつかのオファーを出せば、どの選択肢をとるかもオファーの組み合わせ方も議論の対象に含まれる。[*40]

例えば、企業買収の際にあなたが次のような二種類のパッケージを提案したとしよう。片方はほどほどの価格を株式で支払い、余裕を持ったクロージング（経営権の移行を完了させる最終手続き）日を設定する案、もう片方は低めの価格を現金と株式の半分ずつで支払い、すぐにクロージングを行う案である。[*41] 意見の食い違いから、交渉が行き詰まったとしても、こうしたパッケージでオファーしていれば、いつでもふり出しに戻ってパッケージの内容を組みなおす選択肢を残しておける。状況に応じて最後まで柔軟に対応することができるのだ。

あなたがオファーを受ける側なら、相手にいくつかのパッケージを提示してもらおう。そうすれば、相手の手の内を見きわめられる。[42]「その家を、完全に家具つきで借りるか、家具なしで借りて一年あたりの賃料を一万ユーロ安くしてもらうかのどちらかってことですね？」。こんなふうに、パッケージに含まれるものの個別の価値を把握できるのだ。**提示されるパッケージの数が多ければ多いほど、そのなかに含まれるものの価値も、相手の関心事がどこにあるかも明確に見えてくる。**

相手の関心事がつかめたら、それをどうすれば自分が満たせるかを考えよう。この点を考えるときには、「ステーキを売るな、シズルを売れ」（『ステーキを売るな、シズルを売れ！』エルマー・ホイーラー著、駒井進訳、パンローリングより）という、販売員のモットーが役にたつ。マーケティングのパイオニア、アメリカ人のエルマー・ホイーラーが記した、販売のノウハウをあらわす非常に有名な言葉である。肉がジュージュー焼ける音（シズル）を聞けば、おいしそうなステーキがイメージできるのと同じように、**何かを売ろうとするときは、客の購買意欲をかき立てるようなアピールの仕方をするべきだという意味だ。**ものを売るこつは、買い手の需要を見きわめ、それに合わせた商品の売り込み方をすることだ。**あなたが相手に何かをオファーするときには、相手の関心事に合わせた説明の仕方を心がけよう。**「すばらしい鎌を売ってます」と言うかわりに、**「あなたの庭の手入れにとても便利なものがあるんです」という言い方をすればいいのだ。**[43]

現在交渉している相手が、本当に適切な人物なのかどうかも考えたほうがいい。あなたのオファーにもっと強い興味を示す人が、ひょっとしたらほかにいるかもしれない。[*44] その誰かは、現在の交渉相手と同じ会社にいる誰かという可能性もある。**すでに知っている人のなかから交渉相手を見つけようとして、交渉に最適とはいえない状況を自らつくり出してしまうケースは意外に多い。**[*45] 自分の扱う製品はどんな人にとって最も価値があるか、自分の扱う製品にぴったりの販売ルートを持っていて、製品を売るのに最も適した人は誰かを常に考えるようにしよう。

選択肢に隠されたワナ——おとり効果

ある選択肢を魅力的に見せる効果的なトリックがあることを示した興味深い実験がある。[*46] 最初に実験の参加者たちに、現金六ドルかボールペンかのどちらかを選ぶように求めると、ほとんどの参加者は現金を選んだ。だが一本目のボールペンより質の悪いもう一本のボールペンを選択肢に加えて、もう一度どれかを選ぶように求めると、一本目のボールペンを選ぶ人の数は、現金を選ぶ人の数を大きく上回った。

つまり、相手に選ばせたい特定のパッケージがあるときは、そのパッケージより少し劣る、同じようなパッケージを選択肢に加えておけばいいのだ。

デューク大学の行動経済学の研究者、ダン・アリエリーは、学生たちにパリ旅行（朝食つき）かローマ旅行（朝食つき）かのどちらかを選ばせた。[*47] すると、学生の数はほぼ半数ずつに分かれた。だがそこに朝食なしのローマ旅行を加えると、急に朝食つきのローマ旅行が魅力的に見えるようになり、その選択肢を選ぶ学生の数はぐっと増えたという。

関心事の違いが成功の鍵

アメリカの作家、マーク・トウェインは、見解の違いがあるからこそ競馬が成り立つと言った。**交渉の醍醐味も、見解に違いがあるからこそ生じるものだ。**目の前にある椅子は私にとってはただの椅子でも、あなたはその椅子に骨董的価値を見出すかもしれない。また別の人が見れば贈り物にぴったりだと思うかもしれないし、薪《まき》に最適だと思う人も、ただの道具としか見なさない人も、これを手に入れればコレクションが完璧にそろうと考える人もいるかもしれない。[*48] **相手の関心事を突き止めてみると、たいていの場合、あなたの関心事とは大きく異なるだろう。**私は昼食時に、よく屋台で五ユーロのドネルケバブ（回転させながらローストした肉をそぎ落として食べるトルコ料理。パンなどにはさんで食べる）を買うが、それを買う瞬間、私の関心事はドネルケバブで空腹を満たすことにある。一方、屋台の主人の関心事はドネルケバブでお金を稼ぐことにある。私にとっては五ユーロよりもドネルケバブのほうに価値があり、屋台の主人にとっては、ドネルケバブよりも五ユーロのほうに価値があるのだ。**双方にとって価値の異なるものを交換するのが取引の基本だ。**互いに現金だけをやり取りしてもなんにもならない。普通に考えれば、私の五〇ユーロ札を一〇〇ユーロで買おうとする人はいない。だが、もしあなたが私の持っている五〇ユーロ札に特別な思い入れがあるとしたら、その五〇ユーロ札はあなたにとっては一〇〇ユーロの価値があるかもしれない。その場合、その五〇ユーロ札が私にとっては五〇ユーロの価値しかなくても、私はあなたに一〇〇ユーロ以下ではその紙幣を売ろうとしないだろう。

もっと規模の大きい取引の場合も事情は同じだ。私があなたに持ち株を売りたいと思っていても、私たちの見解が違っていなければ取引は成立しない。取引が成立するのは、あなたはその企業が過小評価されていると考えているのに対して、私はその企業の株価はこれから下落すると予測しているような場合や、私は現金を必要としているのに対して、あなたは現金の投資先を探しているような場合だけだ。私たちは、見解の相違は争いのもとだと考えがちだが交渉の場合はその逆で、見解の相違がなければ合意は成立しないのだ[*49]。

将来に関する考え方の違い、必要としているものや価値観の違い、そうした違いが、交渉においては成功の鍵になる。 例えば将来に関する考え方の違いは、人それぞれのものの見方を決める重要なポイントだ[*50]。ひょっとしたらあなたは非常な楽観主義者で、オファーのパッケージに含まれている土地は、数年以内に建物をたててはいけない区域からはずされると予測しているかもしれない。だが交渉相手はあなたよりもはるかに悲観的で、その土地の将来性についても懐疑的な見方をしているとしたら、しめたものだ！　ウィンウィンの結果を導き出せるよいチャンスである。将来に関する考え方の違いは、将来のリスクに対する姿勢の違いでもある。あなたはある程度のリスクは進んで受け入れる用意があり、それどころか賭けに出るのを楽しんでいるとしよう。一方、交渉相手はリスクに消極的で、リスクを冒してまで大きな利益を手に入れるよりも、小さくても確実に利益をもたらすものを求めている。交渉の結果、あなたは蚊の繁殖する海沿いの沼地を手に入れ、交渉相手は市街地のアパートを手に入れた。そしてその数十年後のいま、あなたはそのとき手に入れたマイアミビーチの土地から得られる利益を享受しながら、変わらずリスクをいとわない姿勢での投資をつづけている――ということも起こりえるのだ。

倫理的な価値観の違いが交渉のポイントになることもある。[*51] 裏庭が荒れ放題で、エレベーターのない六階建ての家族用アパートの所有者でいるのは、あなたにとっては気がとがめることかもしれないが、そのアパートを買おうとしている交渉相手が重視しているのは利回りだけということもある。相手の倫理観の是非はともかく、あなたにとっては合意の成立しやすい交渉相手だ。

時間や緊急性に関する双方の事情の違いを、交渉に利用することもできる。[*52] 役所は、翌年の予算を減らされないよう、年度末に残りの予算を使い切ろうとする場合が多い（だから年度末には意味のない道路工事が増えるのだが）。それに対して一般企業には、年度末に予算を使い切らなければならない理由はない。むしろ年度はじめのほうが、まだ資金が潤沢で支出もしやすい。四半期ごとに成績が出る営業スタッフは、四半期末には特に大きなプレッシャーを抱えていて、なんとか新規の契約を結ぼうとする。相手の時間的な事情を把握して、交渉に活かすようにしよう！

プライベートな場面でも、両者の違いが交渉のポイントであることに変わりはない。大学を卒業したばかりの若いカップルがいたとする。男性にはハンブルクでの仕事のオファーがあり、女性はミュンヘンでの仕事のオファーを受けている。こういう場合ポイントになるのは、二人が働きたいと思っている理由や、二人とも同じくらい働くことを重視しているかどうかである。実際にこの喩えと同じような状況に置かれたあるカップルは、男性がオファーをあきらめて、女性が仕事のオファーを受けた場所に二人で引っ越した。そのかわり結婚式と新婚旅行は男性の希望どおりにし、その後一〇年間、二人で旅行するときの行き先は男性が決めることになったという。[*53] **意図的にまったく違うものを交換するこうした方法は、「包括的な補償」と呼ばれている。**[*54] この方法は、日常生活においてもこんなふうに活用できる。「この夏フランスに旅行するのはかまわないけど、そのかわり新しい車は僕の好きなものを選んでいいよね？」。あなたが自分の子供と取引をするときにも役に立つ。あなたが子供の要望を受け入れるかわりに、子供からもあなたにとって価値のある何かを提供してもらえばいい。「部屋を片づける」や「宿題をする」といった類いのことでなく、子供からコンピューターについて教わったり、ソーシャルネットワークの使い方を説明してもらったりすれば、あなたが新しい知識を得られるだけでなく、子供を尊重している姿勢も示すことができる。[*55]

あなたと交渉相手のあいだに一定の信頼関係がある場合は、「**ログローリング**」と呼ばれる手法を使ってもいい。**双方が、自分にとって特に重要度の高い点とあまり重要度の高くない点を挙げて、互いの利害をひとつの解決策に収束させていく方法である。双方が自分にとって重要度の高い点ではほんの少しだけ譲歩し、重要度の低い点では大きく譲歩するのだ。**[*56] 例えば、あなたはビジネスパートナーと一緒に会社の新しいオフィスを探しているとしよう。[*57] あなたは何をするにも便利な街の中心部に会社をかまえたいと思っているが、自分が仕事をする部屋自体にはそれほどこだわりがない。それに対してあなたのビジネスパートナーは、自然に囲まれた場所にある、明るくて気持ちのいい仕事部屋のあるオフィスに引っ越したいと考えている。街の中心部に静かなオフィスが見つけられれば理想的だが、もし適当な物件が見つからなければ、次善の策は双方

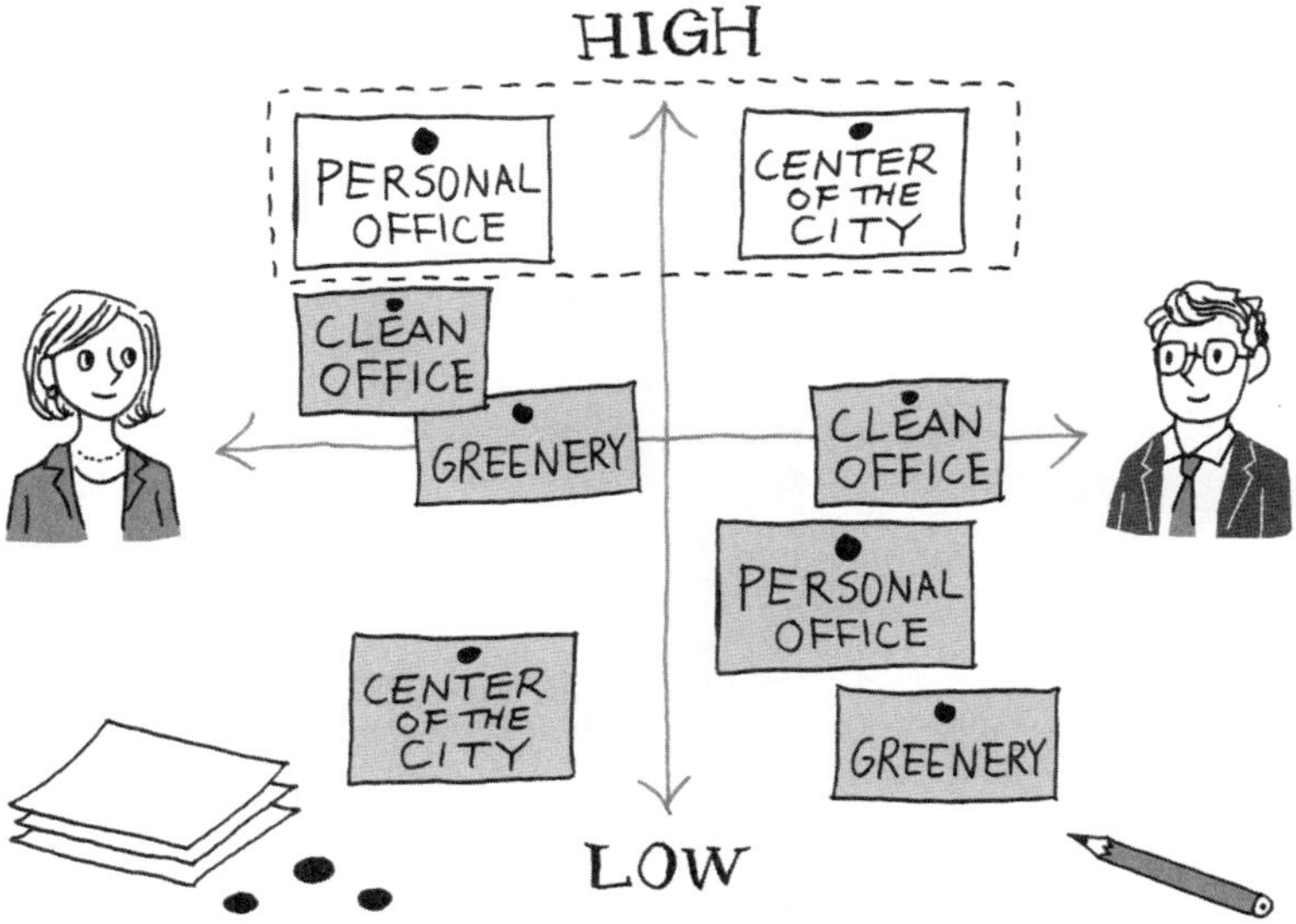

双方が重要度の高い点と低い点を挙げて、解決策をさぐる

が最も重視する点を満たすオフィスを見つけることだ。街の中心部にあるわけでもなければ自然に囲まれているわけでもない郊外のオフィスに引っ越して、どちらも満足できない結果になるよりも、十分なスペースのある中心部のオフィスを選ぶようにするといい。そうすれば立地はあなたの希望どおりだし、あなたのビジネスパートナーは明るくて大きな仕事部屋を手に入れられる。

ログローリングを成功させるこつは、あなたの交渉の目標を、「重要」、「ほどほどに重要」、「あまり重要ではない」の三つのカテゴリーに分類しておくことだ。「重要」のカテゴリーに当てはまるのは、その交渉の主な目的となっているもの、あなたが一番獲得したいと思っているものだ。*58 その次の「ほどほどに重要」は、獲得できればいいが、もし獲得できなくてもそれほど問題にはならないもの。そして最後の「あまり重要ではない」は、交渉の対象ではあるが、あなたにとってそれほど大きな価値はないものである。その点を交渉相手が重視していれば理想的だ。その場合、「あまり重要ではない」点は交渉における交換材料として大いに役に立つ。しかし、**準備の方法としてさらに効果的なのは、全部合わせると一〇〇点になるように、交渉の対象となっているものの一つひとつに重要度に合わせた点数をつけておくことだ[59]。**そうしておけば、パッケージをオファーしたいときには、即座にパッケージとして組み合わせたときの価値を算出できる。

「違い万歳！」が交渉に長けた人の基本姿勢だ[60]。違いがなければ交渉が成立しないことを考えれば当然ともいえるが、実際の人間の嗜好はこのとおりではない。多様性をうたって自社の宣伝をする企業は多いが、人は違いを好まない[61]。すでに述べたとおり、私たちは自分と共通点のある人を好むものなのだ。それでも、自分と同じような思考や関心事を持っていて、将来に関する考え方まで似ている相手と交渉をしたいとまでは、あなたもきっと思わないだろう。その場合、あなたと相手はなにごとに対しても同じだけの価値を置いていることになるからだ。もしあなたがあなた自身と交渉しなければならないことにでもなれば最悪だ。求めているものも、価値観も、将来に対する考え方もまったく同じで、どんなに交渉したところでそこからはなんの結果も生み出せない。交渉術などなんの役にも立たなくなってしまうのだ[62]。

アメリカで、ロサンゼルス、ニューヨーク、サンフランシスコという住民の多様性が最も高い三都市がずば抜けた経済的成功をおさめているのも、ひょっとしたら偶然ではないのかもしれない[63]。多様性が一〇パーセント高くなると、一人当たりの所得も一五パーセントアップするという統計結果もある。サンフランシスコのごく近くに位置するシリコンバレーは、非常に住民の多様性に富んだ街であると同時に、世界の最先端をいくＩＴ企業の発祥の地でもある。共通点のある相手とのほうがよい関係は築きやすいが、交渉の話をするときは、相手との違いに意識を集中させるようにしよう。

価格にこだわらないことで手に入る利益

この点だけは、あなたと交渉相手はとてもよく似ているはずだ。交渉のときは、ほとんど誰もがお金にこだわる。買い手はできるだけ安く買おうとするし、売り手はできるだけ高く売ろうとする。だが、**価格にこだわることこそが、交渉において多くの人が犯しがちな間違いだ。**価格だけにこだわると、交渉の対象になりえる選択肢を、自ら狭めてしまうことになる。**「大筋では合意できましたから、後は価格面だけですね」といった交渉の進め方をすると、合意はまず見えてこない。**[*64]なぜなら価格以外のものごとが、すべて交渉の選択肢から排除されてしまうからだ。交渉のポイントがひとつに絞り込まれてしまうと、状況は綱引きと同じになる。どちらか一方が得をすれば、もう一方はそれと同じ分だけ損をする。だが交渉の対象になりえるポイントをできるだけ多く見つけて、交渉の選択肢として残しておけば、こうした事態は避けられる。

家を買うときも、価格だけに固執する必要はない。家具つきかどうかという点から入居日や支払い方法まで、交渉のポイントはほかにいくらでも見つけられる。[*65]交渉相手から売却手数料として一〇〇〇ユーロ請求されたら、こんなふうに言えばいい。「二〇〇〇ユーロでも五〇〇〇ユーロでも喜んでお支払いしますよ」「なんですって⁉」「あなたの権限でどのくらい便宜を図ってもらえるのか、あらいざらい教えてもらえるならね」

ホテルのミーティングルームを借りる場合も、価格交渉に時間を割きすぎないほうがいい。あなたにとっては価値があり、ホテル側にはそう大きなコストが発生しないほかの選択肢を探したほうが効率的だ。食事のときにワインを無料で提供してもらったり、休憩時にコーヒーとお菓子を出してもらったり、朝食ビュッフェを用意してもらったり、考えられることはいろいろある。あなたにとっては大きな価値のあることばかりだが、どれもホテル内の設備でまかなえるため、ホテル側にはさほど費用はかからない。

あなたが収入をアップさせたいと考えているなら、あなたの興味に即した収入源を探すといい。追加収入を得る機会を雇用主がどのような形で与えてくれるかを考えてみよう。もちろん、給与を上げてもらえればそれが一番手っ取り早いが、それが唯一の選択肢というわけではない。例えば、仕事の時間をもっと自由に裁量できるようにしてもらえれば、あなたは空いた時間を使ってフリーのアドバイザーとして働いたり、セミナーを開催したりして追加収入を得ることができる。採用面接の際にも同じことが当てはまる。給与の額だけに固執せずに、例えば、カンパニーカーを支給してもらったり、引っ越し費用を会社でもってもらったりしてはどうだろう？

しかし、**相手側の予算が足りず、あなたの提示した価格を相手が支払えないときはどうすればいいだろう？**　一度価格を下げれば、相手はきっと、もっと価格を下げられるのではないかと欲を出してくるだろう。そのうえ値引きに応じるごとに、あなたの利益は大きく減少してしまう。五パーセント値引きをしたことで、あなたの最終的な利益が半減してしまうこともある。そうした場合も、価値を下げられる要素は価格だけではないという点が、問題を解決する鍵になる。そんなときのために、手ごろな価格で提供できる安価なモデルを用意しておけばいいのだ。[*66] MP3プレーヤーに、買い手の予算に合わせてさまざまな価格帯のものがあるように、相手の予算に合致する、製品の簡易バージョンを提供すればいい。あなたが写真家で、あなたの作品の価格がコレクターにとって高すぎるようなら、プリント数を限定しない低価格の作品もつくればいい。私も、私の講演料は高すぎるという主催者が多かったため、少し前からもう少し手ごろな価格の短縮版の講演プランを用意している。

だができれば、あなたの希望どおりの価格を顧客に支払ってもらうに越したことはない。予算などのやむをえない理由以外で顧客から値下げを求められたときは、あなたの提示価格が妥当だと思ってもらえるように、**顧客の状況に合わせてパッケージの価値を引き上げるという方法もある。**「私どものプロジェクターをご購入いただくと、寿命四五〇〇時間の電球を三つおつけします。他社の製品をお買いになった場合は、ついてくる電球はひとつだけです」。あなたが弁護士で、設定している報酬の料金について交渉可能かどうか訊かれたときには、こんなふうに答えよう。「私の設定料金にご納得いただけるような、建設的な提案があればいつでも検討させていただきます」。[*67] そしてあなたの設定した額の報酬の支払いを承諾してもらえるよう、相手があなたに求めていることを詳細に尋ねるようにするといい。**価格を下げなくても、オファーの価値を充実させれば、交渉を成立させることはできるのである。**

高速道路をミュンヘンからシュトゥットガルトあたりまで運転すると、価格だけに焦点を合わせた交渉の弊害が見てとれる。高速道路の工事現場だ。終わるまでに何年もかかるうえに、なかにはプラスチックの三角コーンと簡易トイレが置かれているだけで、ほとんど手がつけられていない場所もある。競争入札の際、役所が、価格本位で業者を選ぶよう義務づけられていることが原因だ。違法にならない程度に最も安い入札価格を提示した業者と契約を結ばなければならないため、作業員の労働時間が極端に短いのだ。基準になるのは価格だけで、工事をしているあいだの道路の使い勝手はまったく考慮されていない。その結果として引き起こされている状況は、悲惨としか言いようがない。

トルコには、ナスレッディン・ホジャという人物を主人公にした小話集があるが、そのなかのひとつにこんな話がある。ある市場でホジャはロバを売っていた。ホジャはロバにほかの商人たちよりもずっと安い売り値をつけていたため、一人の裕福な商人がホジャのもとにやって来てこう尋ねた。「私は、雇っている人間に余分な手当てを出さずに夜どおしロバを運ばせ、ロバのえさも農夫からただで手に入れているが、それでもこんなに安い売り値はつけられない。どうすればこんな安値で商売ができるのかね?」。するとホジャはこう答えた。「簡単ですよ。あなたは労働力とえさを盗んでいるが、私はロバを盗んでるんです」

価格だけに意識を集中させることで得をする人は誰もいない。経済学者は誰も利益を得られない状況を「逆選択」と呼んでいる。売り手と買い手が持つ情報量に格差がある場合に生じる状況で、情報を持つ売り手側は持たない側の無知につけこんで劣悪なサービスを提供しようとし、情報を持たない買い手側は情報を持つ側が提供するサービスに対して悲観的な予想をたてるため、実際は高品質であるために価格が高いものも、価格に見合った価値があると思わなくなる。そうして買い手は低価格のものしか求めなくなり、結果的に市場には、低価格で低品質のものしか残らなくなるという現象である。[*68] こうした状況に陥ると、買い手が手にするものの品質も、売り手の利益も低下するという、ウィンウィンとは真逆のルーズルーズの結果しか生まれない。しかし、売り手が買い手の要望に合わせた付加価値を持つ商品を提供できている限り、例えば、市場で販売されている自転車が、低価格の一種類のみなどという事態は起こらない。二〇〇ユーロで買える自転車があっても、二五〇〇ユーロの自転車を選ぶ人はいる。フレームやギアなど、二〇〇ユーロの自転車にはない要素に価値を認めているからだ。**買い手が本当に求めているものを提供していれば、価格競争に加わる必要はないのである。**[*69]

お客として、携帯電話の販売業者やインターネットプロバイダーや銀行のアドバイザーから何かを得ようとするときは、**料金の話にはあまり時間をかけずに、どのようなサービスを提供してもらえるかを尋ねたほうがいい。** そうすると、たいていはあなたが払う金額よりも何倍も価値のあるものを提供してもらえるし、それに応じて、あなたがオファーしてもらえるパッケージ全体の価値も当然高くなる。例えば車を買おうとしていて、予算は二万五〇〇〇ユーロだとしよう。だがディーラーは、あなたが買いたいと思っている車の価格を二万七五〇〇〇ユーロと提示してきた。そういう場合も、価格には固執せずに、三回分の無料車検とスノータイヤと向こう五年間のカーナビの更新をサービスとしてつけてもらえるか尋ねてみよう。あなたが客の立場でそれらを利用したり購入したりしようとすれば料金表どおりのお金がかかるが、それらすべてを無償で提供したとしても、ディーラーが負担しなければならないコストは、あなたが客として支払わなければならない額よりもはるかに少なくてすむはずだ。あなたにとっては五〇〇〇ユーロの価値があっても、ディーラーにとってはおそらく二五〇〇ユーロといったところだろう。そうすれば、あなたは予算を上回る二万七五〇〇ユーロを支払わなくてはならないものの、結果的にはあなたにとって合計三万ユーロ（車の予算額二万五〇〇〇ユーロ＋そのほかのサービス料五〇〇〇ユーロ）の価値のあるものを手に入れられることになる。希望どおりの価格で車を売ったディーラーも、価値のあるサービスを受けられたあなたも、双方ともに結果に満足できる。

つまり、まず相手が何を求めているかを把握すること、そして相手とあなたの見解が異なる点を見つけ出すことが大切なのだ。価格はいくつかある関心事のひとつにすぎない。価格にこだわるよりも、**あなたにはあまりコストがかからないが、相手にとって高い価値のあるものは何か、あるいは、相手にはあまりコストがかからないが、あなたにとって高い価値のあるものは何かを考えるようにしよう。**

集団思考――グループ内に潜む危険

イエール大学の心理学者、アーヴィング・ジャニスは、集団でものごとを決めるときの特徴を見出した。集団で意思決定を行うと、現実に即した合理的な選択肢を排除する傾向が生まれるのだ。[*70] 集団のなかに非常に聡明な人が含まれている場合でも、この傾向は変わらない。集団のメンバー一人ひとりが集団の圧力に負けて周りの意見に迎合し、合理的な決定ができない状況が形成されていく。集団のなかでも中くらいの地位にいるメンバーは、特に周りの意見に流されやすい。

しかしどうして私たちは周囲に同調しようとするのだろう？　それは私たち人間が、自分の意見が周りから正しいと評価され、社会的に受け入れられることを望んでいるからだ。自分には知識が欠けていると思っている人、自分よりも周りの人のほうが博識だと思っている人ほど、安易に他人の意見に同調する傾向は強くなる。周りの意見が理にかなっていると思い込んでしまうのだ。集団思考は危険だ。自分たちを過大評価しやすくなり、集団内に広がる幻想と矛盾する事実は都合よく無視される。異を唱えても、異分子としてその人のほうが悪者になる。あなたのチーム内にそうした傾向が認められたら、あなたは状況を変えるためになんらかの措置をとらなくてはならない。効果的なのは、メンバーの一人に「常に異論を唱える人」の役割を割りふることだ。*71 一度でもチームの意見に対する反論があがれば、チーム内の同調の圧力は弱まるし、「常に異論を唱える人」も、自分は役割をこなしているだけだと思えば、チームの和を乱す後ろめたさを感じなくてすむ。

皆が満足するようにパイを大きくする

インターネットの黎明期は、いまとは少しばかり事情が違っていた。ブラウザのなかではネットスケープナビゲーターが群を抜いて広く普及していたし、インターネットの接続サービスで最も人気があったのはＡＯＬだった。ＡＯＬが自社のユーザーに提供するブラウザを必要としていたとき、ＡＯＬはネットスケープナビゲーターを開発するネットスケープコミュニケーションズ社と、当時ほんの一部の人にしか使われていなかったインターネットエクスプローラーを開発するマイクロソフト社の二社に交渉を持ちかけた。*72 当時は、インターネット利用者の七五パーセントから八五パーセントがネットスケープナビゲーターを使用していたのに対して、インターネットエクスプローラーの市場シェアは、三、四パーセント程度にすぎなかった。一九九五年ごろまで、ビル・ゲイツはインターネットの将来性をあまり見込んでいなかったためだ。ゲイツがインターネットの可能性に気づき、いわゆる「第一次ブラウザ戦争（ネットスケープナビゲーターとインターネットエクスプローラーがブラウザの市場シェアをめぐって繰り広げた競争）」が勃発したのは、そのあとのことである。

　ネットスケープコミュニケーションズはＡＯＬに、ＡＯＬを通してネットスケープナビゲーターを使うユーザー数に応じてライセンス料を支払うよう要求し、その点に関しては一切交渉不可との姿勢を見せた。当時ＡＯＬのＣＥＯを務めていたスティーブ・ケースによれば、ネットスケープコミュニケーションズは「我々は市場の覇者だ。どんな条件を出そうが、誰もがわが社のブラウザを買いたがる。君たちも大人しくこちらの条件をのむように」とでも言いたげな態度だったという。圧倒的な利用者数を誇っていたネットスケープコミュニケーションズは、交渉相手に譲歩する必要はないと考えたのだ。

　結局、ＡＯＬはマイクロソフトのインターネットエクスプローラーを選び、同時にネットスケープナビゲーターの衰退がはじまった。ネットスケープナビゲーターはその数年後には、存在意義をなくして市場からほぼ姿を消している。マイクロソフトはこのとき、どのようなオファーを出してＡＯＬとの契約を勝ちとったのだろう？　マイクロソフトはネットスケープコミュニケーションズよりもはるかに協力的だっただけでなく、ＭＳＮ（マイクロソフトが運営するポータルサイト）のサイト上に、ＡＯＬのアイコンを表示させる申し出をしたのだ。当時ＡＯＬは、ＡＯＬの接続ソフトなどが収録された無料ＣＤ－ＲＯＭを配布してユーザーを獲得していたが、ポータルサイト上にアイコンがあれば、そこをクリックしてもらうだけで簡単に新規のユーザーを増やすことができる。世界各地で数百万枚のCD－ROMを配布して獲得できるユーザー数を考えると、新規のユーザー獲得には、それまで一人あたり四〇ドルから八〇ドルのコストがかかっていた。ネットスケープナビゲーターと比較すると、インターネットエクスプローラーは機能的に劣っていただけでなく、利用者数もはるかに少なかったが、AOLにとって、このマイクロソフトのオファーは非常に価値が高かった。スティーブ・ケースは当時の決断の理由を、端的にこう言いあらわしている。「ネットスケープコミュニケーションズは、わが社をパートナーとして扱おうとしていなかった。単なる客の一人としか見ていなかったのだ」

交渉に長けた人は、交渉のポイント一つひとつをそれぞれ別のパイとは見なさない。各ポイントごとに議論して勝利をおさめようとするよりも、関係者全員で力を合わせて、大きなパイを焼こうとする。[*73] 交渉の席では「相手がコストをかけずに提供できて、自分の要望にも合うものはなんだろう？　自分がコストをかけずに提供できて、相手の要望にも合うものはなんだろう？」という問いを常に念頭に置いておくようにしよう。[*74] そうすれば、交渉前には思いもしなかった解決策がおのずと見えてくるはずだ。

数十億ものお金が動く交渉でも、タクシー料金の価格交渉でも、基本は同じだ。冷戦時代のモスクワを出張で訪れたアメリカ人のビジネスマンが（おそらく当時は非常に珍しいことだったと思うが）、空港からホテル・ロシアまでタクシーに乗ろうとした。赤の広場のすぐ隣にあった二四万平方メートルもあるソ連時代の巨大な建物で、三〇〇〇を超える部屋数のあったホテルである。[*75] 運転手の請求額は四〇ルーブルだった。ドルに換算すると約六〇ドルで、そのアメリカ人にはひどく高く思われた。ほかの運転手にも尋ねてみたが、同じ答えしか返ってこない。そこでアメリカ人はあるアイディアを思いついた。お金のかわりに、外貨を持った外国人しか買い物ができない空港の店で購入した、二〇ドルのウォッカを運転手にオファーしてみることにしたのだ。運転手は喜んでそのオファーを受け入れた。彼にとってウォッカは、近所の店で半日並ばなければ手に入らないものだったからだ。

　フランスの経済学者、ジャン＝バティスト・セイによると、**ものの価値は、人々にとってどのくらい有用性があるかによって決まるという。**セイは、次のような企業家の定義を確立した人物でもある。**「経済的な資源を、生産性の低いところから高いところへ、収益の低いところから高いところへ動かすのが企業家だ」。**交渉にも、同じ考え方でのぞむようにしよう！　近年、最も賞賛を受けた経営戦略論のひとつである**「ブルーオーシャン戦略」**は、まさにこの発想のもとに成り立っている。[*76] **企業は自社が提供するサービスのうち、消費者にとって価値のある部分を充実させ、消費者にとってさほど重要でない部分ではコストを削減するという戦略である。**モーテル・ワン（ドイツの低価格ホテルチェーン）は、この戦略で成果を上げている典型的な例だ。最新型のテレビと、快適なベッドと、清潔なバスルーム——宿泊客にとって価値のあるものはすべて用意されている。だが、ほぼどんなホテルにもあるものがこのホテルチェーンには欠けている。部屋には電話もミニバーもないし、ルームサービスもない。どれも宿泊客にとっての重要度が低い割には、ホテル側には過度なコストのかかるものばかりだ。

　サーカスの世界にもこの戦略の成功例がある。動物は高い飼育費がかかるし、調教師は観客にもあまり人気がない。そのうえサーカスで動物を使うと、動物愛護団体からのクレームも避けられない。サーカスの観客にとっては出演者が有名か無名かもあまり関係がない。重要なのは、すばらしい音楽と、魅力的な衣装と、豪華なテントだ。この点に着目したのが、シルク・ドゥ・ソレイユだ。動物は登場しないし、出演者は衣装とマスクのせいで誰だかわからないが、観客にとってはさほど違和感はない。音楽はプロの作曲家の手によるもので、衣装は全体の調和を考慮しながらデザインされており、テントのなかでは魔術師のあらゆる魔法が繰り広げられる。シルク・ドゥ・ソレイユは観客が重視しているものを提供し、なくても問題ないものは省いているのだ。いまやシルク・ドゥ・ソレイユは、エンターテインメント事業を行う企業のなかでは世界最大規模のもののひとつで、設立者のギー・ラリベルテとダニエル・ゴティエは億万長者だ。一九八〇年代に、元大道芸人がはじめたサーカスとしては悪くない結果である！

ある一定のポイントまでは、誰にとっても有益で、誰にも損害が発生しない形で価値を生み出すことができる。この最適な交渉結果は「パレート最適」と呼ばれている。交渉をするときは、このポイントを見つけ、そこに到達することを目標にしなくてはならない。交渉結果がこのポイントを下回っているときは、両者ともに最良の結果を逃していることになる。*77

パイを大きくする方法

パイを大きくする方法を、いつもすぐに見抜けるとは限らない。次のような状況を想像してみてほしい。*78 あなたはいま私の交渉トレーニングに参加していて、ほかの参加者と一緒に大きな会議用のテーブルについている。そこで私がふいにこんな課題を出したとする。「相手に自発的に席をたたせて、向かいにすわっているあなたの椅子の後ろにたたせることができた最初の二人に、一〇〇〇ユーロ払いましょう」

あなたならどんな方法を使うだろう？　この課題を出すと、常に何人かは何もしようとしない人がいる。失敗して恥をかくのが嫌で、どうせ無理だと最初からあきらめている人たちだ。交渉を避けようとする人の典型的な考え方で、そういう人は交渉などしてもまんまといっぱい食わされるだけだと思い込んでいる。それ以外の人たちのなかで特に多く見られるのは、こちら側に来れば五〇〇ユーロ払うと持ちかける人――つまり、妥協案を提示する人だ。あまり深く考えずに相手の椅子の後ろに自らさっと移動する人もいる。そうすれば一〇〇〇ユーロのうち、自分にもいくらか分けてもらえるだろうとふんでいるのだ。だが、ことが必ず思いどおりに運ぶ保証はない。相手とあなたのあいだになんの関係性もない場合はなおさらだ。相手はあなたに対してなんの義務も負っていないのだ。逆にあなたが相手に半分お金を渡す約束をして相手を自分の椅子の後ろにたたせ、その後で約束をやぶるというやり方もある。課題を出すときに、私は約束をやぶってはいけないとは言っていないからだ。それどころか、足をくじいて動けないと嘘をついて相手をあなたのそばに来させてもいい。だがこれらの方法では、ルーズルーズ、もしくはウィンルーズの結果しか生み出せない。ウィンウィンの結果を導き出せる方法は、ほかにある。とても効果的な、究極の方法である。相手に、こう提案すればいいのだ。「たち上がって、できるだけ早く僕の椅子の後ろに走って来てくれないか？　僕も同じことをするから」。そうすれば、あなたたち二人ともが一〇〇〇ユーロずつ獲得できる。実際の交渉においても、この課題と同じように、**パイを大きくするレシピは必ずしも明白だとは限らない。交渉において最良のレシピを見つけ出**

すには、創造性を発揮しなくてはならない。単なる交渉役ではなく、交渉の計画をたてる策定者になる必要があるのだ。[*79]

アメリカ・アリゾナ州のある町が、市内のごみ処理を委託する会社を決めるための入札を行った。その結果、落札したのは最も安値を提示した会社ではなく、ごみを砂漠に運び、砂漠から市内の湖岸や川岸に置く砂を持ち帰る案を示した会社だった。アリゾナには、砂漠だけでなく湖や川もたくさんあるのだ。その案を提示した会社は、自分たちにとってはさほど労力はいらないが、町にとっては価値の高いポイントを見つけ出したのである。[*80]

あなたの銀行のアドバイザーに、口座維持手数料を免除してもらうにはどうすればいいだろう？[*81]　ひょっとしたらそのアドバイザーはＭＢＡのコースを受講したいと考えているのに対して、あなたは折りよくあるＭＢＡコースを修了したばかりかもしれない。そんなときは、手数料を免除してもらうかわりにアドバイザーにＭＢＡについての情報を提供したり、彼からの質問に答えたりする申し出をすれば、相手の関心事も組み込んで合意を成立させることができる。

パイを大きくするには、パイが置かれている皿の縁の向こう側にまで目を向けなくてはならない。車のディーラーのオフィスにコンピューターシステムを設置するかわりに、あなたが希望するパッケージを提供してもらうことはできないだろうか？　卸売業者が開催する夏祭りに屋外用ベンチを無償提供するかわりに、仕入れ値を割り引いてもらうことはできないだろうか？　**ことの大小にかかわらず、またそれが現在の出来事か未来の出来事かにかかわらず、パイを大きくすることは可能なのである。**

ある販売員が八〇代の男性に生涯保証をつけるかどうかを尋ねたところ、その男性はこう答えた。「私はもう、青いバナナを買おうとは思わなくなったよ」。その男性にとっても、保証は若いころには大きな価値があったはずだ。**すでに長年取引のある相手でも、相互にどんな便宜がはかれるかを定期的に見直すようにしよう。必要なものは時間とともに変化するのだ。**

できれば**交渉がはじまる前に、交渉のためのリストを作成しよう。**[*82] プレッシャーを感じていては、落ち着いてものごとを考えられない。交渉の対象になりえるポイントを、すべてリストに書き出してみよう。そうすると、これまで試したことがないという理由だけで、交渉の対象からはずれていた点がいくつか見つかるはずだ。例えばビジネスの交渉なら、交渉の対象として次のような点が考えられる。

- **支払い方法は？　現金、株式、それともオプション？**
- **支払い通貨は？**
- **前払いは必要だろうか？**
- **支払期限は？　三〇日、それとも九〇日？**
- **割引はあるか？**
- **契約解除についての取り決めは？**
- **品物を受け取ったあとに支払うことは可能だろうか？**
- **梱包料金と配送料金はどちらがもつか？**
- **保険料金や破損が生じた場合の費用は誰が払うか？**
- **保管料は誰が払うか？**

・契約の有効期間は？
・地域で課せられる税金と関税は誰が負担するか？
・交渉相手の製品を販売することにした場合、どんな宣伝素材を提供してもらえるか？

交渉対象となるポイントを見つけ出すには、ブレインストーミングも有効だ。関係者全員が交渉における立場やアイディアや選択肢についてのさまざまな意見を出し合い、そのうちの一人がそれらすべてのメモをとるという方法だ。そこで述べる意見はとっぴなものでもかまわないが、決して人の意見にコメントをしてはならない。**「ばかばかしい」や「それは無理だ」といったコメントをはさむと、創造性にブレーキがかかってしまうからだ。**[*83] ブレインストーミングはふたつの明確に区切られたプロセスから成り立っている。アイディアを集めるプロセスと、それらを評価するプロセスである。「君はクリスマスには自分の両親のところに行きたいんだよね。じゃあこれがひとつ目のアイディア。だけど僕は、僕の両親のところに行きたい。これがふたつ目のアイディア。クリスマスには君の両親のところに行って、新年には僕の両親のところに行くというアイディアもある。ほかに何か考えられるアイディアはあるかな？」[*84]というように、最初はアイディアだけをどんどん出していく。そしてその後、出されたアイディアについて詳細に検討する。「僕の両親は新年よりもクリスマスのほうがずっと大事だと思っているけど、君のところはその反対だよね」。そこから最終的な結論を引き出すのだ。「だったら、クリスマスには僕の両親のところへ行って、新年には君の両親のところへ行こう」

ロジャー・フィッシャーとウィリアム・ユーリーは、ブレインストーミングをする時間を、交渉において最も意義のある時間と位置づけている。その間、無数のアイディアを交渉にもたらすことができるからだ。[*85] 二〇〇六年に発表されたイギリスのある研究論文には「悪いことは良いことのはじまりである」という記述がある。少々表現が極端ではあるが、実際、すばらしい理論やすばらしい結果の多くは、一見くだらないとしか思えないアイディアから派生したものだ。[*86] サッカーチームのバイエルンミュンヘンは、選手を地元や同じバイエルン州のサッカークラブから選ばずに、世界中から集めてきている。その分地元色は薄くなるが、何千人ものなかから才能ある選手を選んでいるため、質の高い選手がそろっている。選択肢が多ければ多いほど、結果の質は上がるのだ。[*87]

勝敗よりも利益に注目する

だが、双方が同じ関心事を持っている場合は、どうやってウィンウィンの結果を導き出せばいいのだろうか？　例えば、**双方がただ単にお金だけを求めているときは、どう対処すればいいのだろう？**　その場合も、**成功の鍵はパイを大きくすることにある。**交渉トレーニングでよく用いられる、こんなゲームがある。[*88] 参加者は二人一組になって向かい合わせにすわり、腕相撲をするときのように互いに相手の右手を握る。ルールは簡単だ。相手の手の甲をテーブルに触れさせるごとに、各自一点獲得できる。勝利の決め手になるのは点数だけだ。できるだけ多くの点数を得た参加者が勝ちだ。勝負がはじまると、いつも同じ光景が繰り広げられる。参加者はなんとか点数を上げようと躍起になり、腕をふるわせながら必死に相手の腕を倒そうとする。だがそうやって獲得できる点数は、一分間にせいぜい三点がいいところだ。しかしごくまれに、**肝心なのはできるだけ多くの点数を上げることで、それには必ずしも相手を負かす必要はないのだと気づく参加者がいる。王道は、即座に譲歩して「敵」に点数をとらせることなのだ。**そうすると相手はたいていあなたの意図を理解して、今度はあなたに点数をとらせてくれる。その後は交互に相手の手の甲をテーブルにつけて点数を積み上げていけば、ゲームが終わるころにはそれぞれが獲得する点数は二〇点を超えている。ほかの参加者たちの一〇倍近い点数を上げて、結果的に彼らは一位と二位の地位を分け合うことができるのだ。

この課題が明確に示しているように、**私たちは本能的に、目の前の相手をパートナーではなく敵と見なしてしまう。互いに協力し合えばもっとよい結果が生み出せることにまで、思いいたらないのだ。**

哲学者のジャン゠ジャック・ルソーは、猟師一人ではうさぎ一匹しか仕留められないが、二人の猟師が協力すればシカを一頭仕留めることができると述べている。交渉に置きかえると、つまりこういうことだ。**一〇〇万ユーロをめぐる交渉の場で、お金の分配方法だけを争点にすると、例えばあなたが六〇万ユーロ獲得するなら、相手の取り分は四〇万ユーロといった結果にしかならない**[*89]。**だが、双方が協力して一〇〇万ユーロを有効に活用すれば、ひょっとしたら金額を一五〇万ユーロに増やせるかもしれない。**その場合、あなたが手にする金額が九〇万ユーロに増えたとしたら、相手の取り分も六〇万ユーロに増加する。双方の関心事が同じでも、ウィンウィンの結果を生み出すことはできるのだ。

最初に多くの支持を得ておくメリット

アメリカの陪審員の評決プロセスについて調べた研究で、ある興味深い事実が明らかになっている。最初に多くの人の支持を受けた意見が、結果的に判決として採用される場合が多いのだ。[*90] 交渉の際にも同じことが当てはまる。誰かが何かを提案して、それに対してそのほかの数人が賛同の意を示したら、もうその時点で採用される合意案は決まったようなものだ。状況が複雑な場合は特に、私たちは人のすることに追随する傾向が強くなる。[*91]

だから交渉におけるあなたの目標についても、できるだけ早く、できるだけ多くの関係者から同意を得られるように働きかけたほうがいい。偽の合意効果（ほかの人々も自分と同じように考えていると見なしたがる傾向）によって、私たちは自分の意見が実際よりも多くの人の支持を受けていると思い込んでしまいがちだ。だが、油断をしてはならない！[*92] 交渉の場では、確実に味方を増やすことを意識しよう。難攻不落の人に時間を割くよりも、説得できそうな人をできるだけ多く味方につけたほうがいい。交渉しながら、相手があなたのオファーに対する態度を決めかねているか、もしくは反対しているかを見きわめ、相手チームのメンバー一人ひとりを、青、黄、赤と、信号の色で分類していくと、ことを進めやすい。[*93]

フィレンツェ共和国の外交官だったニッコロ・マキアヴェッリは、自著『君主論』において、古代ローマ帝国や古代中国で用いられていた統治戦略を「分割統治」と名づけた。自分の支配下にある地域のなかで自分に反対意見を持つ者同士を対立させ、統治を容易にするという方法である。敵の意見がひとつにまとまってしまうと、勢力がぐんと大きくなるからだ。反対に、相手のグループ内に少しでも意見の相違があれば、グループの団結力は著しく低下する。*94 交渉の席では、こんなふうに相手のグループ内の差を指摘してみせるだけでも、相手の団結を乱すことができる。「あなたは会社の方針に賛成していないように見えますね。会社は事業を縮小する方針のようですが、あなたは事業を拡張なさりたいのですよね？」。相手が一枚岩でなく、意見の異なる小さなまとまりに分割されれば、交渉におけるあなたの立場はずっと有利になる。

交渉の場で注意すべき点

アメリカの社会学者、アーヴィング・ゴッフマンは、「人間は皆、なんらかの役割を演じているものだ」と述べたが、実際、**私たちのふるまいの大部分は、そのときの状況によって変化する。**スーパーに行くときは客としての役割を受け入れ、それにふさわしいふるまいをする。祖母と電話で話すときには、思いやりのある孫になる。そこにちょうど友人が姿をあらわすと決まりの悪い思いをするが、それは間違ったことをしているからでなく、孫としての役割が、友人の前で演じている「イケてるやつ」のイメージとはそぐわないからだ。どの役割をとるべきか、個人のなかで葛藤が起きるのである。交渉の場で私たちが演じるのは、相手にとっての「交渉の敵方」の役割だ。交渉がはじまったとたん、私たちはその役割に入り込む。

すわる位置も舞台装置の一部だ。一対一の交渉でも、グループで交渉を行う場合でも、通常、相手方とは向かい合わせに席をとる。対決姿勢を強調するためだ。だが**あなたが相手と一対一の**

交渉をするときには、相手の隣にたつかすわるか、あるいは相手とテーブルの角を挟んですわるようにしよう。そうすれば、「一緒に問題を解決しましょう」というシグナルを相手に伝えることができるため、交渉の席は戦いの場から協力を模索する場に変化する。敵対するのでなく、問題解決のために力を合わせて、ひとつのチームのようにことに当たれるようになる。[*95]

そうして協力して問題を解決するための枠組みをつくっておけば、相手ははじめから率直な態度を示してくれる。あなたがグループの一員として交渉にあたるときには、グループのメンバーを分散してすわらせるようにすれば、対決するイメージを相手に与えずにすむ。また、分散してすわっていれば、話をする際、あなたはメンバーの一人というよりも、さまざまな見解を持つ人の取りまとめ役のように見えるため、仲間があなたの意見を支持したときには、あなたの発言の信頼性もアップする。[*96]

ウィリアム・ユーリーは、**交渉相手と一緒に散歩をするのもすばらしいアイディアだ**と述べている。並んで同じテンポで歩き、少なくとも歩いている道に関しては目標を同じくできる。協力的な雰囲気をつくり上げるには打ってつけである！[*97]　そして、すわって交渉をする場合でもたって交渉をする場合でも、**交渉相手のなかの最も重要な人物からは視線をはずさないようにしよう。**そうすれば、その人物があなたからのオファーに関して仲間にポジティブなサインを送っているか、ネガティブなサインを送っているかを、ボディランゲージから読みとることができる。

交渉で成果を上げるには相手との協力関係が不可欠であるため、私のクライアントのなかには、交渉セミナーに自分の顧客を連れて参加する人も珍しくない。

残念ながら、**交渉には互いの協力が必要だという認識は、あまり一般的ではない。**手ごわい交渉相手として見られるには、冷徹にならなければならないという固定観念にとらわれている人はとても多い。人目があるときは特にそうだ。[*98] ニューヨーク州立大学の大学院生、ピーター・カルネヴァーレは、交渉についてのこんな実験を行った。交渉の様子はマジックミラー越しに観察されることになると実験の参加者たちに伝えたうえで交渉をさせ、観察されていることを伝えていないもうひとつのグループとの言動の違いを調べたのだ。[*99] すると驚いたことに、見られていることを意識していた参加者たちには、もうひとつのグループの参加者たちよりも、相手を脅したり畏縮させたりする傾向がはるかに強く見られた。

ただ、友好的だったり攻撃的だったりと、交渉相手への接し方に違いはあっても、多くの人は互いに譲歩しながらその場で合意点を探っている。相手の関心事を突き止めたり、双方が得をする解決法を探したりするような交渉の進め方はしていない。

だが**国際問題や企業合併などの複雑な交渉をこなす交渉の熟練者は、事前に必ず交渉の進め方について計画をたてる。**[*100] もちろん、たやすいことではない。何千ピースもあるジグソーパズルを、完成図もわからないままに完成させなければならないようなものだ。[*101] 創造性と柔軟な思考力がなくては到底できることではない。

ウィンウィンとは妥協することだとか、相手に譲歩することだとかいうよくある誤解を信じてはいけない。交渉力のある人は、粘り強さと柔軟さを兼ね備えているものだ。自分の関心事を追求することにかけては粘り強いが、そこに到達する方法にはこだわらない。[*102] 彼らは、第Ⅱ部で記述したように、早い段階で交渉相手と良好な関係を築きはするが、個人的な関係と交渉とは切り離して考えている。[*103] あなたと交渉相手の双方に実のある成果をもたらすために、交渉時にはあなたもこの姿勢を見習おう。触れるものをすべて黄金に変えたギリシャ神話のミダス王のように、あなたも、かかわる交渉すべてを双方に利益をもたらせるプロセスに変えなくてはならない。*104

交渉のプロは、交渉を「分配型交渉」と「統合型交渉」のふたつのタイプに区別する。**分配型交渉では、ひとつのものをどう分け合うかだけが焦点になる。**誰かとピザを分け合うときのように、自分が譲歩すればするだけ相手の取り分は増え、逆に相手が譲歩すれば、それだけあなたの取り分が多くなる。それに対して、この章のテーマと同じように、**大きなパイを焼いて、できるだけ多くの関心事を満たそうとするのが統合型交渉だ。**交渉術をテーマにした本や論文には、このふたつを区別することが大きな意味を持つような書き方がされているものが多い。だが実際には、このふたつを区別してもたいして意味はない。なぜなら**交渉で成果を上げるための鍵は、両者が互いの関心事と違いを理解し合って、分配型交渉を統合型交渉に変えることにあるからだ。**

交渉の結果、ひょっとしたらもっと大きなピザを注文することになるかもしれないし、デザートや飲み物で折り合いをつけることになるかもしれない。何に価値を認めるかは人それぞれだ。交渉のすべてのポイントにおいて、双方が同じくらいの価値を置いているなどということはほぼありえない。同じものでも価値はさまざまだというのは、土地の評価額を考えるとよくわかる。たいていの人は、自分の予算額で買える土地の大きさはだいたい決まっていると思っているし、その考えは一見正しいように思える。だが、東京都心部の土地とモンゴルの大草原の土地とでは、評価額は大きく違う。同じ土地でも、価値は同じとはいえないのである。*105

どうがんばってもウィンウィンの結果を導き出せない場合もあるかもしれないが、そうした状況は、私たちが思っているよりもはるかに少ない。例えば、海難事故で遭難した二人が、救命ボートの上で最後のりんごをかけて争っているような状況では、確かにほかに交渉のポイントになりえる選択肢は見つけようがなく、どちらが多く食べるかという分配型の交渉以外は成立しない。*106けれども、それ以外の状況や統合型交渉においても、また、統合型交渉で焼き上げたパイが途方もない大きさにふくらんだ場合でも、あなたはきっと、分配型交渉と同じように自分の取り分をできるだけ増やそうとするはずだ。パイのなかからできるだけ大きいひときれを獲得したいと思うのは当然の心理だ。パイが国会議事堂と同じくらいの大きさにまでふくらんで、相手はそれをたらふく食べたうえにケーキ屋自体も手に入れて、太鼓腹を抱えながら高笑いしているというのに、あなたが獲得したのはかけらだけというのではなんにもならない。*107

このふたつの交渉のタイプを区別しても、結局あまり意味はない。パイを大きくできない交渉はほとんどないし、どんな交渉においても誰もがパイの取り分をできるだけ増やそうとするのに変わりはない。*108パイの取り分を増やすには、値引き交渉などで使われる一般的な交渉のテクニックが有効だが、そうしたテクニックは、次章でご紹介することにしよう。

本当に求めているものを手に入れる

- ウィンウィンとは妥協をすることではない！
- 相手の関心事を見つけ出そう。ただしそれを突き止めるのは難しいときもある
- 相手との関心事の違いが、最良の成果を引き出す鍵になる

・決して価格だけに固執しないこと。価格はたくさんある関心事のひとつにすぎない
・相手と協力して、双方の関心事をできるだけ多く満たせるような大きなパイを焼こう
・交渉計画を策定するには創造性を発揮しなくてはならない。交渉相手とのブレインストーミングも有効である

Ⅳ　交渉の即効テクニック

9 アンカリングで印象を操作する

「天を目指せば地上も与えられるが、
地上を目指せば何も手に入らない」

C・S・ルイス

エジソンの誤算

白熱電球、蓄音機、動画撮影機。どれもトーマス・エジソンの発明である。発明品の数やそれらを商品化するビジネスの才能にかけては、エジソンはおそらく史上最も偉大な発明家だったといっていいだろう。エジソンの初期の発明品のひとつに、複数の装置が同期して株式情報を受信する「株式相場表示機」がある。二二歳のエジソンは、自分の発明品を買ってもらおうと、当時主要な電信会社だったゴールド・アンド・ストック社の社長、マーシャル・レファーツと会う約束を取りつけた。売却価格は、発明にかかった時間と材料費から五〇〇〇ドルと算出し、それでは高すぎて売れない場合は、三〇〇〇ドルまでなら値を下げるつもりでいた。しかし、いざレファーツを目の前にすると、エジソンは緊張のあまり、そのような高値の要求を口にできずに黙り込んでしまった。するとレファーツは、たいして迷った様子も見せずにエジソンに四万ドルのオファーを出した。エジソンは言葉が出ないほど驚いたが、すぐにそのオファーを受け入れた。もし自分から金額のオファーを提示していたら、エジソンは三万五〇〇〇ドルも損をしていたのだ！[*1]

誰が最初にオファーを出すか、そしてどのようにオファーを出すかによって、交渉結果は大きく左右されるのである。

第一印象を利用する

直観的に、次の計算の答えを推測してみてほしい。

一×二×三×四×五×六×七×八

では今度は、次の計算の答えを同じように推測してみてほしい。

八×七×六×五×四×三×二×一

かけ算なので、答えはもちろんどちらも同じ、四〇三二〇だ。心理学者のエイモス・トベルスキーとダニエル・カーネマンは学生をふたつのグループに分け、片方のグループにはひとつ目の問題を出し、もう片方のグループにはふたつ目の問題を出して、答えを比較する実験を行った。[2]その結果、どちらのグループも出した答えは正解からはかけ離れていたが、間違い方に違いがあった。ひとつ目の問題に取り組んだグループの答えの平均は五一二だったのに対して、ふたつ目の問題に取り組んだグループの答えの平均は、それよりもずっと大きい二二五〇だった。

また別の実験では、トベルスキーとカーネマンは、参加者たちに一から一〇〇までの数字が書かれたルーレット盤を回すよう求めた。だがそのルーレット盤には仕掛けがされていて、一〇と六五にしかとまらないようになっていた。実験の参加者たちは全員、ルーレットで数字を出した後、アフリカ諸国のうちの何パーセントが国連に加盟しているかを推測しなくてはならない。すると驚いたことに、ルーレットで一〇を出した人の答えの平均は二五パーセントだったのに対して、六五を出した人の答えの平均は、それよりも多い四五パーセントとの結果が出た。

もちろん、ルーレット盤の数字と国連加盟国の数とはなんの関係もない。それは全員がよくわかっていたはずなのだが、それにもかかわらず、ルーレット盤の数字は彼らの答えに大きな影響をおよぼしたのだ。

同じような現象は、交渉でも起きる。**最初のオファーで出された数字は「アンカー（錨《いかり》）」と呼ばれ、その後の交渉の参照点**（損得を感じるときの基準点）**になる。**交渉心理学で実証的に証明されている確かな事実である。[3] **アンカーは交渉における第一印象のようなもので、それを聞いた相手の交渉の進め方を左右する。**最初にオファーを提示する側は、アンカーを設置する、つまりアンカリングすることにより、それ以降の交渉の流れを決める心理的な影響力を持っているのだ。[4]

例えば、購入しようとしている車に対して、あなたが一万二〇〇〇ユーロのオファーを提示したとしよう。すると売り手はおそらくこう考える。「この車は一万五〇〇〇ユーロの価値があると思っていたけど、どうやら見積もりが間違っていたらしい」。その車に対するあなたの評価がそれほど高くないことが伝わるため、売り手は価格を下げざるをえなくなるのだ。[*5]

アンカーはその後の交渉全体の基準値として機能する。**専門の業者がものの価値を評価するときでさえ、アンカリングの影響は避けられない。**不動産業者に、物件の価格を査定してもらう実験が行われたことがある。[*6]査定にあたっては、敷地面積、立地、周辺の住宅の価格相場など、必要なデータがすべて記載された一〇ページからなる報告書が配布され、物件の視察も行われた。ただし、不動産業者はふたつのグループに分けられていて、売主の希望価格だけはそれぞれに異なる額が設定されていた。片方のグループには、もう片方のグループよりも二五パーセント高い価格が告げられていたのだ。売主に不動産の知識がないことは実験の参加者たちに前もって伝えられていたのだが、それでも、売主の希望価格は査定結果に大きく影響した。売主と違って、不動産業者はれっきとした住宅査定のプロであるにもかかわらず、高い希望価格を告げられたグループの不動産業者の査定価格は、もうひとつのグループが出した価格よりも一一パーセントから一四パーセント高かった。それほど知識のない分野では、アンカリングの影響はさらに強くなるということだ。[*7]

アンカリングは、コントラスト効果の基準としても作用する。右手をお湯に、左手を水につけたあとに両手をぬるま湯の入った洗面器につけると、両手とも同じ洗面器のなかにあるのに右手は冷たく感じられ、左手は暖かく感じられる。このように、**ひとつのものを知覚してからそれとは別の何かを知覚すると、実際よりもその差が強く感じられるのがコントラスト効果だ。**[*8]

自動車ディーラーは、車の付属品を車本体の売買が成立した後に勧めるものだ。四万ユーロの車の購入を決めた直後なら、カーナビやエアコンにかかる四〇〇〇ユーロが安く感じられるからだ。紳士服の販売店でも、商売上手なところは、買うスーツを選んだ後にそれに合うシャツやネクタイを勧めてくる。

これを交渉に置きかえていえば、こういうことになる。私は家にあるアンティークのダイニングテーブルを売ろうとしていて、その売却価格を最初は一〇〇〇ユーロと提示し、それから七五〇ユーロに下げたとする。その場合、七五〇ユーロという価格はずいぶん安く感じられる。[*9] だが、もし私が最初に提示したのが八〇〇ユーロだったとしたら、七五〇ユーロはそう安くは感じられない。アンカーとコントラスト効果の組み合わせを目にする機会は多い。こんなふうに表示された値札を、あなたも小売店で目にしたことがあるのではないだろうか。「メーカー希望小売価格五〇ユーロ。当店価格二五ユーロ」

「死んだ犬をオファーする」という呼び名の交渉のトリックがある。**相手に無茶なオファーを突きつけて粘り強く交渉し、交渉が決裂する寸前に現実的な選択肢を提示するという方法だ。**[*10] そうすると、**自分が大きく譲歩した印象を相手に与えられるが、実際には、その現実的な選択肢こそが本来の交渉の目標なのだ。**この方法を使うと、コントラスト効果に加えて相互主義（相手国の自国に対する扱いに応じて相手の扱いを決めるという外交・通商上の考え方）も作用する。あなたが大きく譲歩したように見えるため、相手は、自分もあなたの行為に応える義務があると感じるからだ。[*11] **「偽りの入札」**という、コントラスト効果を利用した悪質なトリックもある。[*12] 例えば、売り手が二万ユーロの値をつけている車をあなたが買いたいと思っているとする。だが最初から自分が出向いて交渉をするかわりに、まずは友人や知り合いを売り手のもとへ送り込んで、全員に一万五〇〇〇ユーロ以下のオファーを提示させるのだ。その一週間後にあなたがあらわれて一万六〇〇〇ユーロのオファーを出すと、売り手にはあなたが救世主のように光り輝いて見えるという方法だ。

参照点効果――お金はお金だということを忘れないようにしよう

次のふたつの状況を考えてみてほしい。*13

状況A：あなたが五〇ユーロの電卓を買おうとすると、販売員が、ほかの支店でも同じ電卓を扱っていると教えてくれた。その支店は車で二〇分離れたところにあるが、いまちょうど在庫一掃セール中なのだという。いまあなたがいる店では、残念ながら値引きはできないらしい。セール中の電卓がどのくらい値引きされていれば、あなたは車を走らせてその支店に向かうだろうか？

状況B：あなたが二〇〇〇ユーロのノートパソコンを買おうとすると、販売員が、ほかの支店でも同じノートパソコンを扱っていると教えてくれた。その支店は車で二〇分離れたところにあるが、いまちょうど在庫一掃セール中なのだという。いまあなたがいる店では、残念ながら値引きはできないらしい。セール中のノートパソコンがどのくらい値引きされていれば、あなたは車を走らせてその支店に向かうだろうか？

この質問をされた人々の答えを平均すると、状況Aでは二〇ユーロ、状況Bでは二〇〇ユーロという結果が出た（回答者は全員、AかB、どちらか片方の質問しかされていない）。私たちが金額について考えるときは、客観的にそれを評価するのでなく、常にすでに提示されている数字を参照点として、その数字と比較して金額の評価をするものなのだ。

数百万ユーロをめぐる規模の大きい交渉の場では、五万ユーロもの大きな金額でも、とても軽く扱われる。額がパーセンテージであらわされているときは特にそうだ。三・二パーセントが三・二五パーセントになったところで、たいして違いがあるようには見受けられない。コンマの後につづくわずかな数値には、あまり意味がないように思えてしまうのだ。コンマの後の数字を軽視しがちなのは、家を買ったり、五〇〇〇ユーロで洗面所の家具をそろえたりする場合も同様だ。しかし、どんな表示のされ方をしていたとしても、五〇〇〇ユーロは五〇〇〇ユーロだ。そのことは決して忘れてはならない。五〇〇〇ユーロというお金は、一朝一夕に貯められる額ではない。パーセンテージに置きかえられていたとしても、お金はお金なのだ。[*14] 利率の交渉をするときも、屋根瓦の価格や一平方メートル当たりの床材の価格について考えるときも、パーセンテージではなく、常に金額を見る習慣をつけよう。

お金がお金のように見えない場合、私たちは気前がよくなる傾向がある。カジノでおもちゃのようなプラスチックのチップが使われているのも、クレジットカード会社が一見無害に見えるプラスチックのカードを発行しているのも、そのためである。

効果的にアンカリングする

　では、交渉の場でアンカリングはどのように使えばいいのだろう？　これまでの研究結果で出された結論は一致している。**最初は大きく出て、その後徐々に譲歩していくのが最適な交渉結果を導き出すための王道だ。**[*15] 子供は本能的に効果的なアンカリングの方法を知っている。最初に途方もない要求を出して（ディズニーランドに行きたい！）、それから本当のお目当て（アイス一個）を手に入れる。アンカリングの基本はとてもシンプルなのだ。「求めるものはオーバーに、出すものは控えめに」である。

　ある労働組合の責任者が、雇用主に昇給を求める手紙を書いた。[*16] 実際の昇給目標は七パーセントだったが、作戦上の理由から、その責任者は一二パーセントから交渉をはじめるつもりだった。だが、彼の秘書がうっかり一二パーセントを二一パーセントと書き間違えてしまった。結果はどうなっただろうか？　会社側は一二パーセントの昇給をオファーし、最終的には、一五パーセントの昇給で合意が成立した。

　アンカリングの効果の高さを示す好例である。だが、通常はもう少し控えめなアンカリングをしたほうがいい。車のメーカー希望小売価格が二万ユーロだというのに、三〇〇〇ユーロから価格交渉をはじめるのでは極端すぎる。例えば、あなたのＢＡＴＮＡが一万八〇〇〇ユーロだったため、あなたはその車の価格を一万七五〇〇ユーロまで下げることを目標にしているとしよう。その場合、アンカーの価格はどのくらい低く設定すればいいのだろう？　**アンカーは、あなたの目標価格と相手の希望価格の差額を、あなたの目標価格から引いた額に設定するといい。**[*17] つまり

売り手の希望価格	€20,000
買い手のBATNA	€18,000
買い手の目標価格	€17,500
アンカー	€15,000

アンカーの計算式

買い手の目標価格
－（売り手の希望価格
－ 買い手の目標価格）

アンカーの価格設定

この場合は、一万五〇〇〇ユーロということになる。あなたが売り手側で、一万七五〇〇ユーロ以下では売りたくないと思っていて、相手のオファーが一万五〇〇〇ユーロだった場合は、最初は二万ユーロを価格として提示すればいい。こうしたオファーの設定方法は、「ブラケティング」と呼ばれている。

慣れてきたら、もっと強気のアンカーを設定してもかまわない。**法外なアンカーと強気のアンカーとの違いは、そのオファーに正当な理由づけができるかどうかだ。**客観的な基準にかなり都合のいい解釈をこじつけたとしても、どうにか正当性を主張できれば、それは強気のオファーとして成立する。*18

一九九四年にアメリカで起きた「マクドナルド・コーヒー事件」は、間違いなく世界で最も有名な損害賠償事例のひとつだろう。ニューメキシコ州に住む七九歳のステラ・リーベックは、マクドナルドのドライブスルーで四九セントのコーヒーを買い、車のなかでカップを膝のあいだに挟んでふたを開けようとしたときに、中身をこぼして太ももにやけどを負った。彼女の弁護士は、マクドナルドのコーヒーが熱すぎたと主張した。コーヒーの温度は六〇度で十分なのに、リーベックが買ったコーヒーは八〇度もあったからだ。マクドナルドのような大企業が今後の姿勢を見直すきっかけとなるよう、リーベックへの賠償金として、同社は二日分のコーヒーの売り上げを支払うのが妥当だろうと結論づけた。陪審員はこの論理を正当と見なし、二九〇万ドルという天文学的な額の賠償金の支払いを認める判決が下された。*19

あなたのオファーは、誰の目から見ても公正なものである必要はない。**交渉の場で、相手を納得させられるようなものであれば十分だ。**交渉の対象物の客観的な価値について話す必要もない。

あなたの状況を説明するだけでいい。いま乗っている車を買ったとき——リースしていた車を買い取ったのだが——、私は売り手の希望価格より一五パーセント安い価格をオファーした。私のオファー額は規定の買い取り価格と同額で、相手の希望価格を大幅に下回るとはいえ、不当な要求ではなかった。それでも自分のオファー額を言う前に、私は売り手に、車の装備はすばらしいし、希望価格の設定はきっと妥当なのだと思うが、残念ながら私には決まった予算があってそれ以上は一ユーロも出せないため、ほかの誰かに車を売りたいというならそれも致し方ないと思っていると説明した。その後で、私がオファーの額を口にすると、売り手はすんなりとそのオファーを受け入れた。オファーの額が高い場合も低い場合も、**あなたがオファーをその額に決めた理由を相手にきちんと説明できれば、交渉相手を嫌な気持ちにさせずにすむ。説明は、オファーの額を告げる前にすませておくのが理想的だ。**

極端なオファーを出すときも、それをいちかばちかで相手に突きつけるのはやめておいたほうがいい。「こらの希望は一万ユーロだ。それが無理なら交渉決裂だ」ではなく、「いろいろ調べたんですが、私のレコードコレクションは少なくとも一万ユーロの価値があるようです」と言えば、アンカーを出した後も、交渉を続行させる可能性を残しておける。

交渉が決裂するリスクを最小限に抑えたいときは、**要求以外の形でアンカリングするといい。交渉の場で数字を提示できれば、言い方はどうあれ十分アンカーとして機能する。**相手の反応を探るために流す情報や発言のことを「観測気球」というが、交渉の際にも、慎重に自分の考えを相手に伝える「観測気球」を上げればいいのだ。例えば、こんな言い回しが考えられる。「正確な額をまだきちんと計算したわけではないんですが、このベスパのスクーターには二五〇〇ユーロくらいの値をつけようと思ってます」。あるいはこんなふうに言ってもいい。「ここにある資料からあなたが所有していらっしゃる家族用のアパートの価値を見積もると、八〇万ユーロ前後に思えるのですが、私はすべてを把握しているわけではないですし、もし見積もりが間違っているようならご指摘ください[*20]」

あなたが数字を示せば、売り手は自分の希望価格を納得してもらうための説明をしはじめる。あなたが八〇万ユーロと見積もった家族用のアパートの価値を、売り手が一六〇万ユーロと評価していたとしたら、売り手はそのアパートが見積もりの倍の価値がある理由を並べはじめるだろう。あなたが値引き交渉をするかわりに、売り手が価格を引き上げなければならなくなるのだ。価格の正当性を証明する負荷は売り手にかかることになり、交渉前には、一六〇万ユーロから一八〇万ユーロで合意したいと考えていたとしても、売り手はこの状況では、すぐに希望の最低額を提示してくる可能性が高くなる。初任給の交渉をするときは、特に要求を出さなくても、卒業時の成績がほぼ同じだった大学の友人が、少し前に七万五〇〇〇ユーロの仕事のオファーを受け入れたばかりだと話すだけでいい。そうすれば、それとなくアンカリングすることができる。

中間に落ち着く法則を利用する

「あいだをとる」のが合意点を探るときに好んで用いられる手法であることを考えれば、過度に高いオファーや低いオファーを提示する利点はもうひとつある。極端なオファーを出しておけば、中間点を自分に有利な方向にずらすことができるのだ。**交渉結果は、たいてい自分が出す最初のオファーと交渉相手からの最初のオファーの中間あたりに落ち着くものだという、「中間点のルール」と呼ばれる法則もある。**[*21] アメリカの国務長官を務めたヘンリー・キッシンジャーは、歴史に残るいくつかの複雑きわまりない外交交渉を率いた人物だが、まさにそうした理由から、アンカーは桁はずれの要求を出すようにしていたと述べている。「最初の提案が法外であればあるほど、本当に求めているものが妥協と受けとられる可能性は高くなる」[*22]

中間地点で折り合いをつけるのは公正に思える。どちらも同時に同じだけ譲歩しなければならないからだ。[*23] わかりやすいし、時間もかからないし、中間で折り合う提案を拒否するのは相手にも失礼に思える。中間をとる解決策自体は、なにも悪いことではない。交渉の焦点になっていたのは数ユーロの分け方だけで、それを話し合って均等に分けたというなら、それはそれでまったく賢明な措置には違いないのだ。

だが、突然私があなたのもとを訪れて、あなたは私に一〇〇万ユーロの借金があると告げたとしたらどうだろう？　あなたは私にあっさり五〇万ユーロを支払うだろうか？　そんなことはまずありえない。中間点で折り合うには、交渉の場に、提示されたふたつの数字があることが前提だ。注意しなければならないのは、経験豊富な交渉相手が、自分が有利になるような「中間点」

をもとにアンカリングすることだ。その可能性を、事前にしっかりと認識しておくようにしよう。もし交渉相手がアンカーとして出した数字が、あなたには到底受け入れがたいものだった場合は、その数字が「中間をとる」ときの参照点として両者のあいだで固定してしまわないよう、すぐに反応しなければならない。*24

あなたはフランクフルト近郊の小さな町に所有しているアパートを、三五万ユーロで売りたいと考えているとする。だが買い手は、二五万ユーロでオファーを出してきた。その場合、中間点で折り合いをつけるには、あなたは四五万ユーロを売り値として提示しなければならないことになる。しかしもちろん、あなたの目標価格と買い手に示す最初の価格の差がこれだけあると、交渉に支障をきたす危険もある。目標価格と提示する価格の差が大きいときは、それよりも、相手の出した数字が参照点として機能しなくなるようにしたほうがいい。買い手に、どうやってその数字を算出したか尋ねてみよう。その価格には、きちんとした根拠があるだろうか？　もしなければそのオファーはただの悪い冗談にすぎない。都合の悪いアンカーを消滅させるもうひとつの方法は、相手のオファーを真面目に取り合わないことだ。軽く笑って、こんなふうに言えばいい。「そうですか、わかりました。じゃあこれから交渉の本番に移りましょうか」。もしそういう対応が好戦的すぎると思われる場合は、オファーの数字を聞かなかったふりをして、なにごともなかったかのようにふるまってもいい。大事なのは、その数字をまともに取り合っていないことを相手に示すことだ。そうすれば、そのオファーは参照点として作用しなくなる。

相手が中間をとることに抵抗感がないことをうまく活用すれば、中間点を五〇：五〇から七五：二五にずらすこともできる。例えば、誰かがあなたの車を買おうとしているとしよう。スノータイヤとタイヤのリムと、どちらが必要な車検代を支払うかについて粘り強く交渉し、後は価格を決めるだけになった。相手は二万五〇〇〇ユーロのオファーを提示してきたが、あなたの希望価格は三万ユーロだ。けれどもあなたは、あいだをとった価格で折り合おうと提案すれば相手はおそらくそれを受け入れるだろうという感触を得ている。だが、そう思ったとしても、自分からはその提案を持ち出さないほうがいい。それよりも、相手がそういう提案をしたくなるような状況をつくるようにしよう。「時間をかけていろいろな点で合意できましたから、あとは、価格の違いの数千ユーロをどうするかだけですね……」。そう言えば、相手が中間の価格をオファーしてくる可能性は高くなる。その結果、どんなことが起こるだろうか？　相手のオファーは、二万五〇〇〇ユーロから二万七五〇〇ユーロに上がったことになる。それをうまく利用すればいいのだ。「二万七五〇〇ユーロなら、妻も納得するかもしれない。念のために相談してきます」。そう言ってまた戻ってきた後、こんなふうに持ちかければいいのだ。「いま、私の希望する価格とあなたのオファーの差額は二五〇〇ユーロですよね。いろいろな点で合意ができているし、金額のせいだけでこれまでの話し合いがだめになるのはもったいないですから、ちょうどその中間の価格で決めませんか？」。五〇：五〇で折り合うはずの結果が、七五：二五に変わったのだ。

アメリカの交渉エキスパートのロジャー・ドーソンは、このトリックを何度もつづけて使えばもっとよい結果が出せるとまで指摘している。このトリックを何度も繰り返すと、相手と分配する点を、八七・五：一二・五、あるいは九三・七五：六・二五までずらすことができるそうだ。

二番目に説得力ある主張は締めに使う

交渉の場での論理は、どう構築すればいいだろうか？　自分の論理を展開する際に、相手の主張についても言及したほうがいいのだろうか、それとも、自分の主張だけに意識を集中させたほうがいいのだろうか？　相手の主張について言及すると、不必要に相手の論理を際立たせてしまうことになるだろうか、それとも、ことあるごとに相手に反論をしたほうが自分に有利になるのだろうか？[*25]　研究結果はこれらの問いに明白な答えを出している。相手の主張にはっきりとした反応を返すほうが、論理の説得力は上がるのだ。[*26]　交渉相手の論理から、明確に反論できる点を選んで反応するよう心がけると効果的だ。だがその前にまず、自分の主張の正当性をできるだけ強く印象づけておいたほうがいい。ボクサーが、あとはフック一発でKOできるよう、相手を完璧に追いつめておくように、相手の論理の核がかすんで見えるような状況を最初にととのえておくのだ。[*27]

最も説得力のある主張は、必ず最初に述べるようにしよう。そうすれば、その主張は強い印象を残して、その後の交渉の流れに影響を与えることになる。最初に見聞きしたものの印象は強烈で、その後に忘れられることはまずないという「優位効果」と呼ばれる現象だ。そして最後は、二番目に説得力のある主張で締めくくろう。最後に見聞きしたものは、最も記憶に残りやすい（新近効果）。例えばあなたが不動産業者だったとしたら、お客を物件に案内するときは、一番いい部屋を最初に見せたほうがいい。そうすれば、最初の印象がほかの部屋にも影響をおよぼすため、物件全体の印象がアップする。その後、残りを案内して、最後に二番目にいい部屋を見せれば、記憶にはその物件のよい印象が残る。どんなふうに記憶に残るかは言うまでもなく大事だが、それよりも、その後の印象すべてを決定づける第一印象は、さらに大事なのである。[*28]

適切に反応する

『ビートルズがやって来る　ヤア！　ヤア！　ヤア！』はビートルズの初の主演映画だった。彼らのマネージャーだったブライアン・エプスタインは映画業界についての知識がなく、出演料として収益の七・五パーセントを要求した。製作側は即座にそれに同意した。製作側は、ビートルズに収益の二五パーセントを支払うつもりでいたからだ。映画は大ヒットしたが、ビートルズは彼らが獲得できるはずだった利益のほんの一部しか手にできなかった。[*29]

この例もやはり、エジソンの場合と同じように、最初のオファーは相手に出させたほうがいいということを示している。最初のオファーは、自分から出さないほうが有利になるのだろうか？

アンティーク市《いち》に行って、家のリビングにぴったりの、一九世紀前半の食器棚を見つけたとしよう。値札はなかったため、とりあえず八〇〇ユーロのオファーを出した。すると売り手は「いいですよ」とオファーをあっさり受け入れ、笑みを浮かべた。そうしてあなたは思い描いていたとおりの食器棚を手に入れた。だが、素直にそれを喜べるだろうか？　もちろんうれしいには違いないだろうが、あの食器棚は、ひょっとしたら七〇〇ユーロでも、もっと言うと五〇〇ユーロでも買えたのではないかという考えが、頭を離れないのではないだろうか。交渉のあとには、もっとよい結果が得られたのではないかという疑問が常につきまとう。この疑問は**「交渉人の呪い」**と呼ばれる。どんなに好条件の価格を獲得できたとしても、「もっと安い価格をオファーしていたらどうなったのだろう……」と考えるのは避けられないのだ。[*30]

自分から最初にオファーを出すべきかどうかに関しては、**交渉の対象になっているものの価値がまったくわからない場合は、自分からは口を開かないほうがいい。**そうすればエジソンのようにうれしい驚きが待っているかもしれないし、自分からオファーを出さなければ、ビートルズだって予想外のオファーを獲得できていた。[*31]けれども、**交渉の対象になっているものについて少しでも知識があるようなら、あなたがアンカーを出すようにしよう。**口をつぐんだほうが得になるような、まったく知識のないものについて交渉をしなければならない状況は、おそらくそう多くはないはずだ。

しかし、**提示されたオファーがどんなに好条件に思えたとしても、それをすぐに受け入れるのはやめておこう！**　「たじろぎ」というトリックを使えば、相手からもっとよいオファーを引き出せる。簡単だがとても効果的な方法だ。**最初のオファーを聞いたあと、驚いてたじろいで見せるだけでいい。**ハーブ・コーエンは、相手からオファーを提示されると、大げさなくらいに驚いてみせるらしい。「正気ですか？」、「これじゃぼったくりですよ！」などと、コーエンが誰かに襲われているのではないかと、交渉に関係のない人まで彼のほうを振りかえるくらいの大声を出すそうだ。[*32]相手のオファーを笑いとばして、相手にオファーの見直しをせまる方法もある。そうすれば、その反応の仕方が行きすぎに思える場合は、驚いた表情をして黙り込むだけでもいい。[*33]そうすれば、言葉を用いずに明白な「たじろぎ」のシグナルを送ることができる。人間には、言葉よりも言葉以外で伝わるシグナルのほうに信頼を置く傾向があるため、それだけでも十分効果がある。ただし電話交渉の場合は、言葉に出してたじろぎを表現するようにしよう。[*34]

交渉の対象になっているものに対して十分な知識があって、その気になれば問題なくアンカリングできる場合にも、このテクニックを使って好条件を引き出そうとする交渉の熟練者もいる。

ニューヨークの伝説的な不動産業者の一人であるソル・ゴールドマンにも、こんな逸話が残っている。[*35] ゴールドマンはマンハッタンの高層ビルを買おうとしたとき、売り手から一五〇〇万ドルを現金払いするよう求められたことがあった。「なんですって⁉」とゴールドマンが大声を出すと、売り手は「少々高すぎたかもしれませんね。では現金払いで一四〇〇万ドルではどうでしょう」とオファーを下げた。ゴールドマンはまた「なんですって⁉」と驚いた顔で大声を出した。すると売り手は再度譲歩案を提示した。「分割払いで、六パーセントの金利をつけていいようでしたら、あと何百ドルか下げられますが」。それでもゴールドマンがまた同じように驚いてみせると、売り手は、もっとよい条件の分割払いを設定すると約束をした。実のところゴールドマンには、はじめから現金で一五〇〇万ドル支払う用意があったのだが。

　アメリカの元国務長官ヘンリー・キッシンジャーにもこんな逸話がある。彼の補佐官が、外交に関する報告書をキッシンジャーに提出した。キッシンジャーはそれを一瞥《いちべつ》すると、補佐官にこう尋ねた。「これが君のベストを尽くした報告書かね？」。補佐官は報告書を持ち帰り、手直しをした。そしてそれをキッシンジャーにまた提出すると、今度は一週間たってから「本当にこれが君のベストを尽くした報告書か？」というメモとともに報告書が戻ってきた。補佐官は再度手を加えて、「今度こそ、本当に私のベストを尽くした報告書です」と言ってキッシンジャーに手渡すと、キッシンジャーはこんなふうに答えたという。「そうか。それでは報告書に目を通すとしよう」。

相手のオファーに対する効果的な反応の仕方としては、**「万力」**というテクニックもある。**「それではまだ合意は難しいですね」と言って黙り込み、相手にプレッシャーをかけるという方法で、オファーの良し悪しの判断がつかない場合にも用いることができる。**

この方法を、より洗練された形で用いているイギリス人の仕入れ担当の女性がいる。[*36] 納入業者からオファーを受けると、彼女は数日待ってからその業者に電話をかけ、価格が高すぎると告げるのだ。そして業者から他社とのオファーの差額を尋ねられると、「差額はかなり大きいです」とだけ言い、それ以外の質問には、社外秘だからという理由で答えない。そこでオファーを取り下げる業者もなかにはいるが、多くの業者は、見えないライバルたちに勝つために、その仕入れ担当の女性と交渉をしはじめる。「まだ他社のほうが条件がいいですね」、「だいぶ他社の条件に近くなってきました」、「もう少し譲歩していただければ御社に決められるのですが」——そうすると、納入業者は最後にはぎりぎりの点まで譲歩して、彼女にとっての最良の条件を提示することになる。しかし実際には、ライバルなどもともと存在していないのだ。

この方法を使うと、交渉のポイントをひとつに絞るのでなく、価格や納入期限やそのほかのさまざまな条件を交渉の対象に含められる。 相手にとって重要なのは、全体としてできるだけ好条件のオファーを提示して、あなたとの合意を成立させることだからだ。

相手から好条件を引き出そうとするときは、態度を攻撃的にする必要は一切ない。例えば、あなたは車を見に行って、その翌日、ディーラーが出せる最良のオファーを確認しようと電話をかけたとする。「昨日あなたのところで見た車種はひとつだけなんですが、実は、気に入っている車種はほかにもふたつあって、どれにしようか迷ってるんです。価格でどれを買うかを決めようと思っているので、それらの車種の、あなたの店での最低価格を教えてもらえないでしょうか？」[*37]。こういう丁寧な訊き方をされて回答を拒否する人は、そうそういるものではない。

誰かがあなたに対して「万力」や「たじろぎ」を使ったときは、こんなふうに訊き返すといい。「それでは、あなたが希望する条件を具体的に教えてください」。あるいはもっとはっきりと、こう言い切ってもいい。「これが提示できる最良の条件です。この条件でオファーを受けるかどうかご検討ください」

「借金をするときには、悲観主義者から借りたほうがいい。悲観主義者はお金が返ってくるとは思っていないから」という格言があるが、交渉の際にも、相手の期待は大きすぎないほうが、あなたには有利だ。早い段階から相手の期待値を下げることを意識し、アンカーを設定する際にも、それを裏づけるような条件を提示するようにしよう。あなたの提示する条件が極端すぎた場合は合意をのがすこともあるだろうが、それでも、それなりの合意を一〇回成立させるよりも、有利な交渉結果を五回上げるほうが、あなたにとっての利益は大きくなる。

最初のオファーに関しては、交渉の対象になっているものの知識がまったくない場合は相手に出させたほうがいいということ、そして、相手のオファーがどんなに好条件に思えても、それに驚いてみせるということを忘れないようにしよう。冒頭の例で、もしエジソンが四万ドルのオファーを提示されたときに驚いてみせていたとしたら、エジソンはもっと高額で自身の発明品を売却できていたに違いない。そうすれば、エジソンの逸話はさらにインパクトのあるものになっていただろう。

直観的な思考と合理的な思考

中国・三国時代の偉大な軍師、諸葛亮孔明は、畏敬の念を込めて人々から「眠れる龍」と呼ばれていた。[*38] 孔明は、一〇〇人ほどの小部隊だけを連れてある町にとどまっているときに、一〇万を超える敵の軍隊が迫ってきているとの報を受けた。孔明は少しのあいだ考え込んでいたが、その後、町の門を開け放たせて、自身は僧衣をまとって町の城壁の上に上《のぼ》り、琵琶を弾きながらそこで歌を歌った。敵方の将軍はそれを見て、自軍に退却を命じた。門が閉じられていないばかりか、あの孔明が壁の上に一人でいるということは、これは何かの罠に違いないと考えたのだ。

目標のものを獲得するための論拠が弱いなど、交渉での持ち札が少ない場合には、相手の注意をその点からそらす必要がある。

エイモス・トベルスキーとダニエル・カーネマンは、人間が意思決定を行う際の思考モードを二種類に区別した。[*39] それぞれ、システム1、システム2と名づけられている。システム1は、とっさに直観的に意思決定を行う思考モードである。この思考モードでは、理性を働かせてものごとを考えるわけではないため、結果として間違った決断をくだしてしまうことも多い。もうひとつのシステム2は、熟考して意思決定を行う思考モードだ。この思考モードでは合理的な決断がくだせるが、その分決定までには時間がかかる。私たちの祖先は、システム2よりもシステム1を使う機会のほうがはるかに多かった。

ライオンから逃げなければならないときに、熟慮しているひまはなかったからだ。そのため、私たちはいまでも、システム2を使うべきときに、システム1を使ってしまうことがある。

システム1とシステム2では、働かせる神経系も異なっている。合理的な決定をくだすシステム2で働いているのは中枢神経だが、無意識にとっさの決断をするシステム1で働いているのは末梢神経だ。[*40] 人間の思考は、簡単なトリックを使うだけで、すぐに直観的にものごとを決断するほうに流されやすくなる。すでにいくつかの実験によって証明されている事実で、交渉において説得力のある論拠がなく、相手がシステム2を働かせて決定をくだすのを避けたいときには、それらのトリックが大いに役に立つ。

相手の思考モードをシステム1にするには、具体的にどうしたらいいのだろう？　まず、テンポは速いほうがいい。早口で話すと、システム1は働きやすくなる。[*41] 交渉の場で、いくつか種類の異なる資料を用いるのも効果的だ。文書やフリップチャート、ビデオクリップなど、さまざまな媒体を使って交渉を進めると、相手は体系的に情報を処理できなくなるため、システム1が優先的に働く傾向が強くなる。[*42] 資料を配布しながら自分の主張を展開するのも、主張に対する理にかなった批判を生じさせないための手法のひとつだ。[*43] 交渉の熟練者のなかには、過度な情報を与えて相手を圧倒しようとする人もいる。何百枚もある書類や、一〇〇〇ページからなる意見書や、大量のEメールの添付ファイルなど、専門用語を使って書かれた膨大な資料を相手に手渡すのだ。だが肝心な情報は（常に大事な情報が含まれているとは限らないが）、そのなかの五七六ページの脚注といった目立たない場所に隠されている。この不当な策略は、スノージョブと呼ばれている。[*44] 政治家が、単独では決して成立しそうにない法改正を強行するときによく使うやり方だ。

反対に、しっかりとした論拠があって、相手のシステム2を働かせたいときはどうすればいいだろう？　その場合は、ゆっくりと穏やかな口調で話そう。ゆっくり話せば、相手はあなたの主張に耳を傾け、それをしっかりと吸収できる。[*45] 言葉づかいや、使用するエピソードや比喩も、できるだけ生き生きとした印象を与えるものを選ぶといい。そうすれば、耳を傾けるだけでなく、相手は頭を働かせながらあなたの主張を聞けるようにもなるため、システム2が活性化される。[*46]

状況に応じて、あなたの交渉相手のどちらの思考モードを活性化させたいかを考えよう。

10　相互主義を活かそう

「価値を持ち、さらにその価値の示し方を理解するのは、ふたつの価値を持つようなものだ。人が示すことができない価値は、存在しないのと同じだからだ」

バルタザール・グラシアン・イ・モラーレス

私は、黒のレザージャケットを一枚持っている。それを着るとまるでバーやクラブのドアマンのように見えるが、私がそんなジャケットを持っていることは誰も知らない。それを着て外に出たことが一度もないからだ。そのジャケットは贈り物としてもらったわけでも、そういうジャケットが流行っていた当時にいきおいで買ってしまったわけでもない。ほんの数ヶ月前、イスタンブールのバザールで、愛想のいい洋服屋の主人に一ユーロもしないお茶をなかば強引に勧められ、そのお茶がたいしておいしかったわけでもないのに、つい買ってしまったレザージャケットだ。

立派な口ひげをたくわえた店の主人は、最初から何かを買わせるつもりで私にお茶をごちそうしたことはちゃんとわかっていたのだが、それでも、お茶を飲んだあとに何も買わずに店を出るのが申し訳なく思えたのだ。同じような経験は、あなたにもあるのではないだろうか。ある店でチーズを味見して、次の日には長期の旅行に出る予定だというのに、買い物袋を三つもぶら下げて店を出たなどということはないだろうか。

文化を問わず、人間同士の取引の際には必ず相互主義が働くものだ。何かをしてもらった相手には、何かお返しをしなくてはならないような気持ちになる。

中国では、相互主義は「関係《グアンシー》」という形で、社会的な慣習として根づいている。毎年更新される「関係」リストなるものもある。互いに好意の応酬をし合った人の名前を記載した、密に錯綜する大きなネットワークをあらわすリストである。[*1] 中国人のようにリストまで作成されているわけではないが、日本にも、人に「貸しをつくる」「借りを返す」という考え方がある。

そのほかの文化や、国家間でも好意のお返しは行われているし、また好意を受けてから数十年を経ていても、それに対するお返しは行われている。エチオピアは貧しい国だが、一九八五年にメキシコで大地震が起きたときには、メキシコに金銭的な支援を行った。その理由はなんだろう？　それよりさらに五〇年前、エチオピアがイタリアに侵略されたときに、メキシコはエチオピアを支援していたからだ。

全世界共通のこの相互主義の原則を、交渉にうまく活かすにはどうすればいいだろうか？

戦略的に譲歩する

交渉相手に何かを贈る必要はない。それよりもむしろ**重要なのは、あなたに借りがあるように相手に感じさせることだ。**どのくらい譲歩するかという客観的な基準が大事なのではなく、相手がそれをどのくらい重く受け止めるかが大事なのである。私たちには、相手の言動を反射的に実際よりも低く評価する「反射的逆評価」と呼ばれる傾向がある。*2 その根底にあるのは相手への不信とネガティブな感情だ。あっさりと譲歩しすぎると、交渉相手はあなたをくみしやすい相手と見なして、お返しをするのではなく、あなたからさらに好条件を引き出そうとする。必要以上に早い段階で譲歩しすぎても、不信感を持ってあなたを見ている相手の目には、何か裏があるようにうつってしまう。

交渉をするうえでの最も重要な原則は、おそらく、**無償で相手に何かを提供しない**ということだ。相手に譲歩するときには、必ず戦略的な措置としてそれを行うべきなのだ。*3

だから、軽率に相手に譲歩するのはやめておこう！　最初はゆるぎない態度を示し、徐々に相手と折り合いをつけていくほうがいい。最初は柔軟な姿勢を見せていたのに、突如として強硬姿勢に転じるよりも、最初は確固たる姿勢を見せて、段階的に譲歩していくほうが、あなたへの信頼は高まる。早すぎる譲歩は何も生み出さないだけでなく、立場も不利になる。だが徐々に譲歩する姿勢を見せれば、逆に優位性は高まる。*4 最初は重要度の低い点から譲歩をはじめていくといい。ただし譲歩するときには、ためらう様子を見せるのを忘れてはならない。

あなたにとって重要度の低い点に関しても、あまりにあっさりと譲歩するのは考えものだ。あ

譲歩のたびに、重要な決断であるかのようなふりをする

なたと相手の重視している点が同じだとは限らないからだ。売ろうとしている車の価格を、付加価値税込みで表示しようが、付加価値税別で表示しようが、あなたにとってはどうでもいいことかもしれないが、ひょっとしたら、表示の仕方が車の購入を考えている人の決断を左右することもあるかもしれないのだ。もし、あなたにとって重要度の低い点であっさりと譲歩した場合には、どんなことが起こるだろう？　あなたが簡単に譲歩する様子を見た相手はそれをあまりありがたいとは思わないだろうし、あなたにとって重要な点で交渉が難航した場合でも、あなたは取引材料として使える持ち札を持たないことになってしまう。*5

実際にはあまり重要でないにもかかわらず、重要度が高いように見せかける**「お化け（Bogey）」**と呼ばれるテクニックがある。[*6] **譲歩をするたびに、それが重大な決断であるかのようなふりをするのだ。**例えば、納入日を一週間早めてほしいと取引相手に頼まれたとする。商品はすでに会社の倉庫にあるため、納入日が早まったところで余計な手間がかかるわけではないし、それどころか倉庫に空きができて実はあなたにとっても好都合だという場合でも、相手にはこういう答え方をしておいたほうが賢明だ。「そうですか。そう簡単にはいかないかもしれませんが、ご希望に添えるようにできるだけ力を尽くしましょう」。そうすれば、あなたが大きく譲歩したことへのお返しとして、追加の発注をもらうなど、あなたからも相手に何かを要求できる。**交渉のポイントのなかで、どうしても譲れない特に重要な点がある場合は、重要度の低い点でつづけて譲歩をした後で、こんなふうに言えばいい。「三回つづけて私のほうが譲歩していますから、今度はあなたに譲歩していただいてもいいでしょうか」**

「おとりの先手」というテクニックを使って、何もないところから手品のように相手からの譲歩を引き出せれば、交渉での立場をもっと有利にできる。『スーパーマン』の一作目の映画で、悪役のレックス・ルーサーを演じた俳優のジーン・ハックマンは、口ひげを剃ることを断固として拒否した。そこで監督のリチャード・ドナーはハックマンの楽屋を訪れ、ハックマンが口ひげを剃ってくれたら自分も口ひげを剃るから、と彼に取引を持ちかけた。一九七八年当時は、イスタンブール以外でも、口ひげを剃るという行為は一大事だったのだ。ハックマンは取引を承諾し、その場でメイクアップアーティストの女性に口ひげを剃らせた。するとドナーはその後すぐ、自分の口ひげを簡単にはがしてみせた。ドナーの口ひげは、交渉のために用意した付けひげだったのだ。

日常的な場面に置きかえると、こういうことになる。あなたがホテルにチェックインしようとすると、キングサイズベッドのツインの部屋しか空きがないと告げられたとしよう。そんなとき、もしその部屋のタイプでまったく問題がなくても、それどころか、実はあなたの希望どおりの部屋だったとしても、落胆した様子を見せるようにする。そしてしぶしぶながらもその部屋に泊まると返事をしたあとで、すぐに「でもそのかわり、朝食は無料にしていただけますか？」などと、何らかの要求を出すのだ。[*7] 大事なのはあなたが本当に譲歩したかどうかではなく、相手にあなたが譲歩したと感じさせることだ。**交渉力のある人は、重要度の低いものと引きかえに、自分にとってとても価値のあるものを手に入れる。**中国の古い兵法書にも「れんがを投げて玉を引きよせる」という、同じような戦術が記載されている。

子供と世界

子供は世界をふたつのカテゴリーに区別する。好きなものと、そうでないものだ。[*8] アイス、おもちゃ、夜更かしなど、子供は、好きなものはできるだけ多く手に入れようとする。

子供は直観的に、組織のなかで、つまり、家族のなかでどう決断がくだされるかを理解している。[*9] 決定権のある人間同士を反目させるようなことを言ったかと思えば（「パパがいいって言ったもん」）、祖父母のような、ほかに決定権のある誰かのことを持ち出すときもある。「だめ」と言ってもきかずに、しつこく自分の意思を通そうとする。「ちょっとだけならいいでしょ」と言ってあなたから許可をもらうハードルを下げたり、「ママ、大好き」と言ってあなたが子供に甘くなるように仕向けたりもする。[*10]子供は、しっかり相手に照準を合わせた要求の仕方をしているのだ。

あなたの子供が好きなものを、交渉の対象として見るようにしよう。そう考えることに、やましさを感じる必要はない。交渉の仕方を学ぶのは早いに越したことはない。それに、交渉は子供にほしいものを与えるのと引きかえに、子供に何らかの義務を課す、とてもわかりやすい手段でもある。

「もし〜なら……」話法で相手に要求する

交渉における譲歩の役割は、あくまでも二次的なものにすぎない。交渉を成功させる鍵は、与えることと獲得することを戦略的に賢く使うことにある。[*11]「車の納入は明日じゃなくて一ヶ月も後になるんですか?」「ええ、でもそのかわりガソリンは満タンにしてお届けしますよ」。

相手に譲歩をしたら、相手があなたに何かを与えてくれるまでは、それ以上の譲歩は一切してはならない。ガヴィン・ケネディは、「もし〜なら……」は交渉の場で最も役に立つ言葉だと述べている。[*12]

・「**もし**一〇パーセント価格を下げることをご希望**なら**、一〇〇ユニット発注してください」
・「**もし**それをインドまで配送してくださる**なら**、保険代は私どもで持たせていただきます」
・「**もし**来月の三日まで引っ越してこない**なら**、棚は出さずに物置に入れたままにしておくよ」

「もし～なら……」が役に立つ言葉であることは、複雑な交渉においても同様だ。[13]「もしお金ではなく株での支払いを受け入れていただけるなら、支払い額を五パーセント増やして、来年のコンサルティング契約も御社にお願いしようと思っているのですが」

こういう言い回しをすれば、相手も、「自分からあなたに提供できるものはなんだろう？」とまず考えてからあなたに要求を出すようになる。ロジャー・ドーソンは、**交渉で成果を上げられるようになるには、相手に何かを与えるたびに、すぐに相手にも何らかの要求を出す習慣をつけることが重要だ**と指摘している。すぐにというのがポイントだ。譲歩して数時間もたつころには、その効果はすでに消滅してしまっているからだ。[14]

この「もし～なら……」を自分のものにして、どんな状況でも使いこなせるようにするといい。会社から解雇を告げられたときでさえ、この方法は有効だ。次の職が見つかるまでのあいだ、あなたのポジションを引き継ぐ同僚の無償アドバイザーを務める申し出をして、その期間は会社のデスクやパソコンや携帯電話を使わせてもらえないかと尋ねてみよう。[15]

よい知らせは何回かに分けて伝えると喜びが増す

質問一：あなたがより大きな喜びを感じるのは、次の状況のうちのどちらだろうか？[16]

A：散歩の途中で二〇ユーロ札を拾った
B：散歩の途中で一〇ユーロ札を拾った。その翌日、別の場所に散歩に行ったらまたそこでも一〇ユーロ札を拾った

この質問をすると、ほとんどの人はBのほうが感じる喜びは大きいと回答する。

質問二：あなたがより落胆するのは、次の状況のうちのどちらだろうか？
X：財布を開けたら、二〇ユーロ札を失くしたのに気づいた
Y：財布を開けたら、一〇ユーロ札を失くしたのに気づいた。そしてその翌日、また一〇ユーロ札を失くした

この質問には、ほとんどの人がYのほうが落胆は大きいと回答する。

この結果、どんなことがわかるだろうか？　私たちはうれしい出来事を、一度に経験するよりも、何度かに分けて経験するほうを好むのだ。結果はまったく同じであるにもかかわらず、二〇ユーロ札を拾うよりも、一〇ユーロ札を二度拾うほうが感じる喜びは大きい。同じように、何かを失くすというつらい思いをするときも、結果は同じでも、何度かに分けて経験するほうが落胆は大きくなる。これを交渉に当てはめると、どんなことが言えるだろうか？　価格において譲歩するときには、譲歩する額を一度

に提示するよりも、何度かに分けて提示したほうが、相手に与えられる影響は大きいということだ。あなたが相手に一〇〇〇ユーロ譲歩するとしたら、一度にそれをオファーするよりも、何度かに分けてオファーをしたほうが効果的なのである。よい知らせを伝えるときには、何度かに分けて伝えたほうが喜びは大きい。逆に悪い知らせの場合は、一度にそれを伝えたほうがいい。

苦情を言うかわりに要求する

予約を入れていたにもかかわらず、あなたと友人たちが、レストランで席につくまでに二〇分も待たされたとしよう。[*17] そういうとき、あなたはどんな対応をするだろうか？　ほとんどの人は、こうした場合にはウェイターやレストランの責任者にことの経緯を話して苦情を言おうとする。私たちは苦情を言うのは得意だ。だが、自分の関心事を実現することにかけてはアマチュアだ。ただ苦情を言うだけでは、その後は自分の関心事が満たされるまで、相手の出方を待つしかない。だが相手は自分の仕事をこなすのに忙しく、ほかのお客に接客してワインリストを見せてくれるよう頼まれるころには、あなたの苦情のことなどたいてい忘れてしまっている。相手は悪意を持ってあなたを待たせたわけではないとはいえ、相手が率先して自分のミスの埋め合わせをしてくれるのを、なぜただ待っていなければならないのだろう？

苦情を言うときには、同時に何かを要求するくせをつけよう。不当な扱いを受けたのだから、そのかわりに相手に何かを与えてもらえばいいのだ。だが**要求を出すときには、意識は相手のミ**

スではなく、あなた自身の目標と関心事に向けられていなくてはならない。[*18]

ウェイターやレストランの責任者につかみかかって、予約したはずのテーブルが用意されていなかった理由を問いただしたり、もう二度とここには足を踏み入れないと長々と文句を並べたてたりするのはやめておこう。あなたはレストランの批評をするレストランガイドの執筆者ではないのだ。そこに来たのは、友人たちとおいしい食事を楽しむためだという本来の目的を忘れてはならない。文句を言うかわりに、責任者のところに行ってこんなふうに言えばいい。「予約してあったんですが、テーブルが用意されていないようなんです。テーブルの準備ができるまでバーで待とうと思うので、そこで飲むアペリティフの代金はレストランで持っていただけないでしょうか」。苦情はしっかりと相手に伝えながらも、話の焦点は、そのときあなたにとって価値のあるものを獲得することに合わせておくのだ。もちろん、そこですぐにテーブルが用意されればそれに越したことはないが、レストランがほかの食事客を追い払ってまであなたのテーブルを用意してくれるとは考えづらい。そうなると、次善の策は飲み物だ。あなたはその夜を台無しにせずにすむし、レストランの経営者は自分たちのミスの埋め合わせをして、顧客を失うのを避けられる。サービスを提供する側にとって、お客を満足させるために何かを与えるのは、たいして手間のかかることではない場合が多い。多くのブティックでは、レジのボタンを押すだけで、販売員はあなたに一五パーセント強の顧客割引を提供できる。ホテルでも、規定の宿泊料金とそのときの最安値を切りかえる操作は驚くほどあっけない。パソコンの画面を一度クリックするだけだ。

特にレストランやホテルでは、怒りをぶちまけてうっぷんを晴らしても、あなたにもたらされるメリットはない。ホテルには、宿泊客のふるまいを入力するコンピューターシステムを設けているところが多い。[*19] ミスの埋め合わせをしてもらえるどころか、次の宿泊時に別のスタッフがコンピューターのモニターを見れば、あなたが受けられるサービスの質はもっと低下してしまう。

そのような経験は私にもある。学生時代、アパートをシェアしていた友人たちとのんびりと夜を過ごそうと、レンタルビデオ店で映画を二本借りたときのことだ。ピザも届き、私たちは一枚目のDVDをプレイヤーに入れた。だが、DVDは再生されなかった。それではもう一枚のほうを見ようと二枚目のDVDをプレイヤーに入れたが、驚いたことにそちらも再生されなかった。映画を楽しむはずが、結局、私たちはテレビを見るはめになった。翌日、私は勢い込んでレンタルビデオ店に向かい、運悪くそこに居合わせた店員に、計画を台無しにされたことへの怒りをぶちまけた。だがそうした結果、何か私の得になることがあったかというと、答えはノーだ。その後、数ヶ月たってからまたその店を利用したことがあったが、レジの店員は私の会員番号を入力すると、モニターを見てとても驚いた顔をした。何が書いてあったのかと尋ねても、店員は曖昧な笑みを浮かべながら「消去しておきますよ」と言うだけで、きちんと答えてくれなかった。あの店のシステムに、私がどんな人物として入力されていたのかはわからないままだが、それを見た人が私を恋人にしたくなるような、好感の持てる人物ではなかったことだけは確かだ。

アパートの無線LANが不安定なときは、プロバイダーのホットラインに電話をしてくどくどと文句を言うかわりに、いくらか料金を差し引いてもらおう。育児休暇中の同僚の仕事のために絶えず時間を割かなければならないときは、上司のところに行ってこう言おう。「これまでどおり二人分の仕事をしてもかまいませんが、この状況がまだつづくようなら給与を上げていただけますか?」。そうすればあなたは、涙ながらに上司に苦況を訴えて、上司がなんらかの措置をとってくれるのを期待するだけの同僚たちより、一歩先を行くことができる。彼らが上司にどんなに苦況を訴えようと、そんなものは上司が電話をとったとたんにすぐに忘れられてしまうのだ。苦情を言うより、あなたの目標を実現することに意識を向けるようにしよう！

ベルリンに住んでいる知り合いの一人から、こんな話を聞いたことがある。彼が住んでいるのは、ベルリンでもとても感じのいい通り沿いなのだが、ある日の昼すぎを境に、その通りで街娼が客を引くようになったのだという。彼の庭や玄関前には使用済みのコンドームが捨てられるようになり、毎朝それを見つけるのが彼には不快でならなかったそうだ。彼はそれに対してどう対処しただろうか？　娼婦のところへ行って苦情を言うことはできただろうが、それではおそらく物笑いの種になるだけだし、下手をすれば野球のバットを手にした娼婦のひもに取り囲まれてしまうかもしれない。彼は自宅の前にたっていた娼婦のところに行き、こう持ちかけたのだ。「もし使ったコンドームを家の庭じゃなくてゴミ箱に捨ててもらえるなら、助けが必要なときや熱いお茶が飲みたいときにはいつでも家のインターホンを鳴らしてくれてかまわないんだが」。その結果、コンドームが彼の家の周りに捨てられることはなくなったらしい。彼の自宅のインターホンが鳴らされたことも、まだ一度もないそうだ。相互主義はどんな状況でも作用するのである！

怒り役となだめ役

相互主義をたくみに利用した**「怒り役となだめ役」**（「バッドコップ、グッドコップ」としても知られる）」というテクニックもある。あなたも刑事ドラマで、こんな場面を見たことがあるのではないだろうか。一人の刑事が、机をたたいたり被疑者に手を上げそうになったりと、かなり荒っぽいやり方で取調べをしている。その刑事をもう一人の穏やかな刑事がなだめ、煙草でも吸ってこい、と取調室から追い払う。穏やかな刑事は被疑者と差し向かいですわり、コーヒーと煙草を勧めながら、同僚の態度の悪さを謝罪する。そうすると、どんなことが起こるだろうか？相互主義が作用し、同僚との関係が悪化するのもかえりみずに自分に親切にしてくれた刑事に対して、被疑者は借りができたように感じるのだ。そのうえ荒っぽい刑事とのコントラスト効果で、穏やかな刑事はまるで天使のように光り輝いて見えてくる。取調べを担当するのがまた荒っぽい刑事に戻ってしまうのではないかという不安も、被疑者の協力姿勢を促進させる。

　目新しくはないが確実に成果の上がる方法で、取調べの際だけでなく、交渉においても効果を発揮する。[*20] **交渉のときには、怒り役の人は相手をどなりつける必要はない。法外な要求をして、極端なアンカリングをするだけでいい。そして法外な要求を受けたほうが、これでは合意を成立させるのは無理だと考えているところに、ほかの一人が合理的な提案を出す。**そうすると相手方は、法外な要求を正してくれた人に感謝し、その人が自分の仲間よりも自分たちの肩を持ってくれたことに、あるいは、少なくとも公正なふるまいをしてくれたことにお返しをしなくてはと思うようになる。[*21] 交渉において怒り役を演じるのは、アドバイザーや弁護士である場合が多い。

　チームで交渉を行う場合は、ことはもっと簡単になる。怒り役は、交渉は決裂だと口にする。そしてその場から立ち去ってしまうが、なだめ役はその場にとどまる。誰も怒り役を引きとめなければ、残された人間には、信頼性を損なわずに交渉を成立させる可能性が残される。交渉相手にこんなふうに言えば、なだめ役は場をとりつくろえる。「彼はちょっと気が短いもので。価格をもう少し調整できれば、合意できる条件を見つけられると思うんですが」[22]

交渉中に、もし相手の一人があなたを自分の親友のように扱い、もう一人があなたに対して、椅子でなぐり倒したくなるほどの失礼なふるまいをしたとしたら、どう対処すればいいだろう？　相手があなたにこのテクニックを仕掛けてきているのは明らかだ。そんな場合は単刀直入にこう言おう。「おもしろい。〝怒り役となだめ役〟のバリエーションですね」。あるいはもっと直接的な言い方をして、こんなふうに返してもいい。「そういうトリックなしで交渉を進められるように、もうちょっと正直にこちらの事情を話すことにしますよ。それでいいですか？」。こういう言い回しが好戦的すぎると感じるようなら、「すごい！　〝怒り役となだめ役〟を実際に使いこなしている人に会ったのははじめてです。尊敬しますよ！」と言ってもいい。そうすれば、相手は即座にこのテクニックを使うのをあきらめるはずである。

相手が交渉に慣れている場合は特に、相互主義の作用を利用しようとする可能性が高い。相互主義の作用を消滅させるには、相手が譲歩すれば譲歩でお返しをするが、トリックにお返しをするつもりはないことをあなた自身が意識し、相手にもその姿勢を示すのが有効だ。[23]だが、相互主義の作用を抑えるのは、そう簡単なことではない。重要な交渉案件の場合は特に、それが交渉に与える影響を防ぐための措置をあらかじめとっておく必要がある。ビジネスパートナーから食事やオペラに招待されると、交渉の際にどうしても等価値分の譲歩をしてお返しをしなくてはならないような気にさせられる。だからそんな場合は、交渉相手を同じように食事やオペラに招待するか、上等のワインを贈るようにしよう。ちょっとしたお返しをしておくだけで、交渉への影響は避けられる。私も、イスタンブールの愛想のいい洋服屋の主人に、お返しとしてガムでも渡しておけばよかったのだ。

相互主義は逆方向にも作用する。あなたが強硬な姿勢を見せて一切妥協をしなければ、相手も同じような姿勢を見せる。相互主義をどううまく使うかが、交渉を成功させる鍵なのだ。交渉が複雑に行き詰まった場合でも、やはり同じことが当てはまる。

冷戦時、アメリカの心理学者のチャールズ・オスグッドは、国家間の軍縮をはかるために、まず自分から譲歩して相手の軍縮措置を誘い出すという、ＧＲＩＴ戦略（Graduated and Reciprocated Initiatives in Tension reduction：緊張緩和に向けた段階的かつ相互的戦略）を考案した。[*24] **交渉が決裂しそうになったときには、ほんの少し相手に歩み寄って誠意を見せれば、奇跡が起きることもあるのだ。**まずは自分が譲歩して、相手もそれに応えてくれるかどうか、様子を見てみるといい。相互に少し歩み寄るだけで、下降線をたどっていた状況が、合意に向けて動き出すのがわかるだろう。

エジプトの元大統領、アンワル・アッ＝サーダートは、一九七七年一一月一九日、当時イスラエルの首相を務めていたメナヘム・ベギンに会うために飛行機でエルサレムに向かった。アッ＝サーダートは空港に到着した瞬間からイスラエル国民の熱狂的な歓迎を受け、この訪問時に、アラブ諸国の国家元首としてはじめてイスラエルの存在を認めた。両国間で開始された和平交渉は、その後、アメリカのキャンプ・デービッドで合意にいたり、エジプトとイスラエルの平和条約締結という形で結実している。[*25] よい交渉を行えば、あなたの目標の実現に向けた理想的な一歩が踏み出せるのだ。[*26]

だが、交渉も大詰めというときになってミスをしてしまわないよう、気をつけよう。あなたが結婚披露パーティーの準備をしていて、その会場となるレストランの経営者と、ハウスワインの価格について交渉をしているとする。相手は最初、一本につき二〇ユーロを要求したが、あれこれやり取りをしているうちに、価格はまず一八ユーロに下がり、次に一六ユーロに下がり、最後には一四ユーロにまで下がった。これが限界だと相手は言うが、あなたはどうもすっきりしない。レストランの経営者は、どんな値下げの仕方をすれば、これ以上は価格を下げられないことを納得させられたのだろう？　毎回二ユーロずつ値下げをするのでなく、一七ユーロ、一五ユーロ、一四ユーロと、値下げする幅をどんどん縮めていけばよかったのだ。三－二－一と値下げ幅を小さくしていけば、交渉相手にこれが本当に限界だという実感を持たせることができるのである。[*27]

11　公正かどうかは大問題

「人生は不公正なものだ。だが、このことは覚えておくといい。その不公正さは、いつもあなたにとって不都合だとは限らない」

ジョン・F・ケネディ

最もよく知られている交渉トレーニングのシミュレーションのひとつに、**「最後通牒ゲーム」**というのがある。*1 ルールはとてもシンプルだ。一緒にシミュレーションを行うあなたのパートナーは、一〇〇ユーロを託される。そしてあなたとそのお金をどう分けるかについて、あなたに提案を出す。交渉は許されておらず、あなたにはその提案を受けるか拒否するかしか選択肢がない。あなたが同意すれば、お金はその提案どおりに分けられる。だがあなたが拒否すれば、どちらもお金はもらえない。もしパートナーが、あなたの取り分として一ユーロしかオファーしなかったとしたら、あなたはどうするだろうか？　その提案を受け入れるだろうか？

たいていの人は、こういう場合、提案を拒否する。自分が一ユーロももらえなかったとしても、

どういう分け方が公正で、合理的だろうか？

相手が金額の九九パーセントを獲得するよりはましだと考えるのだ。純粋に経済的な観点から見れば、この決断は合理的とはいえない。一ユーロしか手に入らなかったとしても、まったくお金がもらえないよりはいいはずだ。[*2] オファーが二〇ユーロ以下だった場合、ほとんどの人は拒否をする。三〇ユーロ以下でも拒否をする人はかなりいる。オファーが四〇ユーロまで上がっても、まだ何人かは拒否をする。[*3] その分配の仕方が公正ではないと思うからだ。交渉において、公正さは最も重要なポイントのひとつである。**いくら有益なオファーでも、それが不公正だと思えば私たちは拒否をする。**どんな文化においてもこの点は同じだ。私たちの興味は個人的な利益だけに向けられているわけではない。私たちは、常に公正かどうかを気にしているのである。

交渉を私たちが公正と見なすかどうかの基準は、結果だけではない。交渉のプロセスも、結果と同じくらい、その判断に大きな影響を与えるものである。[*4]

お互いが満足できる分け方

一人がクッキーを割り、もう一人がどちらの半分を食べるかを決める――子供が好んで用いる分配方法である。こうすれば、ものを分けるときに不公正感は生じず、どちら側からも苦情は起こらない。明確でわかりやすいこの分配方法は、「テキサスシュートアウト」と呼ばれている。[*5]

海洋法がからむ複雑な交渉の際に、この方法が用いられたことがある。海洋資源の採掘権にまつわる交渉である。[*6] 交渉に当たったのは、国連の機関と、民間企業の連合チームだ。国連は、技術力でまさる民間企業が有望な採掘場所を特定するのを危惧していたが、最終的には、民間企業が国連にふたつの採掘領域を提示し、どちらかを選ばせるという方法で解決がはかられた。

テキサスシュートアウトは日常的な問題の解決法としても有効だ。離婚するときには、親権交渉をはじめる前に、子供に会う面会権についての合意を成立させたほうが交渉は進めやすい。遺産を分ける場合も、相続人の一人が遺産を半分に分け、もう一人がどちらをとるかを選べば、争いは回避できるかもしれない。[*7] 会社の基本規約には、ビジネスパートナーとの問題が起き、パートナーシップを解消するときの対処法として、テキサスシュートアウト条項（ショットガン条項とも呼ばれている）が組み込まれている場合もある。片方が株の価格を決め、もう片方がその価格でパートナーの持ち株を買うか、あるいは自分の持ち株をパートナーに売るかを決めるという条項である。

客観的な基準で主張を強化する

「先にここにいたのは僕だ」、「でも次は私の番でしょ！」。すでに小さな子供のころから、私たちは客観的な基準を用いて自分の主張を通そうとする。大人になってもこの点は変わらない。長く勤めた会社からリストラの対象に選ばれたときなど、私たちは同じような反応を見せる。*8

交渉の出発点を設定する際は、客観的な基準を大いに考慮する必要がある。客観的な基準が、交渉において双方が感じる公正感に大きな影響を与えることは、すでにいくつかの学術研究によって証明されている。*9「あなたの目標はもちろん、できるだけ高い価格で売却することですよね。私は逆に、支払う価格をできるだけ低く抑えたいと思っているわけですが、これから話し合って、お互いが公正だと思える価格を探っていきましょう」。こう言われて異議をとなえる人はおそらく誰もいないだろう。もう少し具体的に、こんな言い方をしてもいい。「インターネットで、このあたりの一平方メートル当たりの平均価格を調べましたが、だいたい三五〇〇ユーロくらいのようです。このアパートの広さは一〇〇平方メートルですから、私が提示した三五万ユーロという価格は妥当だと思うのですが」。**交渉は、双方が納得できる客観的な基準を見出すための過程だと考えるといい。***10そうすれば、あなたは自分の関心事を声高に主張するだけの拡声器ではなく、いたって公正な人物という印象を相手に与えることができる。標準的な契約、標準的な金利、中古車価格の相場。これらはすべて、客観的な基準として扱われているものだ。一般的には、ゆるぎない一定の形式や数値を提供してくれるものと思われている。

だが、客観的基準は、ひとつのものにつきひとつしかないわけではない。例えば、企業の売却価格の査定方法には非常に多くの種類があり、どの方法をとるかで結果の数字は大きく変わる。マルチプル法（企業価値が、企業の一年間の収益の何倍あるかという観点から算出する方法）を使って評価額を算出した場合と、ＤＣＦ法（Discounted-Cash-Flow-Analyse）（将来の収益の見通しを現在の価格に直して評価する方法）を使って評価額を算出した場合とでは、交渉の場で使う数字はまったく異なる。あなたも同じように、**さまざまな〝客観的〟基準から、どれを使用するかを選ぶといい。**アパートを貸そうとする場合は、その地域で過去数年間に支払われた家賃を基準にしてもいいし、家賃として現在、ほかの貸主が提示している価格を基準にしてもいい。あなたに都合のいいものを選んで、請求する家賃の根拠として使うようにしよう。

しかし、交渉相手があなたが選んだ基準をいつもすんなりと受け入れてくれるとは限らない。特にその基準で導き出した結果が相手の希望と合わない場合は、こんなふうにも言われかねない。「中古車価格の相場ですって？　ここ二〇年、誰もそんなものを参考にしていませんよ！」。そうならないためには、どうすればいいだろう？　相手にそれと気づかれないうちに、あなたが選んだ基準を相手に認めさせてしまえばいい。相手がその基準を受け入れざるをえなくなるように、先手を打つのだ。**人間には、態度や発言を一貫したものにしたいと考える「一貫性の原則」という心理がある。**[*11] 私たちは、気に入らない相手にも感じよく接し、ふところ具合が寂しいときも気前よくふるまい、態度を常に一貫させようとする。風にはためく小旗のように、ころころと態度を変える人だと思われるのを避けるためだ。[*12] だから、あなたが選んだ基準について話す前に、まず、同じ地区のアパートの家賃を参考に賃貸料を設定する方法を、妥当だと思うかどうか尋ねてみるといい。おそらくその時点で否定的な答え方をする人はいないだろう。そしてその答えを聞いた後に、近隣のアパート一〇軒分の家賃を調べた資料をかばんから取り出して相手に見せれば、相手はあなたの選んだ基準に反対意見を言えなくなる。あなたの基準を拒否すると、態度に一貫性がなくなってしまうからだ。

同じように、あなたが相手の質問に同意をするときにも、十分気をつけるようにしよう。あなた自身が「一貫性の原則」の落とし穴にはまってしまうことにもなりかねない！[*13] 何気ない同意が、あなたの関心事に反する結果を招く場合もあるのだ。

どれだけ探しても、どうしても自分に都合のいい客観的な基準を見つけられないときは、個人的な主義だと説明するといい。「申し訳ありませんが、家賃は給料の三〇パーセント以内と決めてるんです」。[*14] こう言えば、個人的な主義も客観的な基準として通用する。「残念ですが、これが会社の方針なんです」という言い方も同様だ。まるで会社の理事会が全世界共通の法律を制定してでもいるかのように、客観的基準としてすばらしい効力を発揮する。

リスクを下げて目標達成できる分割化

マーケティングの世界では、ヒットしなかった製品の失敗の要因が、「市場投入が早すぎたからだ」

と説明されることがある。市場に出すタイミングが早すぎた製品は、実際、悲惨な運命をたどる。馬鹿にされ、軽視され、結局は市場から駆逐されてしまう。交渉でいえば、交渉相手にはじめから大きな歩み寄りを見せる行為がそれに当たる。交渉に不慣れな人は、早い段階で自分の事情を全部手短に話したうえで、それらすべてを一緒くたにして交渉をしようとする。テレビとＤＶＤプレーヤーとサウンドシステムを一度に買おうとする場合、まずそれらを買うことを伝えてから、まとめ買いの値引きはいくらになるか、展示品を買う場合はどうか、現金払いならいくら割引できるかと交渉する。

目標を達成するまでの過程を細分化して、時間をかけて徐々に目標を実現していく「分割化」というテクニックがある。[*15] 例えば、あなたが上司に新しい決済システムの導入を持ちかけるとしたら、「最初は一ヶ月と期間を決めて、一部の部署だけで試させてください」と持ちかければ、目標の実現へ向けての第一歩を踏み出しながらも、それに伴うリスクを最小限に抑えることができる。[*16]

文字にすると客観的に見える

ホリデイ・インホテルは大きな問題を抱えていた。宿泊客がチェックアウトの時間を守らないため、次の宿泊客がチェックインする時間までに部屋の掃除を終えられないことが多かったのだ。この問題を解決するために、どんな方法がとられたのだろうか？　ホリデイ・インホテルでは、フロントにチェックアウト時間を明記したプレートを置くことにした。するとそれ以降は、宿泊客の九五パーセントがきちんとチェックアウトの時間を守るようになったそうだ。[*17] **文字で書かれ**

た言葉には、話す言葉よりもずっと権威がある。

ドナルド・トランプは、所有する物件を売ろうとするときは、さまざまなシナリオを想定した利回りをアナリストに算出させる。そしてそのなかで一番利率のいいパターンだけを資料として交渉の場に持ち込んで、そこに必ず手書きで「あなたの利回りは年二〇パーセント」と書き添えておくらしい。*18 最良の客観的基準を常に文書で、それも非常にわかりやすい形で提示するのが、彼のモットーなのだという。あなたがオフィススペースを借りるときには、同じような物件の一平方メートル当たりの賃貸料を、あらかじめ調べておくようにしよう。もし、八ユーロから二〇ユーロまでというように、料金にばらつきがあるときは、そのなかの最安値をプリントアウトして貸主に提示するといい。新しいマットレスを買うときは、まずインターネットで価格をチェックしよう。見つかった五〇種類の価格のなかで、お目当ての店の価格より安いものが三種類あったとしたら、そのなかから最も条件のよいものを提示して交渉に活かすといい。家を買うときも、車を買うときも、トースターを買うときも、**比較対象になるオファーのなかで最も条件のよいものを常にプリントアウトして持参するようにすれば、値引き交渉は自分の利益を追求するための行為ではなく、公正な価格を獲得するための行為になる。**

どんな論理も、文字で書かれていれば客観的な基準と同じように作用する。「上司に一〇万ユーロ以上は出せないと言われています」と言葉で説明するよりも、その内容が書かれた上司からのEメールをプリントアウトして相手に示すほうが、発揮する効力はずっと大きい。

転職に伴いベルリンからミュンヘンに引っ越すことになり、新しい雇用主と給与交渉をする場合には、生活にまつわる支出のなかでもミュンヘンのほうが特に高額である項目を、あらかじめリストアップしておこう。ミュンヘンの物価の高さは有名だが、それを漠然と訴えるよりも、そのリストを使えば、新しい雇用主に生活費の上昇分を具体的に示しながら交渉することができる。個人の訴えも、文字になれば客観的な基準として機能するのである。

言葉が、一見正式なものに見える文書や書式に書かれている場合には、その権威は一層強くなる。ニューヨークには、州の標準賃貸借契約書とでもいうべき書類がある。ニューヨーク不動産業者協会が作成している「店舗賃貸借契約書」がそれだが、長年ドナルド・トランプの利益を守ることに大いに尽力している、彼の顧問弁護士のジョージ・ロスは、その契約書のいくつかの約款に変更を加えた独自の標準賃貸借契約書を作成した。すると、この新しい「標準賃貸借契約書」には、まるで公式文書のような強い効力が認められたため、ロスはトランプが所有する物件すべてに対してこの契約書のバリエーションを作成した。言うまでもなく、契約書の内容は上得意客であるトランプの有利になるよう定められている。ドナルド・トランプは、偶然の結果として億万長者になったわけではないのだ。

独自の契約書を公式文書のように見せるために、それらしい名称をつけ、役所で使われるような再生紙に印刷するのが行きすぎに思えるなら、あなたの状況に合った既存の標準的な書類を探すようにしよう。あなたがアパートを借りる側なら、借家人の保護団体が作成する契約書を使えばいいし、アパートを貸す側なら賃貸人協会が作成する契約書を使うといい。

逆に、相手から一見客観的に見える基準を提示されても、それに惑わされないようにしよう。相手の会社の方針も相手の基準値も、あなたとは無関係だ。あなたの製品と同じものは、ほかにひとつとして存在しないのだ。だから、**相手から文字で書かれた何かを提示されたとしても、そ**

れに畏縮する必要はない。そのなかに含まれている大事な情報だけをきちんと認識すればいい。モーセはシナイ山で神から十戒を授けられたが、戒律の数は、モーセが神と交渉して一〇に絞り込んだわけではない。少なくとも、もともとの戒律の数は一二や一三だったという話は伝えられていない。だが、こういう神からの啓示は別にして、通常は、石板に彫られた言葉でも、手すきの紙に金文字で印刷された言葉でも、ほぼどんなものに対してでも交渉は可能だ。[*19] 交渉の際には、いつも「出口」と書かれたドアから入ってみたり、「押さないでください」と書かれたボタンをすべて押してみたりなど、型破りなアプローチの仕方をする必要はないが、「標準的」と言われている書類でも、どんな状況にも有効だとは限らないということは頭に入れておこう。[*20] それらの書類は、私たちの個別の状況に合わせてつくられているわけではない。かなり昔に、私たちの要望も、交渉相手の要望も知らない誰かによって作成されたものだ。だから、もしその書類に書かれていることがあなたの都合に合わない場合は、書類の内容に疑問を呈するようにしよう！

利用可能性ヒューリスティック
（意思決定の際に頭に浮かんできやすい情報を優先して判断してしまうこと）

私たちの意思決定プロセスは、関連する情報をすみやかに引き出せるかどうかによっても変化する。[*21] そのため殺人事件の記事を読んだ直後には、私たちは殺されるリスクを通常よりも高く見積もってしまう。

たいていのギャンブラーは、ほかの誰かがギャンブルで勝っているのを目にしたあとは、そのままギャンブルをつづけるものだ。同じように私たちは、見聞きする情報量の違いから、空から降ってきた飛行機の一部の下敷きになって死ぬよりも、鮫に食い殺される確率のほうが高いと勘違いしているし、ロバに踏まれるよりも飛行機が墜落する可能性のほうが高いと思い込んでいる。*[22]

こうした勘違いの最たる例は、おそらく児童虐待の発生件数だろう。以前はまったく報じられなかったこのテーマが取り上げられる機会が近年増加したことにより、多くの人が、ドイツでの児童虐待は増加傾向にあると思っている。だが実際には、児童虐待の件数は減っているのだ。一九五五年から一九六五年にかけては人口一〇万人当たり三〇件の通告があったが、一九九〇年代には人口一〇万人当たり一五件から二〇件に減り、現在では人口一〇万人当たり一五件にまで通告数は減少している。*[23] 実際の発生件数はもっと多いに違いないが、児童虐待の通告は、現在よりも以前のほうがタブー視されていたことを考えると、以前のほうが発生件数が多かったのはおそらく間違いないだろう。

交渉でもこの効果は役に立つ。あなたにとって有益な情報を、明確に生き生きと相手に伝えれば、相手の意思決定に影響を与えることができる。表現の仕方は、わかりやすければわかりやすいほどいい。口頭で伝えるだけでなく、文書も用意できれば理想的だ。反対に、あなたも相手が伝えようとする、相手にとっての有益な情報に影響されないように、いま目の前にない情報も常に念頭に置きながらものごとを判断するようにしよう。*[24]

相手がつくった客観的な基準を逆手にとる

バーガーキングでフライドポテトを注文したら、出されたものは冷たいうえに、ふにゃふにゃしていた。[*25] あなたは新しいものに換えてくれるよう頼んだが、店員は「あと五分で閉店ですから」としか答えない。そんな店員を叱りつけて議論したくなるかもしれないが、そんなときはそれよりも、つやのあるハンバーガーとにこやかな農夫のあいだに大きくカラフルな文字で書かれた、トレイの上の「いつでもできたて」といううたい文句を指差したほうが話は早い。「ここには閉店五分前にはできたてを出しませんとは書いてませんけど」

アメリカン・エキスプレスはいま、キャンペーン中らしい。あなたが目にした広告には、カードの申し込みをすると、航空会社のマイレージが五〇〇〇マイルもらえると書いてある。あなたはすでにアメリカン・エキスプレスのカードは持っているが、交渉の練習をするいい機会だからと電話をかけることにする。果たして、電話の向こう側からは「そのキャンペーンは、新規でカードをお申し込みになるお客さまだけが対象となっております」という声が返ってくる。それを聞いたあなたはカードをビザに替えると圧力をかけたり、相手のもの言いに腹がたち、交渉が面倒になってそのまま電話を切ったりするかもしれないが、そういうときはこんなふうに切り返したほうが賢明だ。「それならアメリカン・エキスプレスは広告戦略をすっかり変えたことになりますね。〝会員になればさまざまな特典あり〟ってよく書いてあるじゃないですか。でも、どうやらいまでは会員じゃない人のほうが得をするみたいだ」

スチュアート・ダイアモンドは、**相手が掲げている規範を客観的基準として利用する**ことを、最も有効な交渉テクニックのひとつと見なしている。**交渉相手のそれ以前のふるまいや、相手が自分で設定した基準を引き合いに出せば、一貫性の原則が非常に強く働く**からだ。

テレビ番組で、政治家が現在のスタンスとはまったく異なる発言をしている数年前の映像が流されることがあるが、発言に整合性がない証拠を突きつけられるのは、すでに記したように一貫性の原則に反するため、気まずく居心地が悪いものだ。だから態度や発言に整合性を欠かないように、私たちは最大限の努力を払う。

そうした理由から、**相手に例外的な措置を求めるのはとても難しい**。それ以前のふるまいに反するばかりか、それ以降のふるまいも、その例外に合わせて変えなくてはならなくなるからだ。だから**相手に要求を出すときは、例外という言葉は避けて、あなたの目標が相手のそれまでのふるまいと調和するような言い方を心がけるといい**。

あなたの交渉相手がそれ以前にどんなふるまいをしていたかをよく考えよう。相手のそれまでの標準的なふるまいがわからない場合は、率直に相手に訊いてみればいい。「これまでに、当座貸越利息の払い戻しをしたことはありますか？　どんな状況なら払い戻しの対象になるんですか？」

レストランで支払いをしようとしたら、注文したのに忘れられ、三〇分後に注文をキャンセルしていた一品まで会計に入れられていたとしよう。だがウェイターはそれに対してあやまるどころか、「注文されたんだからシステムに残ってるのは当然ですよ」と臆面もなく言いはなつ。しかしそこであなたが怒りをあらわにして支払いを拒めば、その場の楽しい雰囲気は台無しになる。そんなときは怒るかわりにこう訊けば、スムーズに金額を訂正させることができる。「これまでに会計から何かを差し引いたことはないんですか？」「もちろんありますよ」「以前もお店のミスで金額を訂正したことがあるなら、いまだってできないことはないですよね？」[26]

相手のウェブサイトや、豪華なパンフレットや、企業理念やスローガンを、単なるマーケティング戦略の一部としてとらえるのでなく、あなたが弾薬として使える相手の客観的基準が保管されている武器庫として見なすようにしよう。「あなたのホテルのモットーは、宿泊客に〝日常を忘れて完全にリラックス〟できる場所を提供することなんですよね？　二時間も待たなければチェックインできないというのは、そのモットーに反するんじゃないでしょうか」。そう指摘すれば、スイートへのアップグレードを要求しても、聞き入れられる可能性は高くなる。

大学や就職の志望動機を書く際も、相手の求めている基準に合わせて書くと効果的だ。ある学生は世界的な有名大学に志願したとき、大学のパンフレットをまずじっくりと読み込んで、こういう志望動機の書き方をしたそうだ。「貴学の学生には○○が求められているとのことですが、私が○○である理由は……」。その学生はパンフレットに書かれていたすべての点をこういう形で網羅したという。一風変わってはいるが、成功する確率の高いアプローチである。

大企業の社員は特に、会社の方針を遵守しようとするものだ。自分がそれにそむきたくないというのもあるが、上司とのいざこざを避けるためでもある。相手のふるまいが会社の方針に反しているように見えるときには、こう尋ねよう。「御社の社長がいまここにいらしたら、なんとおっしゃるでしょうね？」

人間は公正さを重視する。交渉をするときには、必ず公正にものごとを進めるよう、気を配らなくてはならない。**交渉で不公正な扱いを受けたと感じた相手は、たとえ合意が成立したとして**

も、その後、あなたに不利益をもたらす場合が多い。高すぎる配送料金を請求したり、よくわからないコストを追加したりして、交渉中に感じた不公正さの腹いせをしようとするからだ。[*27] そんなことをしても誰の得にもならないのだが、人間は公正さの原則が損なわれたと感じたときには、不合理なふるまいをするものだ。

あなた自身の目標は常に客観的な基準で裏づけ、できればそれを文書で示そう。そして相手のふるまいに一貫性の原則が働くように、あなたの要求を相手の基準を使って正当化できれば、目標はもっと実現しやすくなる。また、質問をするときは、あなたの主観を押しつけている印象を持たれないよう、「ここではどうするのが公正だと思いますか?」、あるいは「あなたのミスのために私が支払いをしなければならないのですか?」というように、**常に客観的な意見を問う形で構成する**習慣をつけよう。[*28]

それまでの方針や態度を一貫させるよう求められると、人はことのほかあっさりとそれにしたがうものだ。交渉のときは、その点をうまく利用するようにしよう。[*29]

12　相手の見方に働きかける

「私たちはものごとをあるがままに見ていない。
私たちが見たいようにものごとを見ているのだ」
アナイス・ニン

長い歴史を持つある中国の企業が、アメリカの納入業者の配送に対して何度もつづけて支払いをしなかったことがあった。[*1] いくら法的手段に訴えると圧力をかけても、中間管理者層で話し合いが持たれても、中国側は支払いをしようとはしなかった。ついには、アメリカ側の経営幹部たちが中国まで出向いてきた。交渉のエキスパートから助言を受けていたアメリカ側は、法的措置をとると通告するかわりに中国側にこう告げた。「代金を支払ってもらえなかったことで、我々は面子《メンツ》を失いました。同僚にも、従業員にも、家族にも、恥ずかしくて顔向けできません」。代金はその三週間後に支払われたという。

私たちがものごとを判断するときは、フレームと呼ばれる主観的な枠組みのなかで状況を評価

し、意思決定をする。[*2] **交渉において、相手の価値観と矛盾する何かを相手に納得させるのはきわめて難しい。それよりも、ものごとを別の角度からとらえられるよう、相手の視点を変えさせるほうがずっと容易だ。**あなたの息子があなたにプレイステーションをねだるとしたら、それがどのくらい楽しいか、友達よりうまくなるのがどれくらい大事か、息子は自分の世界におけるその必要性を訴えてあなたを説得しようとするだろう。しかし、あなたはその説明を聞いてプレイステーションを買おうという気になるだろうか？　おそらくならないだろう。だが、もし息子があなたにこう説明したとしたら、あなたの受け止め方はまったく異なるはずだ。「ストレスを感じていてもすぐに自分でどうするかを決めて、その後始末もできるようになるための練習をしたいんだ」[*3]

人間が二人いれば、そこには必ずふたつのフレームが存在する。[*4] プラトンの洞窟の比喩は、その事実をよくあらわしている。生まれてから一度も洞窟の外に出たことのない人間は、世界にあるものを、洞窟のなかに投影されるそれらの影でしか認識していない。彼らにとっては影こそが実体なのだ。彼らが洞窟から外に出て実際の木を目にしたとしても、彼らが考える実体は、木ではなく影のほうなのである。

相手のフレームを特定する

洞窟に住む人に何かを納得させたければ、あなたが洞窟に住む人のフレームに合わせる必要がある。ものごとの木の部分ではなく、影の部分をアピールしなければならないのだ。日中、できるだけ長く影を落とすような日光の当たり方をしている木を探したり、影を眺めるのに絶好の場所を見つけ出したりしなくてはならない。**相手の価値観に合致するフレームを特定できれば、相手の理解を得られる可能性も高くなる。**中国側の経営幹部の価値観においては、法的な措置をとられることより、面子を失わないことのほうが重大事だった。**実際に決断をくだすのは相手自身だが、あなたの主張を相手の価値観に合わせて構築すれば、あなたの目標は実現しやすくなる。**

あなたの部署に秘書を雇い入れたいと考えているような場合にも、あなたの雇用主の思考に合わせた理由づけをするようにしよう。雇用主の目標が有能な人材の確保にあるなら、そういう人材は自分の専門分野に集中できるよう、雑務を秘書にまかせられるような職場環境を選ぶはずだと主張し、雇用主が経費節減を目指しているなら、給与の高い専門職の労働時間をコピー取りやファックスの送信に割くのはもったいないと主張すればいい。

あなたが部署の責任者で、従業員を一〇パーセント削減するように上から指示されたとしよう。[*5]上司のところへ行って、それでは仕事がまわらないと訴えてもいいが、上司のところには同じように訴える人間がすでに二〇人は訪れているだろうから、同じことを言ってもおそらく効果は望めない。もし上司の目的が業務の効率化にあるなら、その点を軸に論理を展開したほうが効果的だ。あなたの部署の人数はそのままにして、ほかの部署の仕事もあなたの部署で引き受けたほうがもっと効率化がはかれると主張したほうが、上司の理解は得られやすいだろう。

相手がものごとを判断するときのフレームを正しく特定できた場合、それが前項で述べた相手の客観的な基準と一致することもある。だが、フレームと相手の客観的な基準とでは、利用の仕方に違いがある。フレームの場合、対象になるのは相手の価値基準の一点だけではないし、交渉の際に、その基準を相手にずけずけと指摘する必要もない。ポイントは、あなたの主張を相手の基準全体に、つまりフレームに適合させて述べることだ。ルパート・マードックがアメリカのメディア王として成功した理由のひとつは、交渉相手のフレームにオファーを正確に適合させ、相手の要求や希望に応える形で提示する能力の高さにあると言われている。[*6]

遠い未来のことなら待てるが、近い未来のことは待てない――双曲割引

一九六〇年代後半から一九七〇年代前半にかけて、子供の自制心について調べるための「マシュマロ・テスト」という実験が行われ、注目を集めた。四歳の子供の目の前にマシュマロを一個置き、一分間それを食べるのを我慢できたら二個目がもらえるというものである。[*7] 子供たちが我慢をする苦しげな顔は、世界中で報じられた。マシュマロを食べるのを最後まで我慢できた子供の数は、かなり少なかった。

大人になっても、この傾向はあまり変わらない。少し待てば、手にできる利益は増えるとわかっていても、私たちはすぐに手に入る目先の利益を選んでしまう。今日一〇〇ユーロをもらえるのと明日二〇〇ユーロもらえるのとでは、あなたはどちらのほうがいいだろう？　この質問ではどちらが得かは非常にわかりやすいが、この差がもっと曖昧になると、私たちはすぐに選択を誤ってしまう。一年後に一〇〇〇ユーロもらえるのと、一三ヶ月後に一一〇〇ユーロもらえるのとでは、どちらのほうがいいだろう？　この場合、たいていの人は一一〇〇ユーロを選ぶ。一年以上先のことになると、一ヶ月長いか短いかは、たいして大きな差には感じられないのだ。だが、今日一〇〇〇ユーロもらえるのと、一ヶ月後

に一一〇〇ユーロもらえるのとではどうだろう？　そう訊くとほとんどの人は、いますぐ一〇〇〇ユーロ獲得できるほうを選ぶ。ひとつ目の質問もふたつ目の質問も、利率はまったく同じだというのにである（どちらも月一〇パーセントというすばらしい利率だ）。

この傾向を交渉にもうまく活かそう。「あなたの車を即金で一万二〇〇〇ユーロで買いましょう」というように、すぐに支払いを受けられるとわかれば、低めの価格のオファーでも受け入れてもらえる場合が多い。支払いを待てばもっと高値で合意できるとわかっていても、私たちは早く利益を手にできるほうを選んでしまうのである。だが私たちのこの傾向は、損失に対しても当てはまる。現在の小さな損失のほうが、将来の大きな損失よりも重く感じられるのだ。交渉をするときは、先の脅威を軽視しすぎて将来危ない状況に陥らないよう、注意するのを忘れてはならない。脅威がいま目の前にないからといって、それが消えてなくなるわけではない。脅威がともなっていれば、いつかはその脅威におそわれるときが来るのだ。マシュマロ・テストでは、興味深い事実も確認されている。マシュマロを食べるのを我慢できた子供は、将来社会的な成功をおさめる確率が高いことがわかったのだ。自制心を働かせれば、確固たる成果を上げられるのである！

機能しないフレームを変える

だが、相手がイエスかノーで返事をするよう迫ってきた場合はどうすればいいだろう？　そんなふうに相手に二者択一を求められても、実際にはものごとの選択肢がAとBのふたつしかない

などということはありえない。第三の選択肢のCは必ず存在する。そんなときは古い絵を新しいフレームに入れ替えるように、相手が違う角度からものごとを見られるような新しいフレームを相手に提供すればいい。

「あなたは私を信用できないっていうんですか⁉」と交渉の場で誰かが声を荒げたとしても、あなたは相手を信用していないことを認める必要も、相手に譲歩をする必要もない。こんなふうにあなたの関心事を話すだけで、ものごとをとらえる相手のフレームは変えられる。「あなたを信用できるとかできないとかいう問題ではありません。必要なことはすべて契約書に明記されていて、誤解がないことを確かめたいだけです。あなただって、誤解を生まないような、明確な契約を結びたいとお考えですよね？」

あなたが家電量販店で買ったＤＶＤプレイヤーの交換を求めて店舗を訪れたとき、店員があなたを見るフレームは、おそらく「厄介な客」だろう。そういう場合はそのフレームを少しずらして、「ちょっとした問題を抱えている顧客」として店員に見てもらえるよう、要求の仕方を考えよう。反対にあなたが接客する立場で、自分は客なのだから無料でいろいろなことをしてもらって当たり前だと思っている人がいたら、その人のフレームは「カスタマーサービス」だ。そういう客にはこう問いかければ相手の視点を変えられる。「あなたは、私の同僚に一二時間も無料で働けっていうんですか？」。そう言えば、フレームは「公正さ」に変わり、客もあなたの主張を受け入れてくれる。すでに言及したとおり、「公正さ」に異論をとなえる者は誰もいないからだ。子供が自分を叱る親を見るときの「親のいつものお小言」というフレームも、こう言えば別のものに変えられる。「もしママがあなたに何かを約束して、それを守らなかったとしたら、あなたはどんな気持ちがするかしら？」[*8]。

あなたのオファーが相手の関心事に合わない場合は、「利己的な」フレームを捨てて、もっと「崇高な」フレームを探すといい。[*9]「僕らには、規模を大きくしながら一〇年後も順調な会社経営をつづけるっていう共通の目標があるじゃないか」

だが**間違ったフレーム設定は、問題の解決をほぼ不可能にしてしまう。**政治的な紛争が「宗教上」や「人種間」の争いというフレームでとらえられてしまうと、解決策を見つけるのは非常に困難になる。こうした行き詰まった状況での交渉に当たる熟練した交渉人の主な役割は、「国の統一をかけた戦い」や「国の崩壊を防ぐための措置」などの新しいフレームを見つけ出すことにある。

状況をまったく新しいフレームに入れ替えるときには、隠喩や類比、例証も役に立つ。地域の活動家たちが、デモや集会を通して、地域の銀行に住宅ローンの条件の軟化を要求したような場合、銀行の対応の仕方は、銀行の責任者がこの問題をどんなフレームでとらえたかによって違ってくる。[*10]デモを「圧力」としてとらえたならば、銀行は要求には応じようとしないだろう。もし「ビジネス上の問題」としてとらえたならば、世間にアピールできる、住宅ローンを組みやすくするためのプログラムをスタートさせるだろう。設定されたフレームによって、ものごとに対する人々のとらえ方も、交渉スタイルも、そして最終的には交渉の結果も変化するのである。

不安にさせないようポジティブなフレームを選ぶ

「生存率九〇パーセントの手術」と「死亡率一〇パーセントの手術」のどちらかを選ばなければならないとき、ほとんどの人は前者を選ぶ。[*11] **あらわされている状況は同じでも、私たちはポジティブなフレームに入れられているほうを選ぶものなのだ。**少しでも損失を連想させるものを、私たちはできる限り避けようとする。[*12]

だから、「損失」ではなく、「利益とチャンス」を思わせるフレームを意識して使うようにしよう。高齢の母親に老人ホームへの入居を勧めるときは、「アパートを引き払ったほうがいい」ではなく「よさそうなところだから、ここに入ってみよう」と言ったほうが受け入れられやすい。[*13] 政治活動をする人たちは、そのことをよく知っている。[*14] アメリカの中絶反対派は自らを「中絶反対派」ではなく「プロライフ（生命尊重派）」と称している。対する中絶権利擁護派は「中絶賛成派」ではなく「プロチョイス（選択権尊重派）」と自称している。

アメリカの元大統領、ビル・クリントンは、こんな発言をしたことがある。「国家間の交渉をするときは、相手の関心事だけでなく、相手にとっての最悪の事態も把握しておく必要がある」。[*15] **交渉相手には、相手があなたに協力すれば、どんな利益がもたらされるかというフレームを提示すべきだが、合意が成立しなければどういう損失が発生するかというフレームも同時に示したほうが効果的だということだ。**[*16]

要は、まくら投げと同じなのだ。まくらが当たる衝撃よりも、まくらが当たるかもしれないという怖さのほうが大きい。実際にまくらが当たると、それがどのくらい痛いのか、もう想像しておびえなくてすむという安堵感から、かえってうれしくなるくらいだ。人間は、不安を抱えたままでいるよりも、結果と向き合うほうを好むものなのだ。

合意が成立しなかった場合に考えられる損失を、脅しにならない程度に強烈に、相手に描写してみせるようにしよう。「宿泊料で合意できなければ、この部屋は今晩空室のままになりますよ。もう夜の一〇時だし、あと何時間かすれば、この部屋は果物屋にひと晩長く置かれすぎて真っ黒になったバナナよりも価値がなくなってしまう。泊まる人がいなければお金は入りませんからね」。漠然としたものごとよりも、具体的に想像できる不快なものごとのほうが、感じる不安は大きい。運転免許取り消しも、人々の不安感を利用した効果的な措置のひとつだ。[*17] いちいち誰かに頼まなければ車での移動はできなくなること、公共交通機関を使って三度も乗り換えなければ目的地に着けない場合も出てくるだろうということ、同僚の意地の悪いにやにや笑いなど、免許が取り消された場合に起きる不快な出来事は、いくらでも想像できる。

人は皆、自分のフレームにおいて意思決定をするということを、頭に入れておこう。子供は、ほぼ現在にしか興味がないが、大人は将来を考えながらものごとを決める。子供と大人の最も大きな違いはこの点で、結果として、子供と大人はまったく異なるフレームでものごとをとらえることになる。あなたの娘が部屋を片づけないとき、あなたは整理整頓の大事さを説明して、なんとか部屋を片づけさせようとするかもしれない。[*18] だが彼女の世界では整理整頓などどうでもいいことで、退屈極まりないものごとのひとつでしかない。ではあなたの娘にとって大事なものは何だろう？　ポニーが好きで、着飾ることが好きで、お姫さまになりたいと夢見ているようなら、彼女の部屋に行ってこう言えばいい。「これじゃとてもお姫さまの部屋には見えないな」。相手のフレームを理解し、利用すれば、効率よく交渉で成果を上げることができるのだ。

このパートのまとめ

アンカリングで印象を操作する

・極端なアンカーを使用しよう
・中間点を自分に有利な方向にずらそう
・相手のオファーには「たじろぎ」や「万力」を使って反応しよう

相互主義を活かそう

・価値のある譲歩をしよう
・「もし～なら……」という言いまわしを習慣にしよう
・苦情を言うかわりに要求を出そう
・「怒り役となだめ役」のテクニックを効果的に使おう
・相手が相互主義を利用しようとしたときは、その作用を消滅させよう

公正かどうかは大問題

・公正さが損なわれたと感じると、人間は不合理なふるまいをする
・自分に都合のいい客観的基準を選ぼう
・書かれた言葉の持つ権威を意識的に使おう

・相手の客観的基準を利用しよう

相手の見方に働きかける

・あなたの関心事を実現できるようフレームを設定しよう
・交渉で成果を上げられるよう、フレームを変えよう
・相手を不安にさせないよう、ポジティブなフレームを使おう

V　交渉成立に向けて

13　つぎ込んだ労力や時間にこだわりすぎない

「過去よりも、私は未来に興味がある。
私は未来に向かって生きているからだ」
アルベルト・アインシュタイン

あなたは宝くじを買うことにした。キャリーオーバーで賞金が数百万ユーロまでふくれ上がっていたし、お金の使い道についてもいくつかアイディアがあったからだ。イタリア製のスポーツカーを何台も買いそろえたいし、ジャグジーつきのプライベートジェットも購入したい。数字選択式の宝くじを買って、数字はコンピューターで選ばせた後、あなたは財布に入れていた夫の写真を抜き取り、そこに宝くじを差し入れた。それ以降、あなたは結果を心待ちにしながら毎日宝くじを眺めている。宝くじに目をやるたびにあなたの顔には笑みがこぼれる。そしていよいよ明日が抽選日というときに、私があなたにそのくじを二ユーロで買いとりましょうと持ちかけたとする。そんなとき、あなたならどうするだろうか？　おそらく、私のオファーを拒否するだろう。

ドルオークションでは、２番目に高い入札額を掲示した人も支払う

私たちが偶然宝くじ売り場の隣にたっていて、いま持っているくじを二ユーロで売れば、すぐそこで一ユーロの宝くじを新しく二枚買えるとしても、あなたはやはり私のオファーを断るに違いない。なぜならこう考えるからだ。「一週間もどきどきしながら結果を待っていたというのに、いまさらどうしてこのくじを売れるだろう？」[*1]

あなたはいわゆる**「立場固定」**[*2]の犠牲になっているのだ。**目標到達のために労力をつぎ込んでいればいるほど、それを途中で投げ出すのは難しくなるのである。**

「立場固定」に陥るとどのような結果になるかは、競売を例にとるとよくわかる。一九七〇年代に、アメリカの経済学者、マーティン

・シュービックが考案した、「ドルオークション」と呼ばれる競売の実験がある。実験の参加者たちは、五〇ドル札を競売で競り落とすよう指示される。競売に参加するかしないかは被験者個人の自由だが、ひとつだけ特別なルールが設けられている。二番目に高い値をつけた入札者も、競売人にその金額を払わなくてはならないのだ。五〇ドル札が二〇ドルで落札され、二番目に高い入札額が一九ドルだった場合、これらの値をつけた二人は競売人にその金額を支払う必要があるが、五〇ドル札を獲得できるのは、通常の競売どおり、最も高値をつけた落札者一人だけである。このルールで競売を行うと、どんなことが起こるだろうか？　一セントから入札がはじまると、額はあっという間につり上がる。三ドルが五ドルになり、金額はすぐに一〇ドルを超える。入札額が上がりすぎては、五〇ドルを競り落としてもあまり得にはならないのだが、それでも額はどんどん上がる。誰もが、自分の入札額が二番目に高い額になるのを避けたいと考えるからだ。入札額が二〇ドルを超えることは珍しくなく、これまでには落札額が二〇〇ドルまでつり上がったこともあったという。

　悲惨な結果に終わった入札の典型としては、二〇〇〇年にマインツ郊外にある旧兵舎の建物で実施されたＵＭＴＳ（ヨーロッパでの第三世代携帯電話規格）ライセンスの事例がある。当時通信事業の規制官庁だった連邦電気通信郵便規制庁は、九八八億マルク、ユーロに換算すると五〇〇億ユーロ超という信じられないような入札額を提示した業者を落札者として選定した。しかしあきれることにその時点では、ＵＭＴＳの重要性も、それでどのように収益を上げればよいかもまだまったく明確になっていなかった。結局、当時の落札事業者二社（モビルコムとＱＵＡＭ）は、高額投資に財務状況が耐えられなくなり、その数年後にライセンスを返上している。ＵＭＴＳライセンスの入札は再度実施され、最終的には、最初の額の五〇分の一にも満たない価格で落札された。

目的のものを落札できても、のちにそれを後悔する企業家や経営者や経営幹部はたくさんいる。**冷静になって入札を振り返ると、必要以上の高値で落札してしまったことに気づくからだ。**この現象は、第9章の「交渉人の呪い」と同じように、**「勝者の呪い」**と呼ばれている。[*3] 高すぎる入札額は、「未来に向けての相乗効果を見越した額」などといった曖昧な理由で正当化される場合が多いが、そういう文言に惑わされることなく、「ほとんどの競争入札では、落札できずに帰る人こそが真の勝者だ」という言葉を、あなたの格言のレパートリーにひそかに加えておくといい。

競争心と時間的なプレッシャーを抱えている側のほうが立場が弱くなることは、第2章の「立場を強くする」ですでに述べたとおりだが、競売はまさに時間的なプレッシャーのもとで競争心をあおられながら行う交渉そのものだ。だから競売における注意事項は、そのまま交渉にも当てはまる。だが交渉の場合は、もうひとつ、気をつけなければならない点がある。**交渉に時間と労力をつぎ込むと、それを無駄にすまいと、私たちはなんとかその交渉を成立させようと躍起になってしまうのだ。**交渉に投じた時間や労力が大きければ大きいほど、私たちは相手に譲歩しやすくなるのである。[*4]

合理性を欠く交渉は打ち切る

あなたは、ミュンヘンのオクトーバーフェスト（毎年ミュンヘン中心部の広大な敷地で行われる祭り。移動式遊園地やビールを出す巨大なテントが立ち並ぶ）の初日に来ている。だが祭りの開始を告げるビア樽の口開けまではまだ数時間あり、それだけ時間があることを意識したらあなたは急にジェットコースターに乗りたくてたまらなくなってきた。それにジェットコースターに乗るなら、テントでビールを飲んだ後より、飲む前のいまのほうが絶対にいいはずだ。そう考えてあなたが乗り場の列に並んでいると、数分後、皮のジャケットを着た愛想のいいすきっ歯の係員に、待ち時間は一時間半ほどになると告げられた。そんなとき、あなたならどうするだろう？　おそらくあなたはジェットコースターをあきらめて、お化け屋敷か観覧車のほうに向かうだろう。だが、もしすでに三〇分も列に並んでいて、その後で、あともう一時間待たなければジェットコースターには乗れないと聞いたとしたらどうだろう？　その場合、状況はまったく違って見える。それまでの待ち時間を無駄にしたくないという気持ちが働くからだ。どちらも待たなければならない時間はまったく同じだというのに、ふたつ目の状況に置かれると、ほとんどの人はそのまま列に残るほうを選ぶ。すでに記したとおり、つぎ込んだ労力や時間が大きいと、それを途中で投げ出すのは難しくなるのだ。[*5]

交渉においても、合理性を欠くように思えたら、それ以上交渉をつづけるのはやめたほうがいい。それまでに費やした労力や時間は忘れるのだ。すんでしまったことは仕方がないとあきらめ、いまあなたの目の前にある状況だけを見るようにしよう。それ以上交渉をつづけることに、本当に意義があるだろうか？　その交渉にすでに長い時間をかけているからという理由だけで合意の達成に固執しないよう、気をつけなくてはならない。投資家が、利益を出さない株には見切りをつけるように、あなたも、貴重な土を何もない穴のなかに無意味にほうり込むような行為は避けなくてはならないのだ。

ドナルド・トランプはこれまで、交渉の場から何度も退席している。「トランプ・ウォークアウト（抗議の意思表示として退席すること）」という言葉が交渉用語として定着しているくらいだ。トランプは、ひとつのものごとに固執しない。それまでに数ヶ月、あるいは数年時間をかけていたプロジェクトでも、結果としてそのほうがいいと判断すれば、投資の規模を徐々に縮小し、最終的には手を引いてしまう。トランプは、マンハッタンのウエストサイドにある土地を一億ドルで購入し、長い時間と多額の資金をかけて一五〇階建てのビルの具体的な建設計画を練り上げたことがある。トランプはそのビルを、テレビスタジオを含めた世界でも最先端の複合施設にし、「テレビジョン・シティ」と名づけようと考えていた。

だが、ニューヨーク市との免税交渉で必要な免税措置が受けられないとわかったトランプは、交渉の場をあとにして、そのプロジェクトはただちに中止してしまった。そしてまたすぐに、別のプロジェクトに取りかかったという。[*6]

アメリカの元財務長官で、ゴールドマン・サックスの共同会長も務めたロバート・ルービンは、こんなことを言っている。「場合によっては交渉を打ち切ることも辞さない様子を見せれば、相手に意志の強い人物だという印象を与えられる」[*7]

「この案件にはいままでさんざん手間ひまかけてきたから、何があろうと、今日こそは契約を成立させよう」と考えるのはやめたほうがいい。必要があればいつでも交渉を打ち切る心づもりをしておこう！　私の姉は一人目の子供を産んだ後、ファミリーカーを買おうと決め、インターネットで条件に合うフォルクスワーゲンのステーションワゴンを探し出した。そしてお目当ての車を扱うディーラーのところへ向かう当日、今日は絶対にこの車を買って帰ろうと、ひどく意気込んで出かけていった。もう何年も前の出来事なのだが、彼女がディーラーとの価格交渉で獲得した値引き額を、私はいまでもはっきりとおぼえている。その金額は、ゼロだ。交渉がどう展開しようと、最終的には合意しようと決めているのであれば、そもそも交渉などしてもたいして意味はないのである。

相手に労力を使わせる

あなたはロードバイクを買おうとしているとしよう。適当な店を探して出かけていくと、気に入ったモデルが見つかった。一二〇〇ユーロの、ドーピングに便利そうな造血ホルモン・ディスペンサーがついたアームストロング・ウルリッヒ・モデルだ（アームストロングもウルリッヒも、ドーピング問題を起こした元プロのロードレース選手）。すでに生産は終了しているモデルだが、スピードが出ることは間違いない。あなたは店主のところに行って、こう持ちかける。「このモデルを九五〇ユーロで買いたいんだけど。それで売ってもらえる？」[*8]。店主はどんな反応をするだろう？　おそらく、あなたのオファーは拒否されるだろう。こんなふうに居丈高に回答を迫られるのを好む人はいないというのもあるが、主な理由は、**店主はあなたのために時間も労力もまったく割いていないため、あなたのオファーを断ることに少しも躊躇を感じないからだ**。だが、それまでにあなたが四度も店を訪れ、そのたびにあなたの妻や母親や祖母を連れてきてそのモデルを見せたり、それぞれの意見を聞いたりしていたとしたらどうだろう？　二度、試乗もしているとしたら？　それだけのことをした後で、どうしてもこのロードバイクを買いたいのだが、購入資金は妻と母と祖母からそれぞれもらった三〇〇ユーロと、庭の芝刈りをしてかせいだ五〇ユーロの、合わせて九五〇ユーロしかないのだと言ったとし

相手が後に引けなくなるまで、手間をかけさせよう

たらどうだろうか？　**店主はあなたが来店するたびに費やした自分の労力を考え、それを無駄にしていいものかどうか思案するだろう。**そしてそのロードバイクの仕入れ値とあなたのオファーを比較した後、おそらくこういう結論に達するはずだ。「この値段で売ると利益は減るが、これまでの労力がすべて無駄になるよりはいいだろう」

目標の値引き額が二五〇ユーロであることを考えると、この例で相手にかけさせた労力や時間は少々過剰に思えるかもしれないが、**相手に手間をかけさせたほうが、あなたの立場は有利になるのだ。**この原則は、もっと大きな金額が動く交渉においても同じように作用する。

自分の会社に新しい電話システムを導入しようと考えているあなたのもとへ、一五〇キロも離れたところに社屋をかまえるある業者が、二人の従業員を連れて出向いてきたとしよう。彼らはあなたの会社の需要に合った、適切な電話システムの詳細なプレゼンテーションを披露する。だが彼らがプレゼンテーションを終えた後、あなたはそっけなくこう言いはなつ。「どうもありがとう。でも、残念ですがうちでは必要ないですね。ご足労をおかけして申し訳ない」。重い沈黙が流れる。三人は呆然とその場に立ちつくし、その後、気を取り直すようにせき払いをひとつしてから、うるんだ目でパソコンをしまいはじめる。あなたはすでに椅子から立ち上がってドアのほうに向かっていたが、ふと思いついたようにこう口にする。「でも、プレゼンテーションの準備をしてこんな遠くまで来ていただいたんだし、一応、価格をお聞きしておきましょうか。御社で出せる最安値はおいくらですか?」。そうすると、**あなたは確実に彼らの最安値を聞き出すことができる。**その理由は何だろう? 相手にはあなたが譲歩したように見えるため、相互主義が働いて、相手はあなたの譲歩に応えなければならないような気にさせられるからだ。しかも相手はかなりの労力をつぎ込んでいるため、あなたは最初から相手よりもかなり有利な立場にたっている。いったん、相手に契約は成立しなかったと思わせた後で相手のオファーに興味を示せば、あなたの優位性は一層高くなる。*9

相手が交渉に多くの時間と労力を費やさなければならないような状況をつくり出そう。あなたがアパートを買おうとするときは、売り手に自治体や建設局の必要書類を用意させたり、それらの認証コピーを取得したりするよう求めるといい。建物にアスベストが含まれていないことを証明する鑑定書の提出を要求してもいい。だがもちろん、それらのことを一度に求めてはいけない。**交渉相手が後に引けなくなるまで、要求を小出しにしていこう。**

交渉のポイントのうち、**最も合意が難しいと思える点は、一番最後に話し合うようにするといい。**すでに数時間、もしくは数日間議論を重ねて、それ以外の点ですべて合意が成立していれば、それまでの労力が水の泡になるのを避けようと、相手が合意が難しい点においても歩み寄りを見せる可能性は高くなる。対するあなたは、やむをえない場合は交渉を打ち切る心づもりがある分、相手よりももともと強い立場にたっている。相手が、最も合意が難しそうな点から交渉をはじめたいと主張するときは、重要な点についてはもう少しじっくりと考える時間がほしいため、最初は別の点から議論をはじめさせてほしいと説明をするといい。そうすれば、交渉のために相手に時間を使わせてから、最も難しい点に取りかかることができる。*[10]

最後の小さな要望が効果的

交渉の流れは、丘のふもとから頂上に向かって転がされるボールの動きに似たところがある。いったんは上に向かっても、最後にはまた下に戻ってくる。ボールが到達したところが交渉の着地点だ。そしてボールをうまくコントロールできれば、ボールはあなたの目標に到達する。*[11] 頂上に当たるのは交渉のポイントのなかでも最も重要な点で、その点をクリアできればボールは頂上に達したことになる。その後は、ボールがひとりでに下に転がるように、交渉も自然の経過をたどる。はじめはストレスを感じていても、頂上に達したあとは、安堵と達成感をおぼえるようになる。

交渉の最後にちょっとした要求を出す、「最後のひとかじり」というテクニックがある。あなたの要望のなかからいくつかを無作為に選んで、ウインクでもしながらそれを最後に言い足すだけで、あなたが獲得できるものは三パーセントから五パーセント増加する。*[12]「実は、家には食べ盛りの子供が五人もいるんですよ。ケータリングの契約を結ぶついでに、食事券を一枚いただけないでしょうか?」。最初からわかりきっていたことでもあるかのように、「ガソリンは、もちろん満タンにしておいてもらえますよね?」というような言い方をすると、要求は特に聞き入れられやすい。**交渉の最後には相手は達成感をおぼえているし、ここで要望を断れば合意がだめになるかもしれないという不安も働く**ため、「最後のひとかじり」はとても効果的だ。

アップグレードや納入品のおまけや配送料の値引きなど、交渉の最後にはいつも愛想よく何かを要求してみよう。ただし、「それで、このスーツを買ったらどのネクタイをおまけしてもらえるんですか?」と尋ねていいのは、六種類のスーツを、八つの異なるサイズで試着したあとだ。早すぎるタイミングで訊かないように注意しよう!

最初に合意を成立させてから追加条件を出すテクニックとしては、もうひとつ、**「ローボール・テクニック」**と呼ばれるものもある。アンカリングとは反対に、**まず相手に非常によい条件のオファーを提示し、それを承諾させてから、接続料金や配送料やメンテナンスの必要性など、そのオファーの難点や追加コストについて言い添えるという方法だ。**[*13]だが、私個人としてはこの戦術はお勧めしない。どうしても相手に不満が残ってしまうし、本人の評判も悪くなるからだ。悪評がたてば、その後の交渉が不利になる。

もしあなたの相手が交渉の熟練者で、「最後のひとかじり」や「ローボール・テクニック」をあなたに対して使った場合には、どうすればいいだろう? **交渉を成立させてしまうと、脳は肯定モードに切り替わり、交渉成立前には不合理に思えていたことにも同意してしまうことがある。**交渉に不慣れな人は特にこの点を意識し、悲惨な結果にならないように注意しなければならない。

「もし〜なら……」話法の項目で記述したように、交渉を成功させる鍵は、与えることと獲得することを戦略的に賢く使うことにある。そのことを念頭に置いて、合意が成立したあとに相手に何かを求められたときも、そのお返しをきちんと求めるようにしよう。例えば、あなたがアパートを貸す相手との交渉を終えたところで、相手がバスルームの家具を用意してほしいと追加の要望を出してきたとする（ドイツのアパートには家具つきと家具なしがあるが、家具なしの場合でも希望すれば貸主が用意してくれることもある）。「バスルームの家具ですか？　わかりました。安い料金でご用意できますよ」。こんなふうに、相手の要望を承諾しても、きちんと代金は請求しよう。その場の雰囲気をこわさないよう注意しながら、あなたの希望の料金を提示するのだ。相手がバスルームの家具が無償で提供されないことに納得しないようなら、もっと口調を強めてもかまわない。「また最初から交渉をしなおさなくちゃならないんでしょうか？　合意はもう成立したと思っていたんですが[*14]」。そこまで言ってもまだ状況が変わらなければ、もっと強い態度に出よう。「わかりました。正直に言うと、私もあなたが出した条件に完全に満足していたわけじゃないんですよ。あなたが提案した入居日は、実を言うとまったく私の都合に合わないんです。交渉をやりなおすなら、その日付もずらしてほしいですね[*15]」。そう言えば、相手はそれまでの合意をすべて見直してまで追加の要望を通すべきかどうか、もう一度考えなおすに違いない。

14 威嚇は取り扱い注意

「よい評判を築くには二〇年かかるが、
それを失うのは五分とかからない。
それがわかれば、今後のふるまいは変わるはずだ」
ウォーレン・バフェット

見えすいた威嚇は、アマチュアが使うテクニックだ。交渉の熟練者は、威嚇を避ける。**威嚇をしても、よい結果にはつながらないことが多い**からだ。[*1] 威嚇は、相手に害をなすと宣言するにも等しい行為だ。[*2] 結果として、相手との信頼関係は台無しになり、その後、交渉中ずっと、あなたは相手から報復感情を持たれることになる。その一方で、威嚇された相手のほうは、それがあなたの同僚たちだろうとただのビジネスパートナーだろうと、仲間うちでの結びつきを強くする。威嚇をされた側はした側に反発して団結を強めるものだからだ。悪影響は交渉そのものにまでおよぶ。人間は不合理なふるまいをしてでも面目を保とうとするため、交渉においても、事実より

効果的に威嚇をしよう

も感情が優先してしまうのだ。

効果的に威嚇をする

「すぐにテーブルが用意できないなら、ここではもう二度と食事をしないからな」。レストランでもしこんなふうに威嚇をしたら、店のオーナーは顔を真っ赤にして怒り、あなたを外にたたき出すだろう。だが**威嚇ではなく催促という形をとれば、もう少し平和的に相手に要求を出すことができる。**「もしすぐにテーブルに着けなかったら、連れてきたお客は気を悪くしてしまうし、私もお客の前で恥をかくことになるんです」[3]。「○○をしなかったら痛い目にあうぞ」と脅すかわりに、**「もし〜なら……」という言い方を使って、相手のふるまいの結果として起きる事態を、客観的かつ具体的に伝えるのだ。**目的は相手を罰することではなく、あなたの関心事を満たすことだ。不満をそのままぶつけるのでなく、あなたの意識は、常に自分の関心事に向けられていなくてはならない[4]。

だが、状況的にどうしても威嚇という手段をとらざるをえないときは、それを効果的にするための方法はある。**威嚇は、やむをえない理由により行っていることだという印象を相手に持たせたほうが効果を発揮**する。ドナルド・トランプは一九七〇年代後半、当時ティファニーのオーナーだったウォルター・ホービングと交渉をしたことがある[5]。トランプは、ニューヨークの五番街にあるティファニーの隣にトランプタワーの建築を予定していて、ホービングからティファニーの空中権（土地の上空の空間を使用する権利）を買う必要があったのだ。トランプは建築家にトランプタワーの模型を二種類つくらせていた。ひとつは、トランプが実際に建てようとしていたトランプタワーの模型、もうひとつは金網のフェンスがつけられ、窓は極端に小さい、おそろしく不恰好な建物の模型だった。トランプはその不恰好なほうの模型をホービングに示しながら、もしティファニーの空中権が獲得できなければ、こういうビルを建てざるをえないと話した。そしてその結果、トランプはティファニーの空中権を手に入れた。**自分にはどうしようもない理由によって行う威嚇には、攻撃性が薄いのだ**[6]。「譲歩してもらえなければ、あなたとは今後二度と仕事をしません」というよりも、「あなたの立場はわかります。ただ、もう支払えないんです。御社とはこれからもおつきあいさせていただきたいと思っているので、今回はなんとか折れていただけないでしょうか[*7]」、あるいは「御社とのビジネスに私が満足しているのはあなたもご存知ですよね。でも、他社から御社よりもずっと条件のいいオファーを提示されてるんです。できれば今後も御社との取引をつづけていきたいので、条件を見直していただけないでしょうか」という言い方をしたほうが、要求は聞き入れられやすい。昇給を求めるときには、上司のところに行ってこう言おう。「家賃は上がりましたし、子供も二人できて、私は家族を養わなきゃなりません。もっと給料のいい職を探すよりも、できればこのままここで働きたいんですが、なんとかならないでしょうか？」。そうすれば、威嚇も友好的な話し合いに変化する。[*8]だが、雰囲気は友好的になっても、相手があなたに親しみを感じることはない。ネガティブな感情が生じないような言い方をしているだけで、あなたの行為がある種の威嚇であることに変わりはないからだ。

　相手があなたの威嚇に応じないときは、威嚇の際に口にした脅し文句は実行に移さなければならない。ローリングストーンズの年齢を考えれば、ツアーのたびにこれが最後と噂されるのは仕方がないが、もし自分たちでこれが最後と銘打ったツアーのあとに、今度こそは本当に最後と称してまたツアーを行うようなことがあったら、あっという間にローリングストーンズは牙を抜かれた虎だという評判がたつだろうし、メンバー自身ですら、心のどこかでは「今度こそ最後」というたい文句を信じられなくなるだろう。訴訟を起こすと言って相手を威嚇していたなら、本当に訴訟を起こそう。そうすれば、あなたは有言実行する人だという評判を得られるし、一度訴訟を起こせば、その経験は今後、交渉に問題が起きたときにも活かすことができる。あなたがまだ一度も訴訟を起こしたことがなく、どの弁護士のところへ行けばいいのか、訴訟がどんなふうに進むものなのかまったくわからない場合は、訴訟保険（弁護士費用や裁判費用など、訴訟に必要な費用が補償される保険）に入っていて、信頼できる弁護士がついている場合よりも立場は弱くなる。訴訟を起こすと言ったにもかかわらず訴訟の知識がない人は、まずはあなた自身が自分の言葉を信じて、いつでも訴訟を起こせるように準備をしておこう。

　威嚇を効果的にするためのもうひとつのテクニックは、**漠然とした言い回しをする**ことだ。「ここから出ていかなければ、お前の右腕を折ってやる」と言われるのと、「俺は一度見た顔は絶対忘れない。未払いの請求書をそのまま放置することも決してない」と言われるのとでは、どちらのほうが怖いだろう？　実際に起こるかもしれないことがはっきりしているときよりも、起こりえることを頭のなかで想像しなければならないときのほうが、私たちは怖さを感じるものだ[*9]。相手が何を恐れているかを、一番よくわかっているのは相手自身だ。漠然とした威嚇をすれば、相手は想像力を働かせて、自分にとって最悪の事態を頭のなかに描き出す。あなたはただ、「あなたが私の立場だったらどうしますか？」と相手に訊いてみるだけでいい。それだけで相手の想像力はフル回転をはじめるため、あなたはそれ以上脅し文句を口にする必要はない。あなたの部下がいつも遅刻して来るなら、相手にこう尋ねるだけでいい。「君が私の立場だったら、今度また君が遅刻してきたときには、どんな措置をとると思う？」[*10]。あなたは銀行の不動産担当者と話をしているところだとしよう。あなたは理想の家を見つけてそれを予約し、その購入資金調達のために何ヶ月も費やしたというのに、銀行の担当者はその家をあっさりと別の客に売ろうとしているのがわかったところだ。そういう場合にも、相手にこんなふうに質問をするだけで、十分威嚇の効果は発揮される。「私はこれからどうすると思いますか？」「先約物件に関する義務の不履行で、きっと私を訴えますよね」「それから？」「うちの銀行の上層部にも話をするかもしれない」「よく考えてください。それですむと思いますか？」「あなたのご様子からすると、マスコミにも話すつもりでしょうか[11]」

威嚇にどう対処するか？

あなたは経営協議会（労働者の経営参加を目的として、労働条件などに関して労働者と経営者が協議する機関）の一員として、経営者と交渉中だとしよう。経営者は顔を真っ赤にして、工場をすべて閉鎖すると労働者側を威嚇してくる。それに対してあなたが「そんなことは絶対受け入れられません！」と反発したとすると、どんなことが起こるだろう[12]？　経営者は激昂し、その場で本当に権力を持っているのはどちらのほうかをあなたに見せつけようとするだろう。威嚇は強さのあらわれではなく、むしろ弱さや未熟さや自信のなさのあらわれなのである[13]。

威嚇に対する反応として最も賢明なのは、それを聞かなかったふりをして、話題を変えてしまうことだ[14]。その理由は何だろう？　威嚇の言葉というのはたいてい、感情的になって思わず口にしてしまった言葉で、少し時間がたつと、威嚇した当人も自分の発言を後悔することがほとんどだからだ。威嚇に反応しなければ、相手がもっと感情的になるのを避けられる。相手も威嚇をなかったことにして、面目を保つことができる。「あなたは私を威嚇しようっていうんですか⁉」などと返そうものなら、相手は引っ込みがつかなくなってしまう。

しかし、**聞かなかったふりをしても、また威嚇が繰り返されるときは、相手がそれを本気で口にしている証拠だ。**その場合、相手はあなたが何らかの反応を返してくるのを期待しているだろうが、**それでも、相手の威嚇は無視したほうがいい。**交渉は一種のゲームにすぎないということを、常に念頭に置いておくようにしよう！　喧嘩腰になるよりも、頭が悪いふりでもしてはぐらかすのが得策だ。「それで、あなたは何が言いたいのですか？　私はあまりのみ込みのいいほうじゃないもので」。そう言うと、相手はまた同じ威嚇を繰り返さなくてはならなくなる。あなたはまた、同じように理解できなかったふりをする。そうしているうちに威嚇の効力は失われ、繰り返すのも三度目ともなるとほとんどこっけいに聞こえてくる。銀行強盗たちが銀行の窓口係を脅したところ、こんな答えが返ってきたことがあったらしい。「申し訳ないのですが、私はいま昼休み中なんです。隣の窓口に行ってもらえませんか？」。それを聞いた強盗たちは急に自分たちのしていることがばかばかしくなり、目的を果たさないままその場から退散したという。[15]

威嚇の効力を消滅させるもうひとつの方法は、**相手の威嚇に別の解釈を加える**ことだ。「一瓶当たり一ユーロにできないなら、この話はなかったことにしましょう」と言われたら、フレームを変えてこんなふうに返せばいい。「そうですね、お互いいろいろな案を出し合って、できるだけ低い価格で合意できるようにしましょう」。相手が期限を設けて威嚇をしたなら、こういう返し方もある。「ええ、できるだけ早い時期に交渉を終わらせられるよう努力しましょうね[16]」

それでも相手が同じ要求を突きつけてくるときは、**あなたにはその要求を受け入れられるだけの決定権はないと相手に伝えよう。**第Ⅰ部の「交渉前に有利な立場にたつ」ですでに紹介した方法である。例えばこんな感じだ。「私は価格を倍にしてもいいと思ってるんですが、残念ながら私にはそれだけの権限がないんです。それには、もっと上のほうと交渉していただかなくてはなりません」

交渉の場から退席する

交渉において最も多用される威嚇は、言葉を使わない間接的な、**その場から退席する**という方法だろう。交渉の場から引き上げてしまえば、相手が譲歩しなければ合意は成立しないということを明確に態度であらわせる。タイミングをみはからって用いれば、**「ウォークアウト」**は迅速に勝利を獲得できる効果的な手段になることもある。[*17]

先述のドナルド・トランプのように、交渉を打ち切る心づもりがあることを相手に示せば、あなたの立場は有利になる。同時に、交渉における相手の状況を確かめることもできる。相手はあなたを席に引き戻そうとするだろうか、それとも、相手も交渉を打ち切ろうとする様子を見せるだろうか？　もし相手がどうにかしてあなたを引きとめようとするならば、**その相手からはもっとよい条件が引き出せる**ということだ。あなたを引きとめようとしないならば、相手はすでに最良のオファーを提示していて、**本当にもう譲歩のしようはない**のだと考えるべきだろう。

ただし退席する際には、攻撃的な印象を与えないよう気をつけなくてはならない。**笑みを浮かべながら、このままでは交渉をつづけても意味がないと相手に伝えよう。**丁寧な態度を崩さず、「あなたの意見が変わったらまた話し合いましょう」とつけ加えておけば、相手が譲歩する余地も残しておける。

しかし、交渉の席を離れるという行為には、当然ながらリスクが伴う。あなたが退席しても、誰もあなたを引き止めなければ、あなたは交渉のテーブルに戻って来ようがない。そういう事態の予防策としては、「怒り役となだめ役」の手法が役に立つ。相手側があなたを引き止めなかった場合に、あなたをまた交渉の席に引き戻す役目を担えるよう、退席する際には、あなたのチームの誰かをその場に残しておこう。

だが、このテクニックは頻繁に使いすぎてはならない。あなたも、夫や妻と喧嘩をするたびに、離婚すると言って相手を脅したりはしないだろう。[*18] ほんのささいないざこざで、パートナーと別れたり仕事を辞めたりする人はいるが、そういう人は、その都度ものごとを一からやり直さなくてはならないため、あまり大成はしないものだ。[*19] 私たちが交渉の場から退席するときは、理屈に合わない理由による場合がほとんどだが、私たち自身は、かなりあとになるまでそのことには気づかない。交渉のテーブルを離れるのは強さのあらわれではない。その場から立ち去るだけなら誰にだってできるのだ。スチュアート・ダイアモンドは、交渉をする場合、その場にいる全員と、これといった理由もなく退席しないという取り決めを交わしてから議論をはじめることにしているという。そしてそのあとで、彼は必ずこんなふうに念押しするそうだ。「ここにいる全員が納得できる結果になるのが、誰にとっても一番いいわけですからね」[*20]

相手がはっきりと「ウォークアウト」をすると言ってあなたを威嚇したときは、あなたのチームメンバーの一人を誰かと交替させるなどして、その場の状況を変えるようにしよう。あなたのチームの誰かが「怒り役」を務めていたなら、そのメンバーを誰かと交替させても、本人がそれで気分を害することはないだろう。すでに一六世紀当時、マキアヴェッリは、市民からの支持を高めるために、人気のない役人の一人を広場で処刑するよう、君主であるボルジアに進言している。[*21] 状況を変えれば、あなたから相手に譲歩を見せたことになるうえに、相手も前言を撤回しやすくなる。相手が面子を保ったままあなたに譲歩できるような、「金の橋」を架けることができるのだ。*22

15　相手の面目を保つ金の橋を架ける

「決して他人の尊厳を奪ってはいけない。
その人にとってはこのうえなく大事なものだが、
それをあなたが奪ったところで、あなたにとっては何の価値もない」

フランク・バロン

ニューヨーク市警で人質交渉を行っていたドミニク・ミシーノは、まだ警官になって間もないころに、出動要請を受けてスパニッシュ・ハーレム（ヒスパニック系の住民が多く住んでいるマンハッタンの地域）に駆けつけたことがあった[*1]。保護観察義務に違反して逃亡をはかった若い男が、多くの人がなかにいる家屋にピストルを持って立てこもったのだ。通りには数百人もの野次馬が集まっていた。どう見ても絶望的な状況で、本音を言えば、ミシーノはその場から逃げ出してしまいたかった。だが彼は、これだけ多くの人がいる前で、みっともない姿を見せるのも嫌だった。最終的に男は、ミシーノに手錠をかけられ、おとなしく外に出てきた。だが外に出たとたん、男は突然、大声でわめきながら激しく暴れ出した。その様子を見た野次馬たちは「ホセ！　ホセ！」と男の名前を呼んで喝采を送った。なにせ、男はたった一人でニューヨーク市警を手こずらせているのだ。だが、彼らを乗せたパトカーが角を曲がると、男はまたおとなしくなり、最後の一騒動につきあってくれたミシーノに感謝の言葉を口にした。**面目を保つことが人にとってどれほど大事か**ということを思い知らされたミシーノは、その後、その事実を心にとめながら警官としての職務を果たすようになったという。マティアス・シュラナーは、ある自殺志願者のことを記している。飛び降りようとしながらもふんぎりがつかずにいたその男を、大勢の人が見守っていた。*2 男がようやく自殺を思いとどまる決意をしたのは、一人の女性警官が、消防士の防火服を着れば、目立たないようにその場を離れられると男に持ちかけたときだった。相手の面目に傷をつけないことを、シュラナーは交渉における最も重要な点のひとつに数えている。もちろん、日常的な交渉と人質交渉などでは事情が大きく違う。日常的な場面では、あなたの交渉に国の威信がかかっているわけではないし、人質を救うために犯人を撃ち殺す必要もない。*3 それでも、このふたつの交渉には共通点がある。**実は合意をしたいと思っていても、自分の面目が失われると感じたら、相手は同意をしない**ものだという点だ。中国・春秋戦国時代の武将である孫子は、すでに二〇〇〇年以上も前に自身の兵法書に、**敵が面目を保ったまま退却できるような、金の橋を架けなければならない**と記している。交渉の場に即して言えば、相手が面目を失わずに譲歩できるような橋を架けなければならないということだ。*4

二〇世紀後半において、世界が第三次世界大戦に最も近づいたのは、一九六二年の一〇月のこ

相手が面目を保ったまま交渉を終えられるように金の橋を架ける

とだった。キューバ危機により、天敵であるソ連とアメリカが開戦寸前にまでいたったのである。アメリカの目標は、ソ連にキューバから核ミサイルを撤去させることだった。最終的には、アメリカはソ連に、キューバに侵攻しないことと、トルコに配備されていた核ミサイルの撤去を約束し、ソ連はキューバからの核ミサイルを撤去することで合意が成立した。だがこれらの合意事項のうち、トルコからの核ミサイル撤去に関しては公表されなかった。国民にケネディが弱腰だと思われるのを避けるためである。フルシチョフは、ケネディの面目を保つことと引き換えに、自分の関心事を実現したのだ。対するケネディは、閣僚たちに、ソ連の核ミサイル撤去をアメリカ側の勝利だと発表するのを禁じた。やはり、フルシチョフの面目が失われないようにするためである。双方が互いの面目に配慮した結果、核戦争が回避できたようなものだ。面目を失う不安は常にものごとを停滞させる。アメリカ軍が、ベトナムやイラクやアフガニスタンに必要以上に長く駐留したのも、国の面目に傷がつくのをおそれたためだ。

ただし金の橋は、できるだけ幅が狭いほうがいい。**譲歩を決めて橋を渡りかけたら、元に戻るのは不可能だというメッセージが、はっきり伝わるような言い方を心がけよう。**「賃貸借契約書はこのとおり長くてわかりづらいですし、私だって借り手だったら書かれている取り決めを見逃すこともあるかもしれません。でも、ここではペットは禁止されてるんです」

相手がいったん、人前で自分の立場を明確にしてしまうと、相手に意見を変えさせるのは非常に困難になる。私たちは、**人前で口にした意見を変えることに抵抗をおぼえる**ものだからだ。意見をひるがえすと、面子にかかわるのではないかと不安になるのだ。相手に意見を変えさせたいときは、相手がすでに誰かに自分の考えを話していないかどうかを確かめよう。もし相手が誰かに自分の意見を告げた後なら、あなたは相手に、**意見を変えようと思わせられるだけの理由**を示す必要がある。弁明に使えるなんらかの理由があれば、人前で意見を変えても、相手は自分の行為を正当化できるからである。[*5]「禁煙の表示は確かにかなり見にくいですね。申し訳ありませんが、つづきは外で吸っていただいてもよろしいでしょうか?」[*6]。相手に示す理由は、新しいものでなくてもかまわない。「……というわけでいまは少し状況が変わったんです」というように、あなたの主張の根拠を、たったいま判明したことでもあるかのような言い方で伝えるだけでもいい。理由がしっかりしたものである必要もない。ハーバード大学の心理学者、エレン・ランガーが行なった、驚くような実験がある。[*7]コピー機を使おうと列に並んでいる人たちに、コピーをとる順番を譲ってもらうには、どういう言い方をすればいいかをテストしたのだ。被験者である学生が列の先頭に行って、「すみません、五枚、先にコピーをとらせてもらえませんか？」という言い方をすると、話しかけられた人の六〇パーセントが、コピーの順番を譲ることを承諾した。「すみません、急いでいるので、先に五枚コピーをとらせてもらえませんか？」という言い方をすると、承諾する人は九四パーセントに増えた。**理由自体にそれほど説得力はなくても、何らかの理由を添えれば、承諾率は上がるのだ。**三つ目の言い方をしたときの承諾率はもっと興味深い。「すみません、コピーをとらなきゃならないので、五枚、先にコピーをとらせてもらえませんか？」と言うと、この理由づけはまったく意味をなさないにもかかわらず、九三パーセントもの人が承諾をした。つまり、理由の内容はたいして重要でなく、頼みごとをした相手とその周りにいる人々に、あなたが正当な要求をしているという印象を与えられさえすれば、頼みごとは受け入れられやすくなるのである。[*8]

自分や周りの人々に対して譲歩を正当化できる口実があれば、私たちは譲歩することをいとわない。相手を譲歩させるには、相手が面目を失わずに意見を変えられるような理由を提供すればいいのだ。

意見の折り合いがつかずに交渉が打ち切られた場合でも、あなたの主張を新しい理由づけとともに相手に提示してみよう。意見を変えて交渉に同意することを正当化できる理由があれば、その時点であなたの主張を受け入れたとしても、相手は面目を失わずにすむ。それに交渉決裂後もあきらめずに合意点を探ろうとする姿勢を見せれば、相手はあなたの努力を無駄にしてはならないように感じるため、あなたに譲歩しようとする可能性は高くなる。

相手が金の橋を渡りはじめても、謙虚さを失ってはならない。あなたがどんなに苦戦させられたかを伝え、相手をたたえよう。「本当はこんなにお支払いする気はなかったんですよ。あなたの交渉力には感服します」。そうでなければ、相手はあとになって面子をつぶされたような気になるかもしれない。自尊心を傷つけられた交渉相手は、危険な存在になることもある。その最たる例が、第一次世界大戦後、ベルサイユ条約で自尊心を深く傷つけられる講和条件を突きつけられたドイツ帝国だ。条約は、領土割譲や莫大な賠償金の支払いを命じる、敗戦国にとっては非常に屈辱的な内容だった。この内容にドイツ国民は激しく反発し、連合国側からの容赦ない賠償金の取立てが大きな社会混乱をまねいたこともあって、ベルサイユ条約破棄を訴えたナチスが国民の支持を集めるようになった。ベルサイユ条約の内容があれほど屈辱的なものでなければ、第二次世界大戦は起こっていなかったかもしれないのである。[*9]

相手に勝利演説を贈る

「どうしてこんなことになったんですか？」「予想していた結果と違うじゃないか！」「聞いていた話と違うんだけど。私たちが出した要望を忘れたの？」。交渉相手が気にしているのは、自身の関心事だけではない。交渉が上司や有権者や友人を失望させる結果に終わらないかという不安を常に抱えているのだ。[*10] 承認欲求のない人などいない。誰しも、交渉後は周りから「すばらしい交渉結果だ！」、「よくこんな条件を引き出せたね！」と、勝者として賞賛されたいと願っている。

こうした相手の心理を考慮して、**交渉後に相手が周囲の人々の前で勝者としてふるまえるよう**

な「**勝利演説」を提示しよう。**その合意で相手にもたらされる利点は何だろう？　**その合意が最良の選択肢だと周りを納得させるには、どう説明すればいいだろう？**　批判されるとしたらどの点で、その批判を論破するにはどうすればいいだろう？　勝者としてふるまえるだけの論理を相手に提供するのも、あなたの役目だ。

適切な論理を用意できなければ、相手だけでなくあなたにとっても問題が起きる。周りから敗者としてあつかわれるのが明らかな合意内容に、誰が同意しようとするだろう？　渋る相手をなんとか同意させたとしても、合意内容が実現するのを妨げたり、それどころか阻止しようとしたりする相手側の抵抗と闘わねばならなくなる。

例えば、昇給交渉の場で、あなたの上司はあなたの昇給を認めたとしても、上司は上の人間からは、会社のお金を浪費したと咎められるかもしれない。[11]そういうときは、昇給はすでに認められていたとしても、上司が上役に対してあなたの昇給を正当化できるような論理を上司に提供しよう。「去年、私は五〇〇〇万ユーロの利益を上げました。社員の功績を評価して、社員が上げた利益を給与に反映する配慮を求めても、経営陣はそれを理解してくださるんじゃないでしょうか」

相手に提供する適切な論理を見つけるには、**到達したい目標から出発点にさかのぼって論理を構築する**とうまくいく。後ろから前に向かって戦略をたてるこの方法は、**バックワード・マッピング**と呼ばれている。[12]あなたの目標を実現するには、相手にどんな論拠を示すべきなのかを考えよう。相手が誰を納得させれば、あなたは目標のものを獲得できるだろう？　例えば、あなたが一〇パーセントの昇給を要求するための理論を探す場合、思考過程は次のようになる。一〇パーセントの昇給↑経営幹部が同意する↑あなたの上司が経営幹部にあなたの昇給を提案する↑あなたの上司があなたの昇給に同意する↑あなたが上司にあなたの昇給を認めてもらうための根拠を示す。

相手があなたに同意した場合、**同僚から批判を受けそうな点を交渉前に書きとめ、それに対する適切な答えを考えておく**習慣をつけよう。そしてそれらを、相手が同僚の同意を得られるような形にととのえて、相手に提案するのだ（この種の提案は**「イエスに適した提案」**と呼ばれている）。[13]そうすれば相手はその提案を、そのまま自分の勝利演説として用いることができる。交渉後、あなたが提案した論理を相手が同僚の前で披露するところを想像してみよう。相手は、同僚に勝者のような印象を与えられるだろうか？　交渉結果は公正で、適切で、最良の選択肢だと、相手の周囲の人々に受け止めてもらえるだろうか？[14]

仲介人

交渉に仲介人を介入させるのは、基本的には有益な措置だ。[15]あなたが感情的になりすぎていて冷静な交渉が難しい場合や、仲介人があなたより市場に通じていて、交渉相手についてもよく知っている場合は、特に仲介を頼む意義は大きい。[16]

理想的なのは交渉アドバイザーに仲介を頼むことだが、代理人や不動産業者を仲介人としてたてることもできる。しかし、交渉の仲介を依頼する相手として最も多いのは、なんといってもやはり弁護士だろう。ただ、弁護士は攻撃的な交渉スタイルをとることが多いため、彼らの絡む交渉はあまりよい結果につながらない傾向がある。法律をもとに交渉を進めても、独創的な解決策は導き出せない。それどころか、相手を威嚇する結果になったり、相手との関係が破綻したり、合意が成立するまでに何年も要したりする場合が多い。法律家は、法的問題を解決する訓練を受けてはいるが、交渉相手と問題を起こさないための訓練まで受けているわけではない。そのため弁護士は、交渉を成立させるよりも、交渉を破綻させてしまう場合のほうが多いのだ。[*17]

さらに、弁護士の場合は交渉が長引いたほうが、不動産業者の場合は購入価格を引き上げたほうが得られる利益は大きくなるという、仲介人自身の関心事が交渉に影響することもある。依頼人の利益のために働くはずの仲介人が、仲介人自身の利益を優先してしまうというこの問題は、「プリンシパル・エージェント問題」と呼ばれており、仲介人が介入する交渉では頻繁に起こるトラブルである。交渉をはじめる前に、あなたの関心事と仲介人の関心事が一致するよう、何らかの対策を講じておこう。仲介役が弁護士なら、あなたの関心事に適応する支払いモデルを取り決めておくといい。仲介役が不動産業者なら、あなたが物件を売るときは売却価格が高いほうが、あなたが物件を買うときは購入価格が安いほうが、あなたの支払う手数料は高くなるということを明確にしておこう。弁護士の場合は、報酬規定の問題もあって、報酬額についての取り決めはすんなりとはいかないかもしれないが、不動産業者のように、なにごとにも柔軟な対応ができる職種にくらべれば、どんな職業の仲介人との話し合いだって難しく感じるものだ。交渉に仲介人をたてるときは、必ず、仲介人とあなたの関心事が一致するよう取りはからうのを忘れないようにしよう。

16　文書の力は絶大

「口約束など、その口約束が書かれた紙ほどの値打ちもない」

サミュエル・ゴールドウィン

去年、税理士から私のもとに、まだ終わってもいない納税申告手数料の支払いの一部を求める請求書が届いた。おまけに請求額は、事前に取り決めてあった額よりはるかに高額だった。私は税理士に電話をかけてそのことを伝えたが、税理士は取り決めた金額をまったくおぼえていなかった（その取り決めは電話でかわされたものだった）。だが税理士は、その請求書以上の支払いは求めないと約束し、今回の請求書を支払ってもらえれば、一部ではなく全額支払い済みということで処理すると私に言った。それなのにその半年後、私のもとにまた請求書が届いた。同じ納税申告の、手数料の残額の支払いを求める請求書だった。私はまた電話をかけて、話が違うと税理士に訴えたが、税理士はまた、前に電話で話した内容をまったくおぼえていなかった。

意見を衝突させたり和解したりしながら何時間もかけて議論し、粘り強く交渉した結果、最終的には双方満足のいく解決策を見出し、ようやく合意にいたる——それだけ労力をつぎ込んだにもかかわらず、ほんの数日後には、相手は重要なポイントについてまったくおぼえていなかったという経験をしたことはないだろうか？　「いいえ、そんなことを話したおぼえはないですよ」。そう言われて唖然としたことは、あなたにもあるのではないだろうか？　承諾の返事は、ただ単にその瞬間、相手が同意したということをあらわすものでしかない。だがそれが**文書になれば、相手がそれをおぼえていようが、意図的に忘れたふりをしていようが、相手が同意をしたという事実はゆるぎないものとして記録に残る。**

正式な契約書を作成する場合でも、簡単な取り決めを文書にする場合でも、**重要な点は交渉が終わった直後に書きとめ、そこに双方で署名する**習慣をつけよう。交渉が終わった直後は余計な手間に思えても、何日かたつと、書きとめたものは取り決めた内容を思い出すための貴重な糸口になる。ただし相手に署名を依頼するときは、言い回しに気をつけなくてはならない。「ここに署名してください！」と言われると、相手は署名することに抵抗をおぼえてしまう。それよりも「ここに名前を書いていただけますか？」という言い方をしたほうが、相手の同意を得られやすい。[*1]

交渉結果だけでなく、合意したことを実現するために、**誰が何をすべきかもリストにまとめておくといい。**[*2]「家族旅行の行き先は決まったけど、ホテルは誰が予約する？　フライトの予約は？　八月のいつ出発しようか？」

私たちは、自分の記憶力も相手の記憶力も過信しがちだ。だが数週間もたつと、私たちは同意内容の細かい点までは思い出せなくなってしまう。交渉の後は、**すぐに重要な点をすべてメモし**

ておこう。チームで交渉にあたった場合は、チームのメンバーと一緒にメモを作成するといい。合意が成立したのは、具体的にどんな点についてだっただろう？　まだ確定していないことは何だろう？　これから話し合う必要があるのはどんな点だろう？

非常に複雑で時間を要する交渉の結果でも、納税申告の手数料についてでも、取り決めたことは必ず文書にして残すようにしよう。

議事録を書く大きなメリット

どんな出来事にも共通することだが、人との会話にも三つの面がある。自分、相手、そして事実である。ひとつのことを議論しているつもりでも、解釈の仕方は人それぞれだ。だから**議論の記録は、あなたの解釈に基づくものを残しておくことが重要だ。**交渉の議事録を作成するという行為には、大きなメリットがある。**あなたが議事録を書けば、議論内容をあなたに都合のいいように調整できる。**好ましくない点を省いたり、議事録の最後に、あなたが次に議論したいポイントを、次回の協議予定として挙げておくこともできる。

面倒くさがって議事録を書きたがらない人は多い。それどころか、議事録を読むことさえ面倒くさがる人もいる。だが、そのほうがあなたには都合がいい。議論の内容を書きとめて相手に送れば、よく気のつく親切な人だという印象を相手に与えることができる。さらに、議事録を送るとき、「以下の点で合意できたことを非常にうれしく思っております」、あるいは「添付の議事録をご確認ください」と書くだけでなく、**「返信のない場合は、議事録の内容に間違いがないこ**

とを了承されたと考えさせていただきます」と書き添えておけば、相手から返信がなかったり、内容に間違いないと返信があったりした場合、その議事録には文書でかわした契約と同じくらいの価値が生じるという利点もある。次のミーティングで顔を合わせたときに、すかさずこう釘をさせば、議事録の有効性はさらに高まる。「前回、発注があれば一週間以内に製品を納入することに同意なさいましたが、最低発注数は設定しませんでしたよね。議事録にそう書きましたが、あなたから内容が違うという指摘も受けませんでしたし」

交渉内容を書きとめたメモを使うのを、交渉が終わるまで待つ必要もない。ドナルド・トランプは、各交渉ポイントにおける双方の立場を対照できるリストを作成しながら交渉を進めるらしい。**左側に自分の立場を、右側に相手の立場を書きとめたリスト**だ。[*3] この方法を使うと、交渉の進み具合がわかりやすくなるだけでなく、「一時間前、時給は年末まで一五〇ユーロということで同意しましたよね」というように、相手の主張の矛盾も的確に指摘できるようになる。「公正かどうかは大問題」の章で記述したとおり、それ以前の自分の発言に矛盾する態度をとりたがる人はいない。詳細なメモをとっておくだけで、あなたは交渉の有効な手札をひとつ手に入れることができるのだ。

契約書で注意すべき点

ホームレス用宿泊施設に集まる人々の身の上話は、友人と会社を設立するところからはじまる場合が多い。[*4] 最初のうちはパートナーとして問題なく仕事をしているのだが、やがてちょっとしたいさかいが絶えなくなって、友情は嫌悪に変わり、嫌悪はやがて憎悪になり、最終的には事業が破綻してしまうのだ。

交渉が順調に進んでいるあいだは、相手の誠実さを疑う必要はない。誠実さを疑う必要があるのは、相手が貪欲に利益を得ようとする様子を見せたときだ。ドイツの劇作家、ベルトルト・ブレヒトの言葉にあるように、欲が満たされなければ人間の道徳心は働かないからだ。そのうえ**自分の得になりそうなことを見つけると、人の記憶は都合よく修正される**きらいがある。数十万ユーロの利益を手にできるかもしれないと思うと、人は簡単に口約束を忘れたり、事実に自分の都合のいい解釈を加えたりしてしまうものなのだ。

ニューヨークのエンパイアステートビルの特徴は、その高さと美しさだけではない。見積もりよりも五〇〇万ドル安い建設費で、予定よりも一ヶ月半早く完成したという点で、ほかのビルとは大きく異なる。いままでに、カーポートひとつでも自分で建てた経験のある人なら、これがどんなに珍しいことかよくわかるだろう。建設会社が経営破綻するケースは多い。建設にまつわる支出は非常に複雑で、その費用を正確に見積もるのが困難なためだ。事前に支出額を見積もるのはどんな場合でも容易ではないが、支出が複雑に入り組んでいればいるほど、見積もりの精度は低くなる。だから合意した内容は、必ず文書に記録するようにしよう。複雑な案件の場合は特に、契約書を作成するのを忘れてはならない。

契約書を起草したのがあなたのビジネスパートナーなら、**内容はごく一般的なものだと相手から聞かされたとしても、注意深くすべての点に目を通すようにしよう。**そして一箇所でも条項の変更を要求したら、変更後の草案もすべてしっかりと確認しよう。そういう機会を利用して、いくつかの合意点に変更を加える抜け目のないビジネスマンも少なくない。よく使われる手法のひとつに、あなたの趣向にあった契約書の草案を作成しながらも、そのなかに二、三、あなたが気づけば絶対に変更を要求するとわかっている点を紛れ込ませるという手口がある。変更後の契約書を受けとったら、変更を要求した条項だけでなく、**すべての条項に目を通して、相手が不要な変更を加えていないかどうかをチェックしよう。**[*5] ものを消すマジックを披露するときにマジシャンが使う、「ミスディレクション」と呼ばれるテクニックがある。観客の注意を別のところへそらしているあいだに、こっそりと誰かにあるものを渡して、それが突然消えてしまったかのように見せるというものだが、それと同じように、多くの情報量のなかに自分に都合のいい変更を紛れ込ませれば、相手の目をごまかしやすくなるのだ。ほんの小さな見逃しが、数千ユーロの損失につながるときもある。もちろん、のちに相手を訴えることはできるが、どんな人も、できれば訴訟は避けたいところだろう。時間がかかるうえに、必ずしもあなたに有利な結果が出るとは限らない。詐欺師は、刑務所の塀のなかよりも外のほうが多いのだということを、常に念頭に置いておこう。[*6]

罰則規定は契約の核

契約の核となるのは、罰則規定である。**契約に違反したときは何が起こるか**を、明確にしておかなければならない。合意が成立した後、考慮すべき最も重要な点は、「〇〇が起こったときにはどうするか」である。例えば、休暇用のアパートを借りるときは、家具に傷をつけたときにはどうなるか、あらかじめ確認しておこう。もちろん、起こるかもしれない事態をすべて事前に想定しておくのは不可能だが、起こることが十分考えられる事態とその対処法については、契約書に明記しておいたほうがいい。そうすれば契約締結後のあなたの立場が強くなるし、契約に違反した場合にとられる法的措置が明確であれば、誰も契約内容を自分に都合のいいように歪曲して解釈しようとは思わなくなる。

あなたが、宙に浮く携帯電話を発明して、コンピュータエキスポに出展したとしよう。反響はすばらしく、あなたはあるベンチャーキャピタルの出資者から、数千万ユーロもの投資の申し出を受ける。ベンチャーキャピタルがあなたの会社の筆頭株主になるのが投資の条件だが、一年後には保有株式を売却するつもりでいるため、その後あなたはまた会社の筆頭株主に戻れるという。[*7]そういう確約を得られるのは悪いことではないが、口約束だけでは不十分だ。紳士協定（当事者間の信頼にもとづいて履行させる協定。法的義務は伴わない）でいきましょうと相手に提案されたとしても、罰則規定は設定しておいたほうがいい。相手が本当に約束を守る気でいるなら、罰則規定を設けることに異論はないはずだ。「ただの形式的なものですが、そのほうが安心できますから」と言い、**罰則規定を設けるのは不信感のあらわれではなく、標準的な手続きだという印象を与えられるような説明の仕方をしよう。**

「あなたを信頼していないわけではありません。約束は守られる方だと思いますが、私の弁護士／夫／パートナーから、罰則規定を設けておくよう言われると思うんです」[*8]

だが交渉のなかには、罰則規定を設けられないものもある。例えば、一一歳のあなたの娘が、少なくとも日に一度は散歩に連れていくという条件で犬を飼いはじめたにもかかわらず、数週間後には散歩に行くのを嫌がるようになったとしたら、どうすればいいだろう？　娘との契約に、約束が守られなければ犬を安楽死させるといった罰則規定は設けられておらず、いまではあなたが時間を割いて、あなたにちっともなつこうとしない子犬と毎晩散歩に出なければならない。[*9]

しかし、約束を守らないのは子供だけとは限らない。子供の目から見れば、あなたが子供との約束を守っていないように見えるときもあるだろう。文書に記録しない場合でも、**約束をするときは、相互に相手に期待することを口頭で確認し、相手の期待に応えられなかったときにはどうするかも、あらかじめ決めておくといい。**[*10]自分の行動がどんな結果を引き起こすかを理解させるのは、子供の教育にとってとても大事なことだ。あなたの子供が真夜中になっても眠ろうとしなかったときは、無理やりベッドに入らせるより、翌日眠くてふらふらの状態で学校に行かせたほうが、長い目で見ればプラスになる。先に挙げた娘との約束ごとの例でいえば、犬を飼いはじめる前に、約束を守らなければ一年間友達のところに泊まりに行ってはいけないといった取り決めを、娘とかわしておけばいいのだ。

罰則規定が設けられないときは、約束を守らなければどんなことが起こるかを、事前に相手と話し合っておくようにしよう。

調停&その他

仲介人が当事国のあいだを行き来して、それぞれの立場を相手に伝える「シャトル外交」と呼ばれる外交交渉のやり方がある。問題が大きな行き詰まりを見せたときに用いられる手法だが、仲介人以外は状況の全体像をつかめないため、あまり理想的な交渉の形とはいえない。[*11]
「仲裁」は二者間の交渉ではなく、非公開の法的プロセスで、仲裁手続きを行う仲裁人が最後に裁決をくだす。[*12]
だが「調停」の場合は、あいだに入る調停人が裁決をくだすことはない。調停は、「アシステッド・ネゴシエーション（補助つき交渉）」と呼ばれることもある交渉手段のひとつで、調停人は当事者同士の合意を促す手助けをする。[*13] 裁判によらずに問題を解決する方法として、調停が選ばれるケースは非常に多い。仲裁よりもよい結果が導き出せるだけでなく、費用も仲裁より安価だからだ。[*14] 調停は新しい手法ではない。人間が問題を抱えるようになったのと同じくらい古くから存在し、調停人は「世界で二番目に古い職業」とも言われている。効果的に調停を進めるには、効果的な交渉の進め方と同じ点に気を配る必要がある。なかでも、調停を行う際に特に重要なのは、当事者双方とラポールを形成する能力だ。[*15]
話し合いは進展しないが、それほど感情のもつれはなく、まだ双方のコミュニケーションが可能な段階が、調停人を介入させる最適のタイミングだ。交渉の専門家はこのタイミングを、すでに大きく育ってはいるが、腐るまでにはまだ間がある果物にたとえて、「ライプネス（機が熟すること）」と呼んでいる。[*16]
問題の仲介役を務める人に対しては、公正に接しよう。当事者のどちら側も、それまでのごたごたからものの見方が屈折してしまっているため、仲介役を務める人は、当事者双方から、相手をひいきしていると受けとられがちだ。[*17]

再交渉は可能

「当契約を変更する場合は書面でそれを行うこと」。多くの契約書の末尾にはそう書かれている。この文章は何のためにあるのだろう？　この一文があらわすところはいくつかあるが、要は、その**契約は再交渉が可能だ**ということだ。契約書は、交渉における双方の立場を明確にするものにほかならない。[*18] それなのに、いったんは同意して署名したはずの契約内容を変更する余地を、なぜ残しておかなければならないのだろう？　理由は簡単だ。それが必要になる場合もあるからだ。

契約時には気づかなかった契約内容の問題に、あとになって気づくこともある。例えば支払期限を契約書に明記するのを忘れた場合、あなたは請求書を出すたびにいつまで支払いを待てばいいのかわからず、実際に入金があるまでの期間を、取引先が経営破綻したらどうしよう、などと最悪の事態を想像しながらびくびくして過ごさなくてはならなくなる。だが再交渉が可能であれば、支払期限を追加したいというあなたの要望が受け入れられる可能性は十分にある。あなたの取引先の会社では、必ず二週間以内に支払いをすませる決まりになっていて、あなたの希望どおりに契約内容を変更しても、何の問題も起こらないかもしれないからだ。逆に、契約書のなかで相手にとって都合の悪い点が判明し、それがあなたにとっては問題なく変更できる内容という場合もあるだろう。

契約を結んだ後、状況や事情が変わることは珍しくない。契約には、変更の余地を残しておいたほうが、両者にとってプラスになるのだ。

相手が突然再交渉の申し出をしてきたときも、それを頭から拒むのはやめておこう。相手の要求を聞き、その機会にあなたの関心事も契約に反映させられるかどうかを検討しよう。

交渉相手が破産して、一〇〇人いる債権者の一人になっても、あなたが得することは何もない。特に、ある一定以上の規模のビジネスを営んでいる場合、ビジネスパートナーの財政状況は、相手にとってだけでなく、あなたにとっても大きな意味を持つ。オフィススペースの賃貸料に関する再交渉が行われるのは、珍しいことでも何でもない。借主である会社の経営が思わしくなければ、貸主は賃貸料の値下げを検討せざるをえない。借主が賃貸料を払えなくなったら、貸主も損をするからだ。貸主にしてみれば、再交渉というよりも、値下げの強要といったほうがいいかもしれないが。

ガヴィン・ケネディはクライアントに、**再交渉の申し出を相手に拒否されたときは、攻撃的な手段に出る**ようアドバイスしている。契約上の自分の権利を必要以上に行使して、相手のほうから契約の変更を願い出ざるをえないような状況をつくり出すのだ。例えば、相手とサポートサービスのパッケージ契約は結んだが、サービスの使用回数の上限が決められていない場合には、ちょっとした問題が起きるたびに、従業員に何度もサポートサービスのホットラインに電話させ、その都度、エンジニアの派遣を依頼する。何百回も電話をし、何十回もエンジニアを呼び出して部品の交換を求めれば、相手はいい加減うんざりする。「機器そのものを交換しましょう」と提案されてもそれを拒絶し、相手がサービスの利用回数やエンジニアの派遣回数の上限を設定しようとしたら、契約を破棄すると圧力をかける。そうしているうちに、サポートサービスのコストを負担している相手企業の部署が——この場合でいえばカスタマーサービス部門だが——介入してきて、相手のほうからあなたに契約の変更や、場合によっては契約の解除を求めてくるだろう。

個人の場合でもこの方法は有効だ。自宅の無線ＬＡＮがうまく機能しないといってプロバイダーに日に五回も電話をかけ、週に一回エンジニアを来させれば、数週間後には、あなたはそのプロバイダーから契約解約の連絡を受けることになる。そうすれば、都合の悪い契約内容のプロバイダーとは縁が切れ、あなたは晴れて別のプロバイダーと契約できる。

このパートのまとめ

つぎ込んだ労力や時間にこだわりすぎない

・合理性を欠くように思えたら、いつでも交渉を打ち切ろう
・交渉の最後にはちょっとした要求を出すようにしよう

威嚇は取り扱い注意

・威嚇はしないほうがいい。どうしても威嚇せざるをえないときは、威嚇を効果的にできるテクニックを使おう
・威嚇されたら適切な反応を返そう
・ウォークアウトは賢く使おう。ただし、頻繁に使いすぎてはならない

相手の面目を保つ金の橋を架ける

- 相手が譲歩しやすくなるよう、金の橋を架けよう
- 相手に「勝利演説」を用意しよう

文書の力は絶大

- 必ず議事録を作成しよう
- 合意内容を明記した契約書を必ず作成しよう
- 契約の核は罰則規定である
- 再交渉は双方にとってのチャンスになりえる

おわりに

「ものごとはできるだけシンプルにすべきだ。
ただし、シンプルすぎてもいけない」
アルベルト・アインシュタイン

「ハンマーしか道具がない者は、どんな問題のなかにも釘を見るものだ」というのは、オーストリア系アメリカ人のコミュニケーション研究者、ポール・ワツラウィックの言葉だが、同じことは交渉にも当てはまる。使えるテクニックをひとつしか持たず、それだけであらゆる交渉を乗り切ろうとしても、うまくいくものではない。目標の実現に必要なテクニックは、常に同じとは限らない。手持ちの道具は多ければ多いほど、成果を上げられる可能性が高くなる。

ここで取り上げた交渉テクニックのなかには、簡単に使えそうなものもあれば、そうでないものもあっただろう。負けず嫌いの人は、自分の立場が有利になるタイミングをすばやく見きわめ、優位に立つのは得意だろうが、相手の関心事を突き止めるのは難しく感じるかもしれない。一方で、協調性のある人は、相手と共通の目標はすぐに見つけられても、アンカリングや相互主義のような、相手の心理を利用するテクニックには抵抗をおぼえるかもしれない。

だが、苦手な分野があっても、それを不安に思う必要はまったくない。すべてのテクニックを使いこなせなくても、なんら問題はないのだ。**スポーツや芸術と同じように、交渉の場合も、成功の鍵は得意分野を伸ばすことにある。**タイガー・ウッズは、凡庸なバンカーショットの技術を向上させるより、豪快なドライバーショットの飛距離を伸ばすことに重点をおいてトレーニングを行うそうだ。自分の得意分野を伸ばすことに集中すれば、世界のトップクラスに入れるだけではなく、潜在能力も花開く。逆に苦手の克服に力を入れても、到達できるのはせいぜいが並みのレベルだ。

粘り強さ

すばらしい交渉力を持つ人は、さまざまな職業の成功者の特質を持ちあわせているものだ。[*1] 敏腕経営者のように野心的な目標をたて、腕利きの宣伝員のように独創的な解決策を導き出し、一流の弁護士のように自分の取り分を増やす論理を即座に見つけ出す。だが交渉で成果を上げるための**最も重要な特質は、おそらく粘り強さ**だろう。相手に「ノー」と言われたとしても、それは交渉をはじめる前の相手側の姿勢にすぎない。「交渉はしません。私どもの価格設定は手頃ですし、それをのむかどうかだけ決めていただければ結構です」とにべもなく言われたときでも、実際には、対象が何であれ、相手が誰であれ、交渉が不可能ということはありえない。神様とだって交渉は可能なのだ。

旧約聖書には、神が罪悪に満ちた都市、ソドムを滅ぼそうとしたときの逸話が登場する。アブラハム（神によって選ばれた最初の預言者）は、神という、明らかに自分より優位にある交渉相手にも畏縮せず、こう主張を展開している。「ソドムの町を滅ぼすのは間違っています！　町を滅ぼせば、罪のある者もない者も区別せずに殺してしまうことになります。それが正しいこととは思えません！　世界を裁く者であるあなたが、そのような不当な行為をなさるのですか？」。アブラハムは公正さと客観的基準を引き合いに出し——主張は聞き入れられた。公正を求める訴えは、世界の創造主である神ですら動かしたのだ。神はこう答えた。「ソドムに罪のない者が五〇人いれば、その者たちに免じて町を滅ぼすのは取りやめよう」。それでもアブラハムは粘り強く、罪のない者の数がもっと少なくても町を赦してもらえるよう、交渉をつづけた。町を赦してもらうための罪のない住人の数は、四五人になり、四〇人になり、三〇人になり、最終的には二〇人にまで減少した。それでもアブラハムは交渉をやめようとしなかった。「主よ、最後にもうひとつだけ質問をすることをお許しください。もし住民のなかに、一〇人しか罪のない者がいなかった場合は、どうなさるおつもりでしょうか？」。すると神はアブラハムにこう答えた。「その一〇人には危害を加えない。そして町全体も、その一〇人同様、赦してやろう」

しかし、アブラハムがこれだけ巧みに交渉を進めたにもかかわらず、ソドムに罪のない住民の数は一〇人にも満たず、結局、アブラハムの努力は無駄になってしまう。それでも、この伝説が、アブラハムがユダヤ教やイスラム教でも民族の父祖として崇められることになった理由のひとつであることは間違いないだろう。

交渉は、両者の合意が成立した時点ではじめて完了となる。当事者のどちらかが議論を終わらせることに同意しなければ、交渉は終わらない。交渉とは、双方が拒否権を持つ、ものごとの決定プロセスにほかならないからだ。[*2]

相手にあきらめが悪いと思われるのを恐れてはならない。交渉後に、あなたがとても粘り強かったと相手に言われたら、侮辱ではなくほめ言葉としてとらえよう。[*3] これまでに紹介してきたテクニックを使えば、交渉前には「ノー」だった相手の姿勢も変えられる。最終的には、「イエス」という返事を引き出すこともできるようになるはずだ。[*4]

日常的な場面における粘り強さ

どんな交渉においても、それ以上議論をつづけても意味がないという境界線はある。だがその境目が存在するのは、ほとんどの人が考えているよりもはるかに先だ。

例えば、私は高校時代、「成績表を手渡される時期になると必ず全教科の教師と議論するやつ」という、あまりかんばしくない評判を得ていた（ドイツには、教師から告げられた成績の評定に、生徒が異議申し立てできる学校がある）。卒業文集の「成績に関する往生際の悪さ」ランキングでは学年で一位に輝いたくらいだ。実際に私は、同級生たちの評価どおりのことをしていた。たった一〇分の議論で、半年間の成績評価（ドイツでは成績表が渡されるのは半年に一度）を上げられるかもしれないのだから、試すだけの価値は十分あると思っていたのだ。議論で成績評価が変わる教科は三つにひとつくらいしかなかったが、それでも、結果的に私の成績平均値（全教科の成績を平均した値）は大きく上昇した。さらに、粘り強い交渉をすると、喜ばしい副作用もついてきた。私の成績がふたつの評価のちょうど中間あたりで、教師は悪いほうの評価をくだそうとしていたとしても、それを思い直してもらうことができたのだ。**私たちは面と向かって何かを要求されると、しり込みしてしまい、早くことを終わらせようとあっさりと譲歩してしまう場合が多い。**甘いものを与えすぎてはいけないと思っていても、子供にねだられると、根負けしてにお菓子を買い与えてしまう母親が多いのもそのためだ。ものをねだる五歳児の様子を見ればよくわかる。粘り強く交渉すれば、目標は実現できるのだ。

だが何ごとも、行きすぎは禁物だ。何ヶ月か前、私は三人の友人とバルセロナに旅行した。ホテルは、中心部の大通りに面した感じのよさそうなところを選んでツインを二部屋予約し、全員で過ごす時間を長くもてるよう、コネクティングルーム（部屋の内側にあるドアを通して相互に行き来できる部屋）にしてほしいとリクエストしておいた。それなのに、現地に着くと、それぞれ別の階にあるツインの部屋二部屋しか空きがないという。そこで私はその代償として、ホテルからなんらかのオファーを引き出そうとした。最初にフロントにいた研修生は、フロントの責任者を連れてきた。フロントの責任者はマネージャーを呼び、マネージャーは副支配人を呼び、そこでようやく副支配人から翌日の朝食を無料にするという申し出があったため、私はそのオファーを受けることにした。しかし、交渉の成果を手に誇らしげに友人たちのところに戻ると、友人たちは私の行為はばかげていると口をそろえた。交渉に、私は一時間半も費やしていたからだ。私は、ただでさえ短い週末旅行の貴重な時間を、寝坊して食べられない可能性のほうが高い朝食のオファーを引き出すために無駄にしたのである。私は、ホテルのミスのかわりに何かを手に入れることしか頭になかったのだ。[*5]

常に相手から最大限のオファーを引き出そうとする交渉時の思考には、中毒性がある。事情や状況をかえりみず、相手からオファーを引き出すことだけに、つい意識を集中させてしまうのだ。交渉のエキスパートは特にこの思考に陥りやすい。

ハーブ・コーエンはタクシーで予約していたホテルに到着したとき、そのホテルの一一階で、男が自殺をはかろうとしているのに気づいたことがあったという。[*6] しかし一日中働きづめでくたくただったコーエンは、少しでも早く部屋でくつろぎたくて、タクシーから降りると早足でフロントに向かい、チェックインしようとした。だがオーバーブッキング（ホテルが客室数を上回る予約を受けてしまう過剰予約）のため、ホテルにはまったく空室が残っていなかった。「近くのホテルに空きがないかどうかお調べします」と言うフロント係に、コーエンはこうかみついた。「空室はあるに決まってるじゃないか！　一一階の男がもうすぐいなくなるんだから」。それから何が起きただろうか？　一一階の宿泊客は部屋の窓から飛び降りる前に心療内科の施設に運ばれ、コーエンはそのホテルに部屋を確保した。天才的な交渉力と常軌を逸した行為は、紙一重なのだ。[*7]

拒否された後の粘り方

多くの方にこの本を買っていただけたとしても、最後まで読み通してくださる方はほんの一部に違いない。いまこの文章を読んでいるあなたは、そんなありがたい読者の方々の一人だ。そこで、交渉に関する私の見解にここまでおつきあいいただいた感謝の気持ちを込めて、もうひとつ、交渉を行ううえでのアドバイスをあなたにお贈りしたい。経験上、非常に役に立つことがすでに立証ずみの、交渉の心得だ。

何年か前、私は「幻想的な夜」と題したイベントをシリーズで主催したことがあった。いろいろなホテルのスイートルームで開催する、メンタルマジックショー（マジックを超能力風に演出したもの。予言や読心術などを行う）である。私は、心理学とマジックを融合させたメンタルマジックが大好きなのだ。だがメンタルマジックの一般的な認知度はまだあまり高いとはいえないため、ショーの開催パートナーとなってくれるホテル探しは難航することが予想された。このような場合、交渉はどういう形で進めるのが望ましいのだろう？　はじめからホテルの支配人に交渉を持ちかけることもできたが、私は別の戦略をたてることにした。決定権を持つ一番下の役職の人から交渉をはじめることにしたのだ。たいていのホテルでは、セールスアシスタントがそれに当たる。一番下の役職の人から交渉をはじめれば、セールスアシスタントに断られたら次はセールスの責任者と、それでも拒絶されたら副支配人と、副支配人もだめなら支配人と、というように、何度も交渉の機会を持つことができる。そしてそのなかの一人でも私の提案を承諾すれば、交渉は成立するのだ。この方法で、私は短いあいだに、一ダース近い数のヨーロッパ屈指のホテルを共催者として獲得できた。それも、平均すると、ひとつのホテルにつき二回は拒絶の返事を受けたにもかかわらず、である。

多くの交渉アドバイザーは、最初から一番上の役職の人と交渉するよう勧めている。確かに、強い決定権を持つ人のほうが、社内の規則や小さなことにはこだわらず、大きな目で全体を見て判断をくだせるという利点はあるだろう。*8 それでも、このアドバイスは賢明とはいいがたい。トップの人間に拒絶されたら、その判断をくつがえさせるにはかなりの労力が必要になる。だが、**拒絶したのが組織のほんの一部であれば、もうひとつ上のレベルでまた交渉のチャンスが持てる。**相手側の誰か一人からでも承諾の返事がもらえたら、それであなたの目的は達成できる。たどる線は長ければ長いほうが、かかわる部署は多ければ多いほうがいい。できるだけ下の役職から交渉をはじめれば、その分、あなたが成功する確率も高くなる。ただし決定権のある交渉相手でなければ話にならないため、**決定権を持つ一番下の役職の相手から交渉をはじめるようにしよう。**この方法を用いる場合、相手企業の規模は大きいほうがあなたには有利になる。あなたの目標の実現を手助けしてくれる人を、相手企業のなかから見つけ出そう。

日常的な場面では、この方法はこんなふうに適用できる。家の無線ＬＡＮの調子が数日にわたって悪ければ、私はプロバイダーのホットラインに電話する。だが電話の相手が無愛想な声で「契約では○○ということになっているから、どうにもなりませんね」としか答えなければ、私は丁重に電話を切って、また同じ番号に電話をかける。電話に出た相手が違えば対応も変化する。通常は、二回も電話をかければ目標は達成できる。もし、二回電話をしても目標が達成できなかった場合は、私はもっと上の人間に電話をまわしてもらうよう頼むことにしている。あきれたことに、最初に電話に出たコールセンターの係員に、接続が悪かった数日分の料金を請求書から引けない理由を筋道だてて説明され、その説明が十分納得のいくものに思えたとしても、私の経験からいえば、請求額の変更は、たいていの場合可能なのだ。係員の説明には、たいして意味はないのである。たいていの人は、少なくとも一度は交渉を試みたという事実だけで満足してしまうようで、「ほら、言っただろう？　やっぱり、このデパートじゃ値段の交渉は無理なんだよ」と、相手の説明に簡単に納得して引き下がってしまう。だがこれでは、赤ちゃんはどこから来るのか尋ね、「コウノトリが運んでくるのよ」という答えにあっさり納得して、すぐに遊びに戻る子供と同じだ。

この本に書かれているほかの交渉テクニックはすべて忘れてしまっても、ここでご紹介したアドバイスだけはしっかりと心に刻んで、ほかの人には内緒にしておこう。私たちだけの秘密にできるよう、「おわりに」のなかにわざとこっそり紛れ込ませてあるのだから。

準備には交渉時間の五倍はかけるべき

私はいま、母の誕生パーティーを計画中だ。六〇歳のお祝いだから、突拍子もないことをするつもりはない。七〇人弱のお客を招待した夕食会で、バンドを入れ、ちょっとしたイベントも企画しようと思っている。夜の八時から二時ごろまでの、約六時間のパーティーだ。具体的な準備は、いつごろからはじめるのが適切だろう？　当日の昼ごろにはじめればいいだろうか？　だがそうすると、パーティーがはじまるまで六時間ほどしか時間がない。お客はおそらく、ぬるいビールを紙コップで飲まなければならなくなるだろう。**催しものの準備には、催し自体の長さの少なくとも五倍は時間をかけるべきなのだ。**同じことは、交渉にも当てはまる。交渉の対象が、車でも給与の額でも、何かの事業に関することでも、実際の交渉には、常に十分な時間をかけられるわけではない。アメリカ建国の父であるベンジャミン・フランクリンが端的に言いあらわしているように、「準備をしないのは、失敗する準備をしているようなもの」だ。交渉の成果は、あなたがどのくらい準備をしているかによって大きく左右される。もちろん、交渉の素質は人それぞれだが、あなたの素質のほどがどうであれ、交渉で最高の成果を獲得するには、きちんとした準備が必要なのだ。

交渉に関する姿勢

この本を出版したことで、私自身はこれから少々交渉がしづらくなるだろう。今度新しい車を買うときのディーラーがもしこの本を読んでいたとしたら、ここで紹介したテクニックで私をやり込めて、内心ガッツポーズをとるということにもなりかねない。そしてそのディーラーは、その後すぐに友人や同僚のところに飛んでいき、交渉術指南の本まで出している交渉のエキスパートを、どんなふうに負かしてやったかを得意気に話して聞かせるのだ。ドライブ中にフェラーリを追い越したり、クラブでジャン゠クロード・ヴァン・ダムをたたきのめしたりしたことを言いふらしたくなる心境と同じだ。私にとって交渉はある種のゲームにすぎず、それほど勝ちにこだわりがあるわけではないのだが、それは相手にとってはどうでもいいことだ。

この分野の第一人者であるハーブ・コーエンは、交渉を成功させるには交渉に真剣に向き合う必要があるが、同時に**あまり真剣にとらえすぎてもいけない**と指摘している。[*9] 成果を上げるのが最も難しいのは、誰のために交渉をするときだろう？　そう、自分自身のためだ。直接自分にかかわることだと思うと、私たちは交渉を重く受け止めすぎてしまうからだ。だがその交渉は、本当にあなたにとってそれほど重要なものだろうか？　どんな職業を選ぶか、誰と結婚するか、家族が安心して暮らせるかどうかなど、自分自身にかかわることで、真剣にとらえるべきテーマがいくつかあるのは確かだが、交渉をするときは、その交渉結果が、二〇年後もあなたに影響をおよぼすほど重要なものかどうかを考えてみよう。**交渉を真剣にとらえすぎないほうが、あなたの**

立場は有利になる。リラックスして交渉にのぞめるため、大胆な手法を使って成果を上げられる確率が高くなるばかりか、あなたの様子を見た交渉相手が、あなたは必要があればいつでも交渉を打ち切るだろうと感じとるからだ。[*10]

交渉はある種のゲームだ。当然、場合によってはあなたが負けることもある。それをはっきり理解したとき、あなたは本当に求めているものを手に入れることができるのだ！

まとめ

Ⅰ　交渉前に有利な立場にたつ

有利な状況を引き寄せる

・あなたの立場が最も強くなるのはいつだろう？
・あなたの立場を有利にしてくれる第三者はいるだろうか？

立場を強くする

・希少性、競争心、時間的なプレッシャー、最終権限を持つ存在を利用する
・ＢＡＴＮＡを把握する
・重要な案件の場合はあらかじめＢＡＴＮＡを引き上げる

【目標は高く設定する】

Ⅱ　交渉中のコミュニケーション

良好な関係を築くためのポイント：ラポールの形成、物事の決定にほかの人間を巻き込むこと、相手を尊重すること、必要があれば謝罪すること、ともに食事をすること、信頼性を築くこと、共通点を見つけること

感情を大事にしよう：自分の感情と相手の感情に見合った反応をすること。ベランダから全体を俯瞰すること

知らないと損する情報の引き出し方：質問をし、アクティブリスニングやパラフレージングを活用する

Ⅲ　両者が大きな利益を勝ち取る方法

創造性を発揮し、できるだけ多くの双方の関心事を満たすこと

Ⅳ　交渉の即効テクニック

アンカリングで印象を操作する：極端なアンカーを設置する

相互主義を活かそう：相手があなたに何かを与えてくれるまでは譲歩はせず、「もし〜なら……」という言い回しを効果的に使う

公正かどうかは大問題：あなたに都合のいい客観的基準を選び、それを文書で示す

相手の見方に働きかける：あなたの関心事に合ったフレームを設定する

V　交渉成立に向けて

つぎ込んだ労力や時間にこだわりすぎない：必要があれば交渉に見切りをつけ、交渉の最後にはちょっとした要求を出す

威嚇は取り扱い注意：威嚇はしないほうがいい。威嚇された場合は適切な反応を返すこと。ウォークアウトは賢く使うこと。

相手の面目を保つ金の橋を架ける：相手が譲歩しやすくなるよう、金の橋を架けること

文書の力は絶大：必ず議事録を作成すること。罰則規定を核にした契約書を作成すること。再交渉は双方にとってのチャンスになりえる。

謝辞

まずは、休暇先のイスタンブールで見た、旋舞教団の儀式（イスラム神秘主義の教団、旋舞教団（メヴレヴィー教団）の、信者が長いスカートをはいてくるくる踊る儀式。観光客向けにも披露されている）に感謝しなければならない。単調な動きに私はすぐにあきてしまったのだが、この儀式を見たことが本書を書くきっかけとなった。鑑賞を終えて一歩外へ出たとたん、この本のアイディアが降ってきた。単調さがインスピレーションを刺激することもあるのだ！

カンプス出版の皆さま、とりわけ、私の担当編集者を務めてくれたシュテファニー・ヴァルター氏にも感謝を送りたい。私がボスポラス海峡からメールでこの本のアイディアを伝えたときから、彼女はこの本がきっとよいものになると信じてくれた。

情報の出典確認に際しては、リザ・アームブルシュター氏をはじめ、アントニア・フォン・ヴァイヒス氏、リザ・マリー・シュミット氏に大変お世話になった。彼女らの協力がなければ、本書の出版はまだまだ先になっていただろう。

また本書の執筆期間中、細やかな配慮をもって私をサポートしてくれた、エリーザベト・フォン・レヒベルク氏にも大いに感謝している。

子供のころから私のなかに交渉の素質を見出し、それを伸ばそうとしてくれた私の友人や親戚にも、この場を借りてありがとうと伝えたい。新しい車の値引き交渉をしたときも、マイアミで一番人気のクラブに男一〇人でなんとか入りこもうとしたときも、ドバイの競馬場で入場チケットも持たずに豪華なプレミアムラウンジのビュッフェにありつこうとしたときも、彼らは私に交渉役をまかせてくれた。それらの経験を通して身につけたテクニックは、今日、交渉の場で大いに役に立っている！

二〇一三年二月　ミュンヘンにて

ジャック・ナシャー

訳者あとがき

「交渉なんかする機会はないから自分には交渉術は必要ない」――弁護士や企業の渉外担当として働いているのでもなければ、そう思っている人は案外多いのではないだろうか？　私もそうだった。特に私の場合、仕事中はひとりで黙々とパソコンに向かっているだけで人と話す機会は少ない。値引き交渉をしたくなるほど大きな買い物をするわけでもないからだ。

だが交渉が必要なのは、ビジネスの場や高いものを買うときだけではない。意識するしないにかかわらず、日常生活のあらゆる場面で私たちは交渉している。本書の表現を借りれば、交渉とは「利害の対立する二者あるいはそれ以上の関係者が、問題を解決するための意思決定を行うこと」である。旅行の行き先について意見が分かれて家庭内で話し合うのも、予約にまつわるトラブルが起きてホテルやレストラン側にかけあうのも、すべて〝交渉〟である。「交渉のスキル」がビジネスで成果を上げるために欠かせないのはすでに万人の知るところだろうが、交渉力をつけると日常のさまざまなことに関してもよい結果を引き出せるようになる。そもそも交渉はコミュニケーションのひとつの形にほかならない。相手とよい関係を築き、双方が満足できる結果を引き出すためのスキルはあらゆる状況で役に立つ。ビジネスの場面だけでなく日常の光景からもいくつも具体例を挙げながら、著者はそのことを私たちにわかりやすく示してくれる。

著者が本書で取り上げている交渉術のうち、特に印象に残ったものをいくつかご紹介しておこう。例えば交渉中に、あなたが何を問題だと感じているかについて相手の感情を逆なでせずに指摘したいときには話す順序を工夫するといい、と著者はいう。まず差しさわりのない客観的な事実からはじめて（「僕がいいなと思う車にきみが反対するのはもう五回目じゃないか」）、そのあとで自分の解釈を話す。ただし、その際にはそれが自分の解釈なのだということが際立つような話し方にする（「僕が自分で車を選ぶのが気に入らないんじゃないかって気がするんだけど」）。そして、最後に質問をする（「僕の言ってること、当たってる？」）。そうすれば、あなたの考えや思考過程を、相手の考えと思考過程に関するあなたの推測をまじえずに相手に伝えることができる。私たちは自分の考えていることを誰かに決めつけられると、つい感情的になってしまいがちだ。それなのに、話し合いをとどこおらせている原因を指摘しようとするとき、たいていの人は、「わがままを言ってるだけじゃないか」というように、自分の頭に浮かんだことをそのまま相手に向かって口に出す。しかもそれが自分の解釈にすぎないことが伝わる言い方をしないために、相手にネガティブな感情を抱かせてしまう。そういう感情がわきあがると、頭に血がのぼり理性が働かなくなって、目的を追求するよりも相手にダメージを与えることのほうが優先順位が高くなってしまう。しかし、話す順序に気を使えば、聞き手の受けとり方は大きく変わる。問題点を指摘しても相手は感情を害さないですむのである。

それから、あなたの主張を相手に理解してもらいたいときには、相手の価値観に合わせた説明をすると受け入れてもらいやすい。秘書を雇い入れてほしいと雇用主に求めるなら、有能な人材の確保を目標としている雇用主に対しては、能力ある人材を自分の専門分野に集中させるには雑務をまかせられる秘書が必要だ、と説明すれば理解は得られやすい。経費削減を目指す雇用主に対しては、給与の高い専門職の労働時間をコピー取りに割くのはもったいないと説明すれば、あなたの主張は通りやすくなる。

これらの著者の指摘を読んで、私は目からうろこが落ちる思いがした。言い方をほんのちょっと工夫するだけで、話し合いがずっとスムーズになるのだ。しかもこれらの〝交渉術〟は普段の会話でも十分活かせる。交渉術というのは、複雑な駆け引きのテクニックを指すのだと思い込んでいた私の印象はがらりと変わった。

本書には、こうした具体的なテクニックのほかにも、知っておくと交渉に有利になる情報も多く盛り込まれている。相手の出まかせを見きわめる方法や、意思決定に影響を与える認知バイアス（思考のかたより）、人間の心理現象についてなどである。本書を読むと、著者に心理学の素養があるのは容易にうかがい知れる。おまけに裁判所での実務修習経験があるという。どうやら精通しているのは交渉の分野だけではないらしい著者は、一体どういう人物なのだろうか？

著者のジャック・ナシャーは、アルメニア系の父親とアフガニスタン系の母親を持ち、一九七九年にドイツで生まれた。「交渉することが私の職業だ」と明言する著者は、すでに子供時代に自分に交渉の素質があるのに気づいていたそうだ。小さい頃はお菓子を手に入れるために周囲の大人と、学生時代は成績表の評価を上げてもらうために教師と交渉し、大人になると、友人たちは車を買うときには彼を同伴させたという。

大学では法学を専攻すると同時に、哲学と心理学も学び、オックスフォード大学の経営大学院で修士号、ウィーン大学大学院で博士号を取得。オックスフォード大学で教鞭をとったのち、現在はミュンヘン・ビジネススクールの教授としてリーダーシップ論および組織論を教えている。交渉に関するアドバイスやトレーニングを提供する「ナシャー・ネゴシエーション・インスティテュート」の主宰者でもあり、心理学・法律・ビジネスの知識を活かして、企業に対して交渉についてのアドバイスを行なったり、セミナーを定期的に開催したりもしている。さらに、著者が才能を発揮しているのは交渉の分野だけではないようで、趣味のメンタルマジックもなかなかの腕前らしい。世界中から集まった一流マジシャンが腕を披露するマジックの殿堂、ハリウッドの「マジックキャッスル」にすでに五〇回以上も出演しているそうだ。

交渉がひどく苦手だというあるインタビュアーから「交渉の達人になるには、まず何に気をつけたらいいでしょう?」と訊かれた著者は、こんなふうに答えている。「一番大切なのはひとつのことだけに固執しないこと」。例えばものを買うときなど、多くの人は交渉すべきは価格しかないと思い込んでいる。だが交渉の対象になるものは実は価格以外にもあるのだ。どういうことかは本書を読んで確かめてみてほしい。そしてもちろん、交渉の熟練者への対処法や交渉前に準備すべきことなど、日常以外の交渉での必要なことも網羅されている。ビジネスでの交渉や複雑な交渉にのぞむ際の指南書としても、本書は十分活用できる。さまざまな場面で、ぜひ本書の交渉術を役立ててほしい。

最後に、本書の翻訳に際して大変お世話になった株式会社リベルの皆様、早川書房の皆様に、この場を借りて心よりお礼を申し上げたい。どうもありがとうございました。

二〇一九年八月

原　注

はじめに――誰もが満足する交渉術

1. Pruitt, 1981, p. XI; Lewicki/Barry/Saunders, p. 3 正確には、出典の後には「……を参照せよ」と表記すべきだが、読みやすさの観点から、注すべてにわたってその表記は省略してある。
2. Cohen, p.15.
3. Diamond, p. 25.
4. 私の祖父のエピソードに関しては、私の母が著した次の本に詳しい。Nasher, Diana: *Töchterland: Die Geschichte meiner deutsch-afghanischen Familie*; Heyne: München, 2011.
5. Ury, No, p.193f.
6. Lerner, M. J.: *The Belief in a Just World: a Fundamental Delusion*; New York: Plenum, 1980.
7. 同名タイトルの交渉術の本もある。Scherer, Hermann: *Sie bekommen nicht, was Sie verdienen, sondern was Sie verhandeln: Strategien für die erfolgreiche Verkaufsverhandlung*（目指すものを手に入れるには、交渉が必要：セールス交渉で成功するための戦略：未邦訳）Gabbel, Offenbach, 2009.
8. Diamond, p. 327.
9. Dawson, p. 278.
10. Nothrup (1965) and Selekman, Selekman and Fuller (1958).
11. Rubin and Brown (1975); Lewicki/Barry/Saunders, p. 52.
12. Shell, pp. 163f.
13. W. C. Hammer, "Effects of Bargaining, Strategy and Pressure to reach Agreement in a Stalemated Negotiation", *Journal of Personality and Social Psychology*, Vol. 30 (1974), pp. 458-467; Tom R. Tyler and Eugene Griffin, "The Influence of Decision Makers' Goals on their Concerns About Procedural Justice", *Journal of Applied Social Psychology*, Vol. 21 (1991), pp. 1629-1658; Shell, p. 164.
14. Cohen II, p. XVII.
15. Diamond, p. 25.
16. Hammond, Kenney and Raiffa, 1998. 思考の落とし穴の興味深いさまざまな例については次の書籍に詳しい。Dobelli, Rolf: *Die Kunst des klaren Denkens*, Hanser: München, 2011〔『なぜ、間違えたのか？』ロルフ・ドベリ著、サンマーク出版、2013 年〕

I　交渉前に有利な立場にたつ

1　有利な状況を引き寄せる

1. このエピソードについては次の書籍に詳しい。Lax/Sebenius, pp. 228f.
2. Kennedy, p. 172.
3. Shell, p. 107.
4. 人質事件に関して書かれた著作については次の論文に詳しい。William A. Donohue and Anthony J. Roberto, "Relational Development as Negotiated Order in Hostage Negotiation", *Human Communication Research*, Vol. 20, No. 2 (December 1993), pp. 175-198.
5. Shell, pp. 95f.
6. Cohen Ⅱ, pp. 232f., p. 275.
7. Cohen, p. 57.
8. Kennedy, p. 112, p. 175.
9. Ross, p. 79.
10. Ury, No, p. 70, p. 204.
11. Fisher/Ury, p. 189.
12. Seiwert, Lothar: *Ausgestickt. Lieber selbstbestimmt als fremdgesteuert*; München: Ariston, 2011; pp. 15ff.
13. Kennedy, pp. 178f.
14. Kennedy, pp. 275f.
15. Kennedy, pp. 197ff.
16. Kennedy, pp. 170f.
17. Cohen Ⅱ, p. 194.
18. Shell, p. 110.
19. Kennedy, pp. 202ff.
20. Cohen Ⅱ, pp. 24f.
21. Kennedy, p. 135, p. 177, pp. 109ff.
22. Ury, Past No, p. 147.
23. Ury, Past No, pp. 144f.

2　立場を強くする

1. Cohen, pp. 55f.
2. Graham Loomes and Robert Sugden, "Regret Theory: An Alternative Theory of Rational Choice Under Uncertainty", *The Economic Journal*, Vol. 92 (1982), pp. 805-824; Shell, p. 178.
3. World Gold Council, http://www.gold.org
4. Dawson, p. 320.
5. Kennedy, p. 180.

6. Kennedy, pp.175f.
7. Cohen, p. 31.
8. Ross, p. 86.
9. Shell, p. 181.
10. Strauss, Neil: *The Game: Penetrating the Secret Society of Pickup Artists*; HaperCollins: New York, 2005.〔『ザ・ゲーム　退屈な人生を変えるナンパバイブル』ニール・ストラウス著、パンローリング、2012 年〕
11. Cohen, p. 96.
12. 交渉に時間的な期限が設けられている場合、人間はストレスを感じ、情報をうまく分析できずに間違った判断をくだしたり、重要な情報をおろそかにしたりする傾向があることが明らかになっている (Amabile, Haelley and Kramer, 2002; Lewicki/Barry/Saunders, p. 497; Diamond, p. 374)。
13. Ross, p. 68.
14. Cohen Ⅱ, p. 194.
15. Shell, p. 180.
16. Chester Karrass, *The Negotiating Game*; New York: HarperBusiness, 1992〔『交渉に勝つ技術』C. L. カーラス著、日本生産性本部、1972 年〕, pp. 20-23; Shell, p. 180 も参照。
17. Parkinson's Law, C. Northcote Parkinson,『エコノミスト』紙 (1955 年 11 月) より引用。
18. Lim and Murnighan (1994); Roth, Murnighan and Schoumaker (1988); and Walton and McKersie (1965).
19. Dawson, p. 50.
20. Kennedy, p. 186.
21. Dawson, p. 83.
22. Fisher/Ury, p. 139.
23. Dawson, p. 52.
24. Schranner, pp. 164ff.
25. Lax/Sebenius, p. 29.
26. インターネットで BATNA をつくり出す方法については次に詳しい。Blumenstein, 1997; McGrawHill, 1997.
27. Ury, No, pp. 65f.
28. 核兵器にまつわる議論については次を参照。Scott D. Sagan and Kenneth N. Waltz, *The Spread of Nuclear Weapons: A Debate Renewed*, W. W. Norton and Company: 2002〔『核兵器の拡散――終わりなき論争』スコット・セーガン、ケネス・ウォルツ著、勁草書房、2017 年〕
29. Harvard, pp. 21f. の例にもとづく。
30. 車の個人的な「価値」を算出し、BATNA を出す際の詳細な計算過程を、本文中の、隣人の車とディーラーの車を例にあらわすと次のようになる。
   隣人の車の条件面：3500（年式は 2006 年ではなく 2007 年）＋ 0（走行距離 6 万キロ）＋ 3000（オートマチック）＋ 0（保証なし）＝ 6500。つまり隣人の車の条件面を金額に換算すると、価値は 6500 ユーロということになる。

ディーラーのBMWの条件面：0(年式は2006年) ＋2500(走行距離5万キロ) ＋0(マニュアル) ＋1500（保証つき）＝4000。ディーラーの車の条件面を換算すると、価値は4000ユーロになる。

隣人のBMWの価格は14000ユーロで、隣人の車を購入すると実際にこの額の出費が生じるため、車自体の価値は−14000ユーロ。そこに隣人の車の条件面を金額に換算した価値6500ユーロを合わせると（−14000＋6500)、条件面も含めた隣人の車の価値は、−7500ユーロという結果が出る。対するディーラーの車の売り値は15000ユーロであるため、同じように条件面の価値を合わせると（−15000＋4000)、条件面も含めたディーラーの車の価値は−11000ユーロとなる。

ここまでの過程を計算式であらわすと、次のようになる。それぞれの記号があらわすものは以下のとおり：P（売り値)、S（車の条件面を金額に換算した合計値)、H（ディーラー)、N（隣人）
・オファーA（ディーラーの車)：P_H ＝15000€　S_H ＝4000€
・オファーB（隣人の車)：P_N ＝14000€　S_N ＝6500€

売り値（P）と条件面を金額に換算した合計値（S）を合わせた価値（W）を算出する。
・オファーA：W_H ＝ P_H − S_H、W_H ＝15000€ − 4000€、つまり W_H ＝11000€
・オファーB：W_N ＝ P_N − S_N、W_N ＝14000€− 6500€、つまり W_N ＝7500€
ここからBATNAを出すには、まず、導き出した価値（W）の差額（D）を算出する。その際、$W_H > W_N$ の場合は D ＝ W_H − W_N、$W_N > W_H$ の場合は D ＝ W_N − W_H という式を用いること。この場合でいえばD＝11000€− 7500€、つまりD＝3500€となる。
そして次に高いほうの売り値からDの値を引いてBATNAを求める。
この場合：BATNA ＝ P_H − D となるため、
BATNA ＝15000€− 3500€
BATNA ＝11500€
となり、BATNAは11500€という結果が出る。

このBATNAの算出法を確立してくれたのは、私の教え子であるアンキット・オジャとエドゥアルト・ハルトヴィヒである。私の知るなかでは最も確実にBATNAを把握できる算出法で、この方法を使うと、行き詰まった交渉の場においても明確にBATNAを導き出せる。オジャとハルトヴィヒの両名には大いに感謝を送りたい。
31. Kramer, 1994; Myerson et al., 1996; Lewicki/Barry/Saunders, p. 313.
32. Fisher/Ury, p. 138.
33. Ury, No, p. 207にもとづく。
34. Murnighan, 1978, 1982.
35. Lewicki/Barry/Saunders, p. 360.

3　明確な目標が大きな成果を生む

原 注

1. Shel, p. 28 にもとづく。
2. Shell, p. 28; G. Latham and E. Locke, "Self-regulation Through Goal Setting", *Organizational Behavior and Human Decision Processes*, Vol. 50, No. 2 (1991), pp. 212-247. E. Locke and G. Latham, "A Theory of Goal Setting and Task Performance" (Englewood Cliffs, N. J.: Prentice-Hall, 1990), pp. 29-31; I. R. Gelately and J. P. Meyer, "The Effect of Goal difficulty on Physiological Arousal, Cognition and Task Performance", *Journal of Applied Psychology*, Vol. 77, No. 2 (1992), pp. 694-704.
3. Vandra L. Huber and Margaret A. Neale, "Effects of Self and Competitor Goals on Performance in an Interdependent Bargaining Task", *Journal of Applied Psychology*, Vol. 72, No. 2 (1987), pp. 197-203; Locke and Latham, 1984.
4. Robert B. Cialdini, *Influence: The Psychology of Persuasion* (New York: William Morrow, 1984), p. 79; Shell, p. 37.
5. Galinsky, Mussweiler and Medvec, 2002.
6. V. L. Huber and M. A. Neale, "Effects of Experience and Self and Competitor Goals on Negotiator Performance", *Journal of Applied Psychology* 71 (November 1987): 197-203.
7. 交渉の成功だけでなく、交渉の全過程を頭に思い描くと、もっと効果的になる。A. Bandura, *Social Foundations of Thought and Action* (Englewood Cliffs, N. J.: Prentice-Hall, 1986), pp. 61-62; Donald R. Liggett and Sadao Hamada, "Enhancing the Visualization of Gymnasts", *American Journal of Clinical Hypnosis*, Vol. 35, No. 3 (1993), pp. 190-197; Shell, p. 36.
8. Sally Blount White, Kathleen L. Valley, Max H. Bazerman, Margaret A. Neale and Sharon R. Peck, "Alternative Models of Price Behavior in Dyadic Negotiations: Market Prices, Reservation Prices, and Negotiator Aspirations", *Organizational Behavior and Human Decision Processes*, Vol. 57, No. 3 (1994), pp. 430-447. Russel Korobkin, "Aspirations and Settlement", *Cornell Law Review*, Vol. 88 (2002), pp. 1-49. Shell, p. 31.
9. Neil Rackham and John Carlisle, "The Effective Negotiator – Part 2: Planning for Negotiations", *Journal of European Industrial Training*, Vol. 2, No. 7 (1978), pp 2-5; Shell, pp. 31f.; Bottom and Paese (1999) も参照。
10. Diamond, p. 17.
11. 授かり効果の代表的な実験には次のようなものがある。Kahneman, Knetsch and Thaler (1990).
12. Lax/Sebenius, p. 80.
13. Samuelson and Zeckhauser, 1988; Ritov and Baron, 1992; Baron and Jurney, 1993; Bazerman, Moore and Gillespie (1999).
14. Peter M. Blau, *Exchange and Power in Social Life* (New York: John Wiley & Sons, 1964), p. 145; Kurt Lewin, Tamara Dembo, Leon Festinger and Pauline S. Sears, "Level of Aspiration", in J. McV. Hunt, Hrsg., *Personality and the Behavior Disorders*, Vol. 1 (New York: Ronald Press, 1944), pp. 337-340).

Ⅱ　交渉中のコミュニケーション

4　交渉は対立ではなく信頼

1. Roskos-Ewoldsen, Bichsel and Hoffman, 2002. 自分の能力を相手に示すことも非常に重要である (Eagly and Chaiken, 1975; Nasher-Awakemian, 2004)。
2. Köthike, Rolf: "Das Stockholm-Syndrom: eine besondere Betrachtung des Verhältnisses von Geiselnehmer und Geisel"; in: *Praxis der Rechtspsychologie*; 1999 (9); pp. 78-85.
3. Cohen, p. 166.
4. Ury, Past No, p. 68; Lax/Sebenius, pp. 157f.; Schranner, pp. 164ff.
5. Fisher/Shapiro, pp. 55f.
6. Cohen, p. 83.
7. DeSteno, Petty, Rucker, Wegener and Braverman, 2004.
8. Bruce Barry and Richard L. Oliver, "Affect in Dyadic Negotiation: A Model and Propositions", *Organizational Behavior and Human Decision Processes*, Vol. 67, No. 2 (1996), pp. 127-143; Drolet and Morris (2000), Lewick /Barry/Saunders, p. 185.
9. Diamond, p.62.
10. Hullet, 2005.
11. L. Festinger: *A Thery of Cognitive Dissonance*. Stanford, CA: Stanford University Press 1957; Fisher/Ury, p. 56.
12. Fern, Monroes and Avila, 1986.
13. Lewicki/Barry/Saunders, p. 224.
14. Ury, Past No, p.64.
15. Diamond, p. 98.
16. Shell, p. 220.
17. Howard, 1990; Dolinski, Nawrat and Rudak, 2001.
18. Lewicki/Barry/Saunders, p. 227.
19. Fisher/Ury, p.38.
20. Johnson and Eagly, 1990.
21. Fisher/Shapiro, p. 59.
22. Diamond, p. 78.
23. Diamond, pp. 78f.
24. Ury, Past No, pp. 84f., pp. 67f.
25. Cohen Ⅱ, p. 42.
26. Shell, pp. 141f.
27. Cohen, p. 190.
28. Fisher/Shapiro, pp. 100f.
29. 尊敬については次の書籍に詳しい。Borbonus, René: *Respekt! Wie Sie Ansehen bei Freund und Feind gewinnen*; Econ: Berlin, 2011.
30. Diamond, p. 331.

31. Diamond, p. 42.
32. Cohen, pp. 243f.
33. Diamond pp. 284ff.
34. Ury, Past No, pp. 60f.
35. Schlenker & Darby (1981); Darby & Schlenker (1982).
36. Ury, Past No, p. 61; Fisher/Shapiro, p. 163; Tomlinson, Dinee and Lewicki, 2004; Lewicki/Barry/Saunders, p. 315.
37. Razran (1938).
38. Lewicki/Barry/Saunders, p. 233, p. 308f.
39. Gerald R. Williams, *Legal Negotiation and Settlement* (St. Paul, Minn.: West Publishing, 1983), pp. 20-40; Howard Raiffa, *The Art and Science of Negotiation* (Boston: Harvard University Press, 1982), pp. 119-122; Tinsley, O'Connor and Sullivan, 2002.
40. Diamond, pp. 53f.
41. 司法システムの詳細に関しては次を参照。Dawson, pp. 214ff.
42. Diamond, pp. 181ff.
43. J. H. Dyer, "Effective Interfirm Collaboration: How Firms Minimize Transaction Costs and Maximize Transaction Value", *Strategic Management Journal* 18 (1997), pp. 553-556; Dyer and Singh, "The Relational View".
44. Butler, 1999; Tenbrunsel, 1999.
45. アメリカの経済学者、ミルトン・フリードマンの思想。フリードマンのこの思想については次に詳しい。Friedman, Milton: "The Social Responsibility of Business is to Increase its Profits", *The New York Times Magazine*, September 13, 1970)
46. Shell; p.200.
47. Chester Karrass, The Negotiating Game (New York : HarperBusiness, 1992)〔『交渉に勝つ技術』C. L. カーラス著、日本生産性本部、1972 年〕、pp. 242-243; Howard Raiffa, *The Art and Science of Negotiation* (Cambridge, Mass.: Harvard University Press, 1982), pp. 120-121; Shell; p. 200.
48. Shell, p. 222.
49. Rosenbaum, 1986; Shell, p. 142; Robert B. Cialdini, *Influence: The Psychology of Persuasion* (New York: William Morrow, 1993); pp. 167-207. そのほかの出典：T. M. Newcomb, *The Acquaintance Process* (New York: Holt, Rinehart and Winston, 1961) and D. Byrne, *The Attraction Paradigm* (New York: Academic Press, 1971); Kenneth D. Locke and Leonard M. Horowitz, "Satisfaction in Interpersonal Interactions as a Foundation of Similarity in Level of Dysphoria", *Journal of Personality and Social Psychology*, Vol. 58, No. 5 (1990), pp. 823-831; M. B. Brewer, "In-Group Bias in the Minimal Group Situation: A Cognitive-Motivational Analysis", *Psychological Bulletin*, Vol. 86 (1979), pp. 307-324; A. H. Ryen and A. Kahn, "Effects of Intergroup Orientation on Group Attitudes and Proximic Behavior", *Journal of Personality and Social Psychology*, Vol. 31 (1975), pp. 302-310; Machinov and Monteil, 2002, Lewicki/Barry/Saunders, pp. 237f.; Diamond, pp. 68f.; Oldmeadow, Platow, Foddy and Anderson, 2003.

50. Ury, Past No, p. 63.
51. Lewicki/Barry/Saunders, p. 350.
52. Fisher/Ury, p. 73.
53. Diamond, p. 256; Mnookin, p. 26.
54. Ury, No, p. 144.
55. Brett et al. (1998).
56. Diamond, p. 175.
57. Lax/Sebenius, p. 220.
58. Diamond, p. 184, pp. 19f.

5　感情を大事にしよう

1. Fisher/Shapiro, pp.10f.
2. このことをテーマにした研究については次に詳しい。Barry, Fulmer and Goates, 2006
3. Diamond. pp. 137f.
4. Fisher/Shapiro, p.147 and p. 149.
5. Ury, Past No, p. 33.
6. Fisher/Ury, p.117.
7. Ury, Past No, p. 37, p. 45, pp. 54f.
8. Ury, No, p. 35.
9. Fisher/Ury, p.167.
10. このことに関しては次に詳しい。Patterson et al., Crucial Conversations, New York: McGraw-Hill, 2011.
11. 「根本的な帰属の誤り」については次に詳しい。L. Ross, "The Intuitive Psychologist and His Shortcomings: Distortions in the Attribution Process", in L. Berkowitz, (Hrsg.) *Advances in Experimental Social Psychology*, Vol. 10, New York: Academic Press, 1977; Fisher/Shapiro, p. 221.
12. Ury. Past No, p. 116.
13. Fisher/Shapiro, p. 32.
14. R. H. Mnookin, PS. Peppet and A. Tulumello, "The Tension Between Empathy and Assertiveness", *Negotiaton Journal* 217 (1996), 217-230.
15. この話し方に関しては次に詳しい。Ury, Past No, pp. 70f., Ury, No. pp. 110f.
16. Ury, No, pp. 183f. and Ury, Past No, p. 70.
17. Dawson, p. 37.
18. Diamond, pp. 142f.
19. Cohen, pp. 129f.
20. Ury, Past No, p. 11, 37ff., 49; Ury, No, pp. 176f.

6　知らないと損する情報の引き出し方

1. Peter Wason, “Reasoning about a Rule”, in: *Quarterly Journal of Experimental Psychology*, Jg. 20 (1968), pp. 273-281.
2. Sebenius, James K., “Six Habits of Merely Effective Negotiators”, *Harvard Business Review* 79, No. 4 (April 2001), pp. 87-95.
3. Leigh A. Thompson, “They Saw a Negotiation: Partisanship and Involvement”, *Joutnal of Personality and Social Psychology*, Vol. 68 (1995), pp. 839-853.
4. R. J. Robinson, “Errors in Social Judgement: Implications for Negotiation and Conflict Resolution, Part 1”, Case. 9-897-103 (Boston: Harvard Business School, 1997); および “Error in Social Judgement: Implications for Negotiation and Conflict Resolution, Part 2”, Case 9-897-104 (Boston: Harvard Business School, 1997).
5. Chip Health, Dan Health “Curse of Knowledge”, *Harvard Business Review* Dec 2006, 84 (12) Dec., pp. 20-22
6. この例の出典は次のとおり。Fisher and Ury, pp. 24f.
7. Fisher and Ury, p. 33.
8. この逸話の出典は次のとおり。Nöllke, Matthias: *Anekdoten, Geschichten, Metaphern für Führungskräfte*; Haufe-Lexware: Freiburg, 2002; pp. 77f.
9. Fragale and Heath, 2004.
10. Ury, No, p. 88.
11. Beisecker, Walker and Bart, 1989; Raven and Rubin, 1973.
12. 交渉可能領域は交渉ゾーンと呼ばれることもある。
13. Stein, 1996.
14. Dawson, pp. 186f.; Diamond, p. 63; Fisher/Ury, p. 117.
15. この例は Cohrn, pp. 34f. に変更を加えたものである。
16. Diamond, p. 67, 71f., 106, 72, 75.
17. Cohen Ⅱ, p. 289, 44.
18. Freund, Traumdeutung, Deuticke: Leipzig und Wien, 1914; p. 77; Ury, No, p.86.
19. Diamond, p. 62.
20. Rogers Carl (1959), A Theory of Therapy, Personality and Interpersonal Relationships as Developed in the Client-centered Framework. In: S. Koch (Hrsg.), *Psychology: A Study of a Science. Vol. 3: Formulations of the Person and the Social Context.* New York: McGraw Hill. アクティブリスニングの技法は、今日ではカウンセリングだけでなくさまざまなコミュニケーションの場面で用いられている。
21. Ury. Past No, pp. 56f.
22. Cohen Ⅱ, p. 17.
23. Cohen, pp. 142f.
24. D. Lax and J. Sebenius, “The Manager as Negotiator: The Negotiator’s Dilemma: Creating and Claiming Value”, in *Dispute Resolution*, 2. Edition, in Stephen Goldberg, Frank Sander and Nancy Rogers (Boston: Little Brown and Co., 1992), pp. 49-62; Cozby

(1973).
25. Deepak Malhotra and Max Bazerman (2007); Lewicki/Barry/Saunders, p. 98.
26. Cohen II, pp. 204ff.
27. ロジャー・ドーソンはこのことを「仲間同士の情報共有 (peer group sharing)」と呼んでいる (Dawson, p. 190)。
28. のちに判事となったゲアハルト・ゲゼルの逸話。引用元は次のとおり。Fisher/Shapiro, p. 173.
29. Adams, P. A., & Adams, J. K. (1960). “Confidence in the Recognition and Reproduction of Words Difficult to Spell”, *The American Journal of Psychology*, 73(4), 544-552. 認知バイアスに関しては次にも詳しい。Dobelli, Rolf: *Die Kunst des klaren Denkens*, Hanser: München, 2011 pp. 13ff〔『なぜ、間違えたのか？』ロルフ・ドベリ著、サンマーク出版、2013 年〕、L. Babcock and G. Loewenstein, “Explaining Bargaining Impasse: The Role of Self-Serving Biases”, *Journal of Economic Perspectives* 11. No. 1 (1997): 109-126; Shell, p. 132.
30. Johnson, 1971; Walcott, Hopmann and King, 1977. Lewicki/Barry/Saunders, p. 194. Fisher/Shapiro, pp. 171ff.
31. Diamond, p. 171.
32. Alderfer (1977), Lewicki/Barry/Saunders, pp. 491f. にもとづく。
33. Shell, pp. 76f., p. 85.
34. Lewicki/Barry/Saunders, p. 223.
35. Diamond, pp. 9f.
36. Cohen II.
37. Dawson, pp. 188f.
38. Diamond, p. 371.
39. Fisher/Ury, p. 140.
40. Lewicki/Barry/Saunders, p. 135.

7　コミュニケーション手段を変えた交渉法

1. Shell, p. 133. 相手と直接顔を合わせない交渉に関しては次にも詳しい。Kathleen L. McGinn and Rachel Croson, “What do Communication Media Mean For Negotiations? A Question of Social Awareness”, in Michele J. Gelfand and Jeanne M. Brett, Hrsg., *The Handbook of Negotiation and Culture* (Standard, CA: Stanford University Press, 2004), pp. 334-349. G. Richard Shell, “Electronic Bargaining: The Perils of E-Mail and the Promise of Computer-Assisted Negotiations”, in Stephen J. Hoch and Howard C. Kunreuther, *Wharton on Making Decisions* (New York: Wiley, 2001), pp. 201-221〔『ウォートンスクールの意思決定論』ステファン J. ホッチ、ハワード C. クンリューサー著、東洋経済新報社、2006 年〕. Leigh Thompson and Janice Nadler, “Negotiating Via Information Technology: Theory and Application”, *Journal of Social Issues*, Vol. 58 No. 1 (Spring

2002), pp. 109-124.
2. Cohen, p. 209.
3. Loewenstein, Morris, Chakravarti, Thompson and Kopelman (2005).
4. Diamond, p. 73.
5. Valley, Moag and Bazerman, 1998.
6. Naquin and Paulson, 2003.
7. Sheehy and Palanovics, 2006.
8. この事実を証明する研究は多数発表されている。Michael Morris, Janice Nadler, Terri Kurtzberg, and Leigh Thompson, "Schmooze or Lose: Social Friction and Lubrication in E-Mail Negotiations", *Group Dynamics, Theory, Research & Practice*, Vol. 6, No. 1 (May 2002), pp. 89-100; Janice Nadler, "Legal Negotiation and Communication Technology: How Small Talk Can Facilitate E-Mail Dealmaking", *Harvard Negotiation Law Review*, Vol. 9 (2004), pp. 223-245; Nicholas Epley and Justin Kruger, "When What you Type Isn't What They Read: The Perseverance of Stereotypes and Expectancies Over E-Mail", *Journal of Experimental Social Psychology*, Vol. 41 (2005), pp. 414-422; Raymond A. Friedman and Steven C. Currall, "Conflict Escalation: Dispute Exacerbating Elements of E-Mail Communications", *Human Relations*, Vol. 56, No. 11 (2003), pp. 1325-1347; Charles E. Naquin and Gaylen D. Paulson, "Online Bargaining and Trust", *Journal of Applied Psychology*, Vol. 88, No. 1 (2003), pp. 113-120; Shell, p. 134.
9. Morris et al., 2000; Lewicki/Barry/Saunders, p. 190.
10. Guadagnoa and Cialdini (2007).
11. Thompson and Nadler, 2002, p. 119.
12. Shell, p. 134.
13. Croson, 1999.
14. Kennedy, p. 188.

Ⅲ　両者が大きな利益を勝ち取る方法

8　本当に求めているものを手に入れる

1. この逸話がよく知られるようになったのは Fisher, Ury and Patton, 1991, p. 40 を通してだが、初出は次のとおり。Follett, 1940; Lewicki/Barry/Saunders, p. 79.
2. Schneider, 2002; Diamond, p. 19.
3. Fisher/Ury, p. 154.
4. 驚くべきことに、ウィンウィンの本当の意味を理解せず、ウィンウィンは妥協することだと定義づけている交渉術の本はたくさんある（Camp, Jim: *Start with NO...The Negotiating Tools that the Pros Don't Want You to Know*; Crown Business: New York, 2002〔『交渉は“ノー！”から始めよ——狡猾なトラに食われないための 33 の鉄則』ジム・キャンプ著、ダイヤモンド社、2003 年〕）

5. 次の書籍にも類似の例がある。Cohen, p. 198.
6. Fry, Firestone and Williams, 1979; Kelly and Schenitzki, 1972; Rubin and Brown, 1975; Lewicki/Barry/Saunders, p. 97.
7. William R. Fry, Ira J. Firestone and David I. Williams, "Negotiation Process and Outcome of Stranger Dyads and Dating Couples: Do Lovers Lose?", *Basic and Applied Social Psychology*, Vol. 4, No. 1 (1983), pp. 1-16.
8. Fisher/Ury, p. 59.
9. Roger Fisher, William Ury and Bruce Patton; Thomas J. D'Zurilla and Arthur Nezu, "A Study of the Generation-of-Alternatives Process in Social Problem Solving", *Cognitive Therapy and Research*, Vol. 4, No. 1 (1980), pp. 67-72; Shell, p. 172.
10. Ury, No, pp. 130f., pp. 35f., p. 136, p.153, p. 150.
11. Lax/Sebenius, p. 129.
12. 人間の本質と道徳がまったく異なるものであることは、イギリスの哲学者、ジョン・スチュアート・ミルがすでに指摘している。Mill, John Stuart: *Nature, The Utility of Religion and Theism*. Longmans, Green, Reader, and Dyer: London, 1874.
13. Max Bazerman, Margaret Neale, and Leigh H. Thompson; M. H. Bazerman and M. A. Neale, *Negotiating Rationally* (New York; Free Press, 1992)〔『マネジャーのための交渉の認知心理学——戦略的思考の処方箋』マックス H. ベイザーマン、マーガレット A. ニール著、白桃書房、1997 年〕; M. A. Neale and M. H. Bazerman, *Cognition and Rationality in Negotiation* (New York: Free Press, 1991); and L. L. Thompson, *The Mind and Heart of the Negotiator*, 2. Edition. (Upper Saddle River, NJ: Prentice Hall, 2001); Lax/Sebenius, p. 80.
14. Fisher/Ury, p.62; Mnookin, p.37; Carroll, Bazerman and Maury, 1988 も参照。
15. Kemp and Smith, 1994.
16. Walter Morley Balke, Kenneth Hammond and G. Dale Meyer, "An Alternate Approach to Labor-Management Relations", *Administrative Science Quarterly*, Vol. 18 (1973), pp. 311-327; Shell, p. 79; Butler, 1999; Kemp and Smith, 1994; Lewicki/Barry/Saunders, p. 73
17. Diamond, pp. 68f.
18. この物語は 13 世紀に成立した『宇治拾遺物語』に由来する。Nöllke, pp. 128f. より。
19. ドイツ人の交渉エキスパート、ラスムス・テンベルゲンはこの方法を「conditional principled negotiation（条件にもとづく交渉）」と呼んでいる。2001 年 5 月にハーバード大学で開催された交渉に関する学術研究セミナーで発表された次の研究論文による: Rasmus Tenbergen: *Prinzipienoriertiertes Verhandeln und das Verhandlungsdilemma – ist das "Harverd-Konzept" zu weich?*（発表された研究論文のドイツ語版）。
20. Lax/Sebenius, p. 76, p. 207.
21. Diamond, p. 121.
22. Cohen, p. 69.
23. Cohen II, pp. 142f.
24. Donald J. Trump, *The Art of the Deal* (New York: Random House, 1987), p. 37〔『トランプ自伝——アメリカを変える男』ドナルド J. トランプ著、早川書房、1988 年〕; Shell, p.

102

25. Amy E. Walters, Alice F. Stuhlmacher and Lia L. Meyer, "Gender and Negotiator Competitiveness", *Organizational Behavior and Human Decision Processes*, Vol. 76 (1988), pp. 1-29; Alice Stuhlmacher and Amy E. Walters, "Gender Differences in Negotion Outcomes: A meta-analysis", *Personnel Psychology*, Vol. 52 (1999), pp. 653-677.
26. Rudmann 1998, Rudmann and Glick, 1999.
27. Deborah Small et al. (2007).
28. Bowles, Babcock and McGinn (2005).
29. Laura J. Kray, Leigh Thompson and Adam Galinsky, "Battles of the Sexes: Gender Stereotype Confirmation and Reactance in Negotiations", *Journal of Personality and Social Psychology*, Vol. 80, No. 6 (2001), pp. 942-958; Laura J. Kray, Adam Galinsky and Leigh Thompson, "Reversing the Gender Gap in Negotiations: An Exploration of Stereotype Regeneration", *Organizational Behavior and Human Decision Processes*, Vol. 87, No. 2 (2002), pp. 386-409; Shell, p. 17.
30. Sheldon and Johnson, 1994; Kolb and Coolidge, 1991, p. 266; Lewicki/Barry/Saunders; pp. 406f.
31. Kolb and Coolidge 1991; Kray and Babcock, 2006.
32. Kolb and Coolidge 1991.
33. Ayres and Siegelman 1995.
34. Babcock and Laschever 2003, p. 5; Lewicki/Barry/Saunders; pp. 421f.
35. Dawson. pp. 56f.
36. Maslow, Abraham: "A Theory of Human Motivation"; *Psychological Review*, 1943, Vol. 50 No. 4; pp. 370-396. 交渉におけるマズローの欲求のピラミッドの意義については次も参照。Holaday, 2002, 特に Nierenberg, 1976.
37. Burton 1984.
38. Lax/Sebenius, p. 11.
39. Kunkel, A.; Bräutigam, P.; Hatzelmann, E.: Verhandeln nach Drehbuch; Redline: München, 2010.
40. Pruit amd Lewis, "Development of Integrative Solutions in Bilateral Negotiation"; Elizabeth A. Mannix, Leigh Thompson and Max H. Bazerman, "Negotiation in Small Groups", *Journal of Applied Psychology*, Vol. 74, No. 3 (1989), pp. 508-517; Gary A. Yuki, Michael P. Malone, Bert Hayslip and Thomas A. Pamin, "The Effects of Time Pressure and Issue Settlement Order on Integrative Bargaining", *Sociometry*, Vol. 39, No. 3 (1976), pp. 277-281.
41. Shell, p. 170.
42. H. Raiffa, *The Art and Science of Negotiation* (Cambridge, Ma: Harvard University Press, 1982); 次も参照。V. Medvec and A. D. Galinski, "Putting More on the Table: How Making Multiple Offers Can Increase the Final Value of the Deal", *Negotiation* (2005): 1-4; および V. Medvec et al., *Navigating Competition and Cooperation: Multiple Equivalent Offers in Deal-Making* (Toronto: University of Toronto, Rotman School of

Management, 2005); Lax/Sebenius, p. 210.
43. Cohen, p. 87.
44. Lax/Sebenius, p. 25.
45. A. E. Tenbrunsel et al., "The Negotiation Matching Process: Relationships and Partner Selection", *Organizational Behavior and Human Decision Processes* 80 (1999): 252-283; Lax/Sebenius, p. 58.
46. Simonson, Itamar and Amos Tversky (August 1992), "Choice in Context: Tradeoff Contrast and Extremeness Aversion", *Journal of Marketing Research* (American Marketing Association) 29 (3): 281-295.
47. Ariely, Dan, *Predictably Irrational*, HarperCollins, 2008, pp. 8ff.〔『予想どおりに不合理——行動経済学が明かす"あなたがそれを選ぶわけ"』ダン・アリエリー著、早川書房、2013年〕
48. Kennedy, p. 233.
49. Fisher/Ury, p. 76.
50. Lax/Sebenius, 2002.
51. Barki and Hartwick, 2004.
52. Lax/Sebenius, p. 143.
53. Diamond, p. 126.
54.「interest substitution（関心事の置き換え）」ともいう。Lewicki/Barry/Saunders, p. 87.
55. Diamond, p. 302.
56. Lewis A. Froman Jr. and Michel D. Cohen, "Compromise and Logroll: Comparing the Efficiency of Two Barganing Processes", *Behavioral Science*, Vol. 15 (1970), pp. 180-183; Tajima and Fraser, 2001; Moran and Ritov, 2002.
57. Lewicki/Barry/Saunders, pp. 85f.
58. Cohen II, p. 127.
59. Lewicki/Barry/Saunders, p. 123; Simons and Tripp, 2010.
60. Fisher/Ury, pp. 78f.
61. Diamond, p. 185.
62. Lax/Sebenius, p. 146.
63. Diamond, p. 185.
64. Dawson, p. 330.
65. Lewicki/Barry/Saunders, p. 122, p. 151; Diamond, p. 124, p. 308, p. 120.
66. Kennedy, pp. 234f.
67. Kennedy, p. 109.
68. この結果は「パレート最適」ではない。このモデルを示したことにより、ジョージ・アカロフはマイケル・スペンス、ジョセフ・E・スティグリッツとともに2001年にノーベル経済学賞を受賞している。このモデルの初出は次の論文。Akerlof, G. A.: The Market for "Lemons", in : *Quarterly Journal of Economics*, 84. Jg., No. 3. (August 1970), pp. 488-500.

69. Diamond, p. 116; 同様に Buhr, pp. 25ff. も参照。
70. Irving Janis, Groupthink: *Psychological Studies of Policy Decisions and Fiascos* (Boston: Houghton Mifflin, 1982).
71. エドワード・デボノは「黒い帽子の思考」という言葉を用いてこの方法を説明している。de Bono , Edward (1985). *Six Thinking Hats: An Essential Approach to Business Management*. Little, Brown, & Company〔『6つの帽子思考法——視点を変えると会議も変わる』エドワード・デボノ著、パンローリング、2015年〕
72. Lax/Sebenius, pp. 238f.; J. K. Sebenius, “Negotiating Lessons from the Browser Wars”, *Sloan Management Review* 43, No. 4 (Summer 2002), pp.43-50; K. Swisher, AOL.com: *How Steve Case Bear Bill Gates, Nailed the Netheads, and Made Millions in the War for the Web* (New York: Times Business, 1998), p. 114.〔『AOL—超巨大ネット・ビジネスの全貌』カーラ・スウィッシャー著、早川書房、2000年〕
73. Thompson, 1990b; Pinkley, Griffith and Northcraft, 1995; Thompson and Hastie, 1990a, 1990b.
74. Diamond, p. 125.
75. Ury, Past No, p. 118.
76. Kim, W. Chan; Mauborgne, Renée: Blue Ocean Strategy: *How to Create Uncontested Market Space and Make Competition Irrelevant*. Harvard Business Press〔『ブルー・オーシャン戦略——競争のない世界を創造する』W. チャン・キム、レネ・モボルニュ著、ランダムハウス講談社、2005年〕. 次にも簡潔にまとめられている。Kim, W. Chan; Mauborgne, Renée “Blue Ocean Strategy”. *Harvard Business Review* (Boston: Harvard Business School Press): 76-85. October 2004.　この戦略の基本となる思想「バリューイノベーション」については次に詳しい。Kim, W. Chan; Mauborgne, Renée “Value Innovation: The Strategic Logic of High Growth”, *Harvard Business Review* (Boston: Harvard Business School Press), pp. 103-112. January-February 1997.
77. Neal and Bazerman, 1991, p. 23; Lewicki/Barry/Saunders, p. 75.
78. Shell, p. 10f.
79. Lax/Sebenius, p. 42.
80 Shell, pp. 86f.
81. Diamond, p. 341, p. 116.
82. Kennedy, pp. 240f.
83. Lewicki/Barry/Saunders, p. 89.
84. Ury, Past No, p. 84.
85. Fisher/Ury, p. 67.
86. Diamond, p. 164.
87. Fisher/Ury, p. 68; Thomas J. D’Zurilla and Arthur Nezu, “A Study of the Generation of Alternatives Process in Social Problem Solving”, *Cognitive Therapy and Research*, Vol. 4, No. 1 (1980), pp. 67-72.
88. Fisher/Shapiro, pp. 52f.
89. Lax/Sebenius, p. 126.

90. Harry Kalven, Jr. and Hans Zeisel, *The American Jury* (Boston: Little Brown, 1966), pp. 486-491; John Sabini, *Social Psychology*, 2. Edition (New York: W. W. Norton, 1992), pp. 94-95.
91. Shell, p. 105; Cialdini, Influence, pp. 114-166.
92. Ross, Greene and House, 1977.
93. Lax/Sebenius, p. 28.
94. Asch, S. E. (1956), "Studies of independence and conformity: I. A minority of one against an unanimous majority", *Psychological Monographs*, 70(9), 1-70.
95. Ury, Past No, p. 78; Lax/Sebenius, p. 127.
96. Dawson, p. 255.
97. Ury, William: The walk from "no" to "yes"; TED Talk; October 2010.
98. Druckman (1994).
99. Carnevale, Pruitt and Britton (1979).
100. Shell, pp. 11f.
101. Ross, p. 7.
102. Fisher, Ury and Patton, 1991; Pruitt und Rubin, 1986; Lewicki/Barry/Saunders, pp. 74f.
103. Fisher/Ury, p. 56.
104. Lax/Sebenius, p. 73.
105. Diamond, p. 18.
106. Fisher/Ury, p. 39.
107. ケーキ屋のたとえの引用元。Friedhelm Wachs, *Faktor V: Die fünf Phasen erfolgreichen Verandelns*, p. 90 Wiley-VCH; 2012, Weinheim.
108. 統合型の交渉にも必ず分配型交渉の要素が含まれているという考えが最初に示されたのは次の書籍である。David Lax and James Sebenius, *The Manager as Negotiator: Bargaining for Cooperation and Competitive Gain*, 1986.

Ⅳ　交渉の即効テクニック

9　アンカリングで印象を操作する

1. Lax/Sebenius, p. 187.
2. Tversky, A. and Kahneman, D. 1974, "Judgement under uncertainty: Heuristics: and biases", *Science*, 185: pp. 1124-1131. ドイツの心理学者、フリッツ・シュトラックとトーマス・ムスヴァイラーは、アインシュタインがはじめてアメリカを訪れたのはいつかを尋ねる実験を行った。質問をする前に、1215 や 1992 といったまったく意味のない数字を被験者に見せたところ、トベルスキーとカーネマンの実験同様、1905 や 1939 など、事前に見せた数字に影響を受けた答えが返ってきた。Strack, F. and Mussweiler, T. (1997), "Explaining the enigmatic anchoring effect: Mechanisms of

selective accessibility", *Journal of Personality and Social Psychology*, 73 pp. 437-446.

3. Brodt (1994); Chertkoff and Conley (1967); Cohen (2003); Donohue (1981); Hinton Hamner and Pohlan (1974); Komorira and Brenner (1968); Liebert, Smith and Hill (1968); Pruitt and Syna (1985); Ritov (1996); van Pouke and Buelens (2002); Weingart, Thompson, Bazerman and Carroll (1990); Lewicki/Barry/Saunders, pp. 49f.
4. Adam Galinsky and Thomas Mussweiler (2001).
5. Pruitt (1981); Tutzauer (1991); Putnam and Jones (1982); Yukl (1974).
6. M. A. Neale and G. B. Northcraft, "Experts, Amateurs, and Refrigerators: A Comparison of Expert and Amateur Negotiator in a Novel Task", *Organizational Behavior and Human Decision Processes* 38 (1986), pp. 305-317.
7. A. D. Galinsky, "Should You Make The First Offer?", *Negotiation* 7 (2004): 1-4.
8. Bierhoff 1990, pp. 145f.
9. Shell, p.161.
10. Ross, p. 124.
11. Robert B. Cialdini, Joyce E. Vincent, Stephan K. Lewis, Jose Catalan, Diane Wheeler and Betty Lee Darby, "Reciprocal Concessions Procedure for Inducing Compliance: The Door-in-the-Face Technique", *Journal of Personality and Social Psychology*, Vol. 31, No. 2(1975), pp. 206-215; Robert Vincent Joule, "Tobacco deprivation: The foot-in-the-door technique versus the low-ball technique", *European Journal of Social Psychology*, Vol. 17 (1987), pp. 361-365.
12. Shell, p. 219.
13. Malhotra, Deepak K. and Bazerman, Max H., *Psychological Influence in Negotiation: An Introduction Long Overdue*, Working Paper, January 28, 2008; pp. 20ff. 1981年のカーネマンとトベルスキーの実験にもとづく。
14. Dawson, p. 46 and p.136.
15. Jerome M. Shertkoff and Melinda Conley, "Opening Offer and Frequency of Concession as Bargaining Strategies", *Journal of Personality and Social Psychology*, Vo. 7, No.2 (1967), pp. 181-185; Gary Yukl, "Effects of the Opponent's Initial Offer, Concession Magnitude, and Concession frequency on Bargaining Behavior", *Journal of Personality and Social Psychology*, Vol. 30, No. 3 (1974), pp. 323-335.
16. Kennedy, p. 103.
17. Dawson, p. 21.
18. Shell, p. 160.
19. Andrea Gerlin, *Wall Street Journal*, "A Matter of Degree: How a Jury Decided that a Coffee Spill is Worth $2.9 Million", September 1, 1994, p. A1. 判事は最終的に賠償金を64万ドルに減額する判決をくだした。その後、双方ともに上訴し、非公開で和解が成立している。
20. ドイツ人の交渉エキスパート、ヴォルフガング・ベーニッシュもこのように書いている。「合意の可能性のある選択肢を探り、条件つきの譲歩案を示すには、交渉初期の段階で仮定形での質問をしておかなければならない」。Wolfgang Bönisch,

Grundlagen des Verhandlungserfolgs, 2011 ventus Publishing, Holstebro/Dänemark, p. 20.
21. Lax/Sebenius, p. 194.
22. H. A. Kissinger, *The Necessity of Choice*; New York, Harper & Row, 1961; p. 205.
23. Shell, p. 186.
24. 交渉のエキスパートは、裁判や仲裁裁判にかかわる案件では、双方が満足できるような結果を導き出すアドバイスはしないものだという（cooling effect "冷却効果"）。判事や仲裁人が、双方の要求の中間をとって解決をはかろうとするのではないかと懸念するためだ (Kochan, 1980, p.291; Lewicki/Barry/Saunders, p. 527)。だがその懸念の正当性は証明されたわけではない。仲裁裁判で、金額を折半する判断がくだされるケースは3分の1程度しかない (Keer and Maimark, 2001)。
25. Lewicki/Barry/Saunders, pp. 224f.
26. Jackson and Allan, 1987.
27. Schranner, p. 115 も参照。
28. これらの効果を正しく組み合わせた際に得られる効果は「系列位置効果（Serial Position Effect）」と呼ばれている。Mursock, 1962.
29. Bob Woolf, *Friendly Persuasion: How to Negotiate and Win* (New Yoek: Berklet Books, 1990), pp. 180-181.
30. Galinsky, Seiden, Kim and Medvec, 2002; Kahneman and Miller, 1986.
31. Shell, p. 158.
32. Cohen, p. 112; p. 131.
33. Myron Liebschutz, "Negotiating the Best Deal Requires a Poker Strategy", *The Wall Street Journal*, June 8, 1997, p. B1.
34. Dawson, pp. 34f.
35. この逸話は次に詳しい。Ross, p. 92.
36. Kennedy; pp. 264f.
37. Dawson, p. 94.
38. 中国・三国時代（207 年 -265 年）の逸話。
39. この思考モードに関しては次に詳しい。Kahneman, D. (2011), *Thinking, Fast and Slow*, Allen Lane 2011〔『ファスト＆スロー――あなたの意思はどのように決まるか』ダニエル・カーネマン著、早川書房、2014 年〕; J. St. B. T. Evans, "Dual-Process Accounts of Reasoning, Judgement, and Social Cognition", *Annual Review of Psychology* 59 (2008); J. St. B. T. Evans, "In Two Minds: Dual-Process Accounts of Reasoning", *Trends in Cognitive Science* 7(10) (2003); S. C. Wason and J. St. B. T. Evans, "Dual-Process Accounts of Reasoning", *Cognition* 3(2) (1975); Mnookin; p. 23.
40. Petty and Cacioppo, 1986b, pp. 131f.; Lewicki/Barry/Saunders, p. 221.
41. Smith and Shaffer, 1991.
42. Andreoli and Worchel, 1978.
43. Reaedon, 1981, p. 192; Petty and Brock, 1981; Lewicki/Barry/Saunders, p. 231.
44. Lewicki/Barry/Saunders, p. 69.
45. Miller and Burgoon, 1979; Lewicki/Barry/Saunders, p. 229.

46. D. J. O'Keefe, *Persuasion: Theory and Research* (Thousand Oaks, CA: Sage Publication, 2002), 221; Lax, p. 217.

10　相互主義を活かそう

1. Shell, pp. 71f.
2. Stillenger, Epelbaum, Keltner and Ross, 1990; Lewicki/Barry/Saunders, p. 160; Neale and Bazerman, 1992b.
3. Kennedy, p. 144.
4. Kwon and Weingart, 2004.
5. Lax/Sebenius, p. 211.
6. Lewicki/Barry/Saunders, p. 65.
7. Dawson, p. 107.
8. Diamond, p. 282.
9. Cohen Ⅱ, pp. 36f.
10. Diamond, p. 280.
11. Lewicki/Barry/Saunders, p. 241
12. Kennedy, p. 140; 同様に次も参照のこと。Gavin Kennedy, John Benson and John McMillian, *Managing Negotiations* (Englewood Cliffs, N. J.: Prentice-Hall, 1982), pp. 88-98. Shell, p. 169.
13. Shell, p. 170.
14. Dawson, p. 61.
15. Diamond, p. 220.
16. Thaler, 1985; 同様に次も参照のこと。Kahneman and Tversky, 1979; Malhotra, Deepak K. and Bazerman, Max H., *Psychological Influence in Negotiation: An Introduction Long Overdue*, Working Paper, January 28, 2008; pp. 12f.
17. Kennedy, pp. 32f.
18. Kennedy, p. 29.
19. Diamond, p. 305.
20. Brodt and Tuchinsky, 2000; Hilty and Carnevale, 1993.
21. Shell, p. 173.
22. Dawson, p. 196.
23. Lewicki/Barry/Saunders, p. 241.
24. Charles E. Osgood, "Reciprocal Initiative", in *The Liberal Papers*, Doubleday/Anchor, 1962.
25. Shell, pp. 189f.
26. Kennedy, p. 291.
27. Yukl, 1974; Lewicki/Barry/Saunders, p. 54.

11　公正かどうかは大問題

1. Werner Guth and Reinhard Tiertz, "Ultimatum Bargaining Behavior: A Survey and Comparison of Experimental Results", *Journal of Economic Psychology*, Vol. 11 (1990), pp. 417-432.
2. シミュレーションが数回に分けて行われる場合は、1度目の後、次の回ではもっと高い金額をオファーするよう相手を「教育」するという方法もある。
3. George Lowenstein, Samuel Issacharoff, Colin Camerer and Linda Babcock, "Self-Serving Assessments of Fairness and Pre-trial Bargaining", *Journal of Legal Studies*, Vol. 22, No.1 (1993), pp. 135-159.
4. Lewicki/Barry/Saunders, p. 15.
5. H. Raiffa, J. Richardson and D. Metcalfe, *Negotiation Analysis: The Science and Art of Collaborative Decision Making* (Cambridge, MA: Belknap Press of Harvard University Press, 2002); S. J. Brams and A. D. Taylor, *Fair Division: From Cake-Cutting to Dispute Resolution* (Cambridge, UK: Cambridge University Press, 1996) and R. P. McAfee, "Amicable Divorce: Dissolving a Partnership with Simple Mechanisms", *Journal of Economic Theory* 56 (1992), pp. 266-293.; 次も参照。 Lax/Sebenius, p. 109.
6. Fisher/Ury, pp. 89f.
7. Kunkel et al., p. 140.
8. Shell, p. 43.
9. Sally Blount, Melissa C. Thomas-Hunt and Margaret A. Neale, "The Price Is Right – Or Is It? A Refrence Point Model of Two-Party Price Negotiations", *Organizational Behavior and Human Decision Processes*, Vol. 68, No. 1 (October 1996), pp. 1-12.
10. Fisher/Ury, p.91.
11. Clark, 1984; Cialdini, *Influence: The Psychology of Persuasion*, 2. Edition. (New York: William Morrow, 1987), p. 59.
12. Reardon, 1981; Lewicki/Barry/Saunders, p. 224 も参照。
13. Shell, p. 46.
14. Ury, No. p.134.
15. Ury, Past No, p. 126.; Fisher/Ury, p. 72.
16. Freeman and Fraser, 1966.
17. Cohen, p. 27.
18. Ross p. 61, p. 41
19. Cohen, pp. 29f.
20. Cohen Ⅱ, pp. 261f.
21. Tversky and Kahneman, 1982.
22. Read, J. D.: "The availability heuristic in person identification: The sometimes misleading consequences of enhanced contextual information", *Applied Cognitive Psychology* 9, pp. 91-121; 1995.

23. Volbert, Renate; Galow, Anett: Sexueller Missbrauch: Faktenn und offene Fragen; Impulsvortrag in der AG »Forschung und Lehre« des Runden Tisches zum sexuellen Kindermissbrauch, 2010.
24. Lewicki/Barry/Saunders, pp. 154f.
25. Diamond, p. 83, pp. 94f.
26. Diamond, p. 89, pp. 85f.
27. Lewicki/Barry/Saunders, p. 38.
28. Diamond, p. 104.
29. Shell, pp. 43f.

12　相手の見方に働きかける

1. Diamond, p. 51.
2. Buechler, 2000.
3. Peter B. Stark und Jane Flaherty, *The Only Negotiating Guide You'll Ever Need: 101 Ways To Win Every Time in Any Situation*; Peter B. Stark and Jane Flaherty, New York: Broadway Books, 2003, p. 143.
4. Lewicki/Barry/Saunders, p. 142.
5. Shell, pp. 45f.
6. Lax/Sebenius, p. 216.
7. このことに関しては次に具体的に説明されている。Mischel, W., Ayduk, O.: "Willpower in a cognitive-affective processing system: The dynamics of delay of gratification". In: R. F. Baumeister and K. D. Vohs (Hrsg.): *Handbook of self-regulation: Research, Theory, and Applications*. Guildford, New York 2004, pp. 99-129. 2012年にイタリアの食品会社、フェレロ社がこの実験をモチーフにしたテレビコマーシャルを製作している。
8. Diamond, p. 300.
9. Lewicki/Barry/Saunders, p. 224, pp. 148f.
10. Marjorie Corman Aaron, "The Right Frame: Managing Meaning and Making Proposals", *Harvard Management Communication Letter*, September 1999, 1-4.
11. Tversky, Amos and Kahneman, Daniel, 1986. "Rational Choice and the Framing of Decisions", *The Journal of Business*, University of Chicago Press, Vol. 59(4), pp. 251-78
12. Daniel Kahneman and Amos Tversky, "Prospect Theory: An Analysis of Decision Risk", *Econometrica*, Vol. 47, No. 2 (1979), pp. 263-291; Paul H. Schurr, "Effects of Gains and Loss Decision Frames on Risky Purchase Negotiations", *Journal of Applied Pshychology*, Vol. 72, No. 3 (1987), pp. 351-358; Eric van Dijk and Daan van Knippenberg, "Buying and Selling Exchange Goods: Loss Aversion and The Endowment Effect", *Journal of Economic Psychology*, Vol. 17 (1996), pp. 517-524; Schurr, 1987; Bazerman, Magliozzi and Neale (1985); de Dreu, Carnevale, Emans and Van de Vliert (1994); and Neale, Huber and Northcraft (1987)

13. Ury, No, p.159
14. ポジティブなフレームは公正な印象を与えることもできる (Bazerman and Neale, 1992)。
15. フォアト・フォルガーニの引用にもとづく。Tanz um die Macht. Geheimnisse der Verhandlungsführung.
16. Shrll, p.98.
17 Schranner, p. 180.
18 Diamond, pp. 42f.

V　交渉成立に向けて

13　つぎ込んだ労力や時間にこだわりすぎない

1. Dawson, pp. 86f.
2. Max Bazerman, *Judgement in Managerial Decision-Making*, 4. Edition. (New York: John Wiley & Sons, 1998), pp. 66-78〔『行動意思決定論――バイアスの罠』マックス・H. ベイザーマン著、白桃書房、2011 年〕: Overcommitment: Howard Garland, "Throwing Good Money After Bad: The Effect of Sunk Cost on the Decision to Escalate Commitment to an ongoing project", *Journal of Applied Psychology*, Vol. 75, No. 6 (1990), pp. 728-731. Brockner, 1992; Staw, 1981; Teger, 1980
3. Richard H. Thaler, *The Winner's Curse: Paradoxes and Anomalies of Economic Life* (New York: Free Press, 1992), pp. 1-5.〔『市場と感情の経済学――「勝者の呪い」はなぜ起こるのか』リチャード・H. セイラー著、ダイヤモンド社、1998 年〕
4. Cohen Ⅱ, p. 291.
5. Shell, pp. 182f.
6. Dawson, p. 178.
7. Lax/Sebenius, p. 85.
8. Cohen, pp. 35ff.
9. Dawson, p. 42.
10. Ross, p. 69.
11. Dawson, p. 87.
12. Shell, pp. 183f.
13. Shell, p. 218, 224.
14. Ury, Past No, p. 96.
15. Dawson, pp. 119f.

14　威嚇は取り扱い注意

1. de Dreu, 1995; Shapiro and Bies, 1994; Lewicki/Barry/Saunders, p. 58
2. Diamond, pp. 249f.
3. Ury, Past No, pp. 137f.
4. Ury, Past No, p. 202.
5. Shell, p. 103.
6. J. T. Tedeschi, R. B. Schlenker and T. V. Bonoma: *Conflict, Power and Games: The Experimental Study of Interpersonal Relation* (Chicago: Aldine, 1973)
7. Cohen, p. 43.
8. Diamond, p. 140.
9. Cohen, p. 134.
10. Ury, Past No, p. 135.
11. 非常に似た例は次にも挙げられている。Cohen Ⅱ, pp. 104f.
12. Ury, Past No, pp. 91f.
13. Cohen Ⅱ, pp. 273f.
14. Lewicki/Barry/Saunders, p. 62.
15. 次にはもっと多くの例が挙げられている。Cohen Ⅱ, p. 275.
16. Ury, Past No, p. 90.
17. Shell, p. 181.
18. Diamond, p. 317.
19. Ury, Past No, pp. 35f.
20. Diamond, p. 128.
21. Dawson, pp. 69f.
22. Shell, p. 188.

15　相手の面目を保つ金の橋を架ける

1. この逸話は次に詳しい。Ury, No, pp. 224f.
2. Schranner, p. 190.
3. Wachs, p. 32.
4. Ury, No, p. 216.
5. Lewicki/Barry/Saunders, p. 59.
6. Ury No, p. 91.
7. E. J. Langer, "Minding Matters", *Advances in Experimental Social Psychology*, Vol. 22, published by L. Berkowitz (New York: Academic Press, 1989), pp. 137-173.
8. Lax/Sebenius, p. 190.
9. Ury, Past No, p. 150.
10. Ury No, pp. 222f.
11. Ury, Past No, pp. 122f.
12. Lax/Sebenius, p. 104.; D. A. Lax and J. K. Sebenius, "Thinking Coalitionally: Party

Arithmetic, Process Opportunism, and Strategic Sequencing", *Negotiation Analysis*, published by H. P. Young (Ann Arbor, MI: University of Michigan Press, 1991), pp. 153-193; J. K. Sebenius, "Sequencing to Build Coalitions: with Whom Should I Talk First?" in *Wise Decisions*, published by R. J. Zeckhauser, R. Keeney and J. K. Sebenius (Boston: Harvard Business School Press, 1996), pp. 324-348.
13. Fisher/Ury, p. 82.
14. Lax/Sebenius, p. 222.
15. Robert H. Mnookin, Lawrence E. Susskind and Pacey C. Foster, *Negotiating on Behalf of Others: Advice to Lawyers, Business Executives, Sports Agents, Diplomats, Politicians, and Everybody Else* (Thousand Oaks, CA: Sage Publications, 1999); Shell, p. 131.
16. Lewicki/Barry/Saunders, p. 352.
17. Ronald J. Gilson and Robert H. Mnookin, "Disputing Through Agents: Cooperation and Conflict Between Lawyers in Litigation", *Columbia Law Review*, Vol. 94 (1994), pp. 509-578.; Shell, p.132.

16　文書の力は絶大

1. Cohen Ⅱ, p. 260.
2. Diamond, p. 382.
3. Ross, p. 139.
4. Kennedy, p. 64, p. 53, p. 138.
5. Dawson, pp. 133ff.
6. Kennedy, p. 129, p. 64
7. 次にも類似の例が挙げられている。Kennedy, pp. 211f.
8. Ury, Past No, p. 153.
9. Lax/Sebenius, p. 158.
10. Diamond, p. 301.
11. Mnookin, p. 269.
12. Posthuma and Dworkin, 2000.
13. Susskind and Cruikshank, 1987, P 136; Lewicki/Barry/Saunders, pp. 529f.
14. Brett, Barsness and Goldberg (1996).
15. Goldberg, 2005; Goldberg and Shaw, 2007.
16. Coleman, 1997; Lewicki/Barry/Saunders, p. 53.
17. Conlon and Ross, 1993; Lewicki/Barry/Saunders, p. 528.
18. Kennedy, p. 72, p. 74, p. 77.

おわりに

原　注

1. Shell, p.78.
2. Kennedy, p. 141.
3. Ross, p. 63.
4. Cohen, p. 105.
5. 担当編集者様、いまでも私にはこの傾向があると自覚している。
6. Cohen, p. 227.
7. フリートヘルム・ヴァクスは次のような公式であらわしている。準備時間＋交渉時間×自分の側の交渉関係者全員の時給＋外部の費用＝交渉費用。Wachs, p. 234.
8. Cohen, p. 224.
9. Cohen Ⅱ, p. 91, pp. 285f.
10. Dawson, p. 278.

参考文献

Aaron, M. C. (1999). The Right Frame: Managing Meaning and Making Proposals. *Harvard Management Communication Letter*, September, 1-4.

Adams, P. A., & Adams, J. K. (1960). Confidence in the recognition and reproduction of words difficult to spell. *The American Journal of Psychology*. 73 (4), 544-552.

Akerlof, G. A. (1970). The Market for "Lemons". *Quarterly Journal of Economics*, 84 (3), 488-500.

Alderfer, C. P. (1977). Group and intergroup relations. In J. R. Hackman & J. L. Suttle (Hrsg.). *Improving life at work: Behavioral sciene approaches to organizational change* (227-296). Santa Monica: Goodyear.

Amabile, T. M., Hadley, C. N., & Kramer, S. J. (2002). Creativity under the gun. *Harvard Business Review*, August, 52-61.

Andreoli, V., & Worcel, S. (1978). Facilitation of social interaction through deindividuation of the target. *Journal of Personality and Social Psychology*, 36 (5), 549-556.

Ariely, D. (2008). *Predictably Irrational: The hidden forces that shape our decisions*. New York: Harper Collins. 〔『予想どおりに不合理――行動経済学が明かす"あなたがそれを選ぶわけ"』ダン・アリエリー著、早川書房、2013 年〕

Asch, S. E. (1956). Studies of independence and conformity: I. A minority of one against an unanimous majority. *Psychological Monographs*, 70 (9), 1-70.

Ayres, L., & Siegelman, P. (1995). Race and gender discrimination in bargaining for a new car. *American Economic Review*, 85, 304-321.

Babcock, L., & Laschever, S. (2003). *Women Don't Ask: Negotiation and the Gender Divide*. New Jersey: Princeton University Press.

Bacharach, B., & Lawler, E. J. (1981). *Bargaining: Power, Tactics and Outcomes*. San Francisco: Jossey-Bass.

Balke, W. M., Hammond, K., & Meyer, G. D. (1973). An Alternate Approach to Labor-Management Relations. *Administrative Science Quarterly*, 18, 311-327.

Bandura, A. (1986). *Social Foundations of Thought and Action*. Engelwood Cliffs, N. J.: Prentice-Hall.

Baron, J., & Jurney, J. (1993). Norms against voting for coerced reform. *Journal of Personality and Social Psychology*, 64(3), 347-355.

Barry, B., & Oliver, R. L. (1996). Affect in Dyadic Negotiation: A Model and Propositions. *Organizational Behavior and Human Decision Processes*, 67, 127-143.

Barry, B., Fulmer, I. S., & Goates, N. (2006). Bargaining with feeling: Emotionality in and around negotiation. In L. Thompson (Hrsg.), *Negotiation Theory and Research*, (99-127). New York: Psychology Press.

Bazerman, M. H.(1998). *Judgement in Managerial Decision-Making*, 4. Edition. New York: John Wiley & Sons.

Bazerman, M. H., Moore, D. A., & Gillespie, J. J. (1999). The human mind as a barrier to wiser environmental agreements. *American Behavioral Scientist*, 42, 1277-1300.

Bazerman, M. H., & Neale, M. A. (1992). *Negotiating rationally*. New York: Free Press.

Bazerman, M., Magliozzi, T. & Neale, M. A. (1985). Integrative bargaining in a competitive market. *Organizational Behavior and Human Decision Process*, 35, 294-313.

Beisecker, T., Walker, G. & Bart, J. (1989). Knowledge versus ignorance in bargaining strategies: The impact of knowledge about other's information level. *Social Science Journal*, 26. 161-172.

Bierhoff, H. W. (1990). *Psychologie hilfreichen Verhaltens*. Stuttgart.

Blau, P. M. (1964). *Exchange and Power in Social Life*. New York: John Wiley & Sons.

Blount, S., Thomas-Hunt, M. C., & Neale, M. A. (1996). The Price Is Right-Or Is It? A Reference Point Model of Two-Party Price Negotiations. *Organizational Behavior and Human Decision Processes*, 68, 1-12.

Blumenstein, R. (1997). Haggling in cyberspace transforms car sales. *The Wall Street Journal*, 30. December, B1-B6.

Borbonus, R. (2011). *Respekt! Wie Sie Ansehen bei Freund und Feind gewinnen*. Econ: Berlin.

Bowles, H. R., Babcock, L., & McGinn, K. L. (2005). Constraints and triggers: Situational mechanics of gender in negotiations. *Journal of Personality and Social Psychology*, 89, 951-965.

Brett, J., Adair, W., Lampereur, A., Okumura, T., Shikhirev, P., Tinsley, C., et al. (1998). Culture and joint gains in negotiation. *Negotiation Journal*, 14(1), 61-86.

Brett, J., Barsness, Z., & Goldberg, S. (1996). The effectiveness of mediation. An independent analysis of cases handled by four major service providers. *Negotiation Journal*, 12, 259-269.

Brewer, M. B. (1979). In-Group Bias in the Minimal Group Situation: A Cognitive-Motivational Analysis. *Psychological Bulletin*, 86, 307-324.

Brockner, J., (1992). The escalation of commitment to a failing course of action: Toward theoretical progress. *Academy of Management Review*, 17, 39-61.

Brodt, S. E. (1994). "Inside information" and negotiator decision behaviour. *Organizational Behavior and Human Decision Process*, 58, 172-202.

Brodt, S. E. & Tuchinsky, M. (2000). Working together but in opposition: An examination of the "good-cop/bad-cop" negotiating team tactic. *Organizational Behavior and Human Decision Process*, 81(2), 155-177.

Buechler, S. M. (2000). *Social movements in advanced capitalism*. New York: Oxford University Press.

Butler, J. K., Jr. (1999). Trust expectations, information sharing, climate of trust, and negotiation effectiveness and efficiency. *Group and Organization Management*, 24(2), 217-238.

Byrne, D. (1971). *The Attraction Paradigm*. New York: Academic Press.

Camp. J. (2002). *Start with NO...The Negotiating Tools that the Pros Don't Want You to Know*. New York: Crown Business.〔『交渉は“ノー！”から始めよ――狡猾なトラに食われないための33の鉄則』ジム・キャンプ著、ダイヤモンド社、2003年〕

Carnevale, P. J. D., Pruitt, D. G., & Britton, S. D. (1979). Looking tough: The negotiator under constituent surveillance. *Personality and Social Psychology Bulletin*, 5, 118-121.

Carroll, J., Bazerman, M., & Maury, R. (1988). Negotiator cognitions: A descriptive approach to negotiator's understanding of their opponents. *Organizational Behavior and Human Decision Processes*, 41, 143-153.

Chan, K. W., Mauborgne, R. (1997). Value Innovation: The Strategic Logic of High Growth. *Harvard Business Review*, January/February, 103-112.

Chan, K. W., Mauborgne, R. (2004): Blue Ocean Strategy: How to Create Uncontested Market Space and Make Competition Irrelevant. *Harvard Business Review*, October, 76-85〔『ブルー・オーシャン戦略――競争のない世界を創造する』W. チャン・キム、レネ・モボルニュ著、ランダムハウス講談社、2005年〕

Cherkoff, J. M., & Conley, M. (1967). Opening Offer and frequency of concession as bargaining strategies. *Journal of Personality and Social Psychology*, 7, October, 181-185.

Cialdini, R. B. (1993). *Influence: The Psychology of Persuasion*. New York: William Morrow.

Cialdini, R. B., Vincent, J. E., Lewis, S. K., Catalan, J., Wheeler, D., & Darby, B. L. (1975). Reciprocal Concessions Procedure for Inducing Compliance: The Door-in-the-Face Technique. *Journal of Personality and Social Psychology*, 31(2), 206-215.

Clark, R. A. (1984). *Persuasive messages*. New York: Harper & Row.

Cohen, H. (1980). *You Can negotiate anything*. Secaucus, NJ: Lyle Stuart.〔『FBIアカデミーで教える心理交渉術』ハーブ・コーエン著、日本経済新聞出版社、2015年〕

Cohen, H. (2003). *Negotiate this!* New York: Warner Books.〔原注ではCohen Ⅱとして表記してある〕

Coleman, P. (1997). Refining ripeness: A social-psychological perspective. *Peace and Conflict: Journal of Peace Psychology*, 3, 81-103.

Conlon, D. E., & Ross, W. H. (1993). The effects of partisan third parties on negotiator behavior and outcome perceptions. *Journal of Applied Psychology*, 87, 280-290.

Croson, R. T. A. (1999). Look at me when you say that: An electronic negotiation simulation. *Simulation & Gaming*., 30, 23-37.

D'Zurilla, T. J., & Nezu, A. (1980). A Study of the Generation-of-Alternatives process in Social Problem Solving. *Cognitive Therapy and Research*, 4(1), 67-72.

Darby, B. W., & Schlenker, B. R. (1982). Children's reactions to apologies. *Journal of Personality and Social Psychology*, 43, October, 742-753.

Dawson, R. (2010). *Secrets of Power Negotiating: Inside Secrets from a Master Negotiator*. Pomton Plains, NJ: Career Press.

De Bono, E. (1985). *Six Thinking Hats: An Essential Approach to Business Management*. Little, Brown, & Company.〔『6つの帽子思考法――視点を変えると会議も変わる』エド

ワード・デボノ著、パンローリング、2015年〕

De Dreu, C. K. W. (1995). Coercive power and concession making in bilateral negotiation. *Journal of Conflict Resolution*, 39, 646-670.

De Dreu, C. K. W., Carnevale, P. J. D.,Emans, B. J. M., & van de Vliert, E. (1994). Effects of gain-loss frames in negotiation: Loss aversion, mismatching, and frame adoption. *Organizational Behavior and Human Decision Processes*, 60, 90-107.

De Dreu, C. K. W., Koole, S. L., & Steinel, W. (2000). Unfixing the fixed pie: a motivated information processing approach to integrative negotiation. *Journal of Personality and Social Psychology*, 79, 975-987.

DeSteno, D., Petty, R. E., Rucker, D. D., Wegener, D. T., & Braverman, J. (2004). Discrete emotions and persuasion: The role of emotion-induced expectancies. *Journal of Personality and Social Psychology*, 86, 43-56.

Diamond, S. (2011). *Getting More. How to Negotiate to Achieve your Goals in the Real World*. London: Penguin.〔原注では Diamond として表記してある〕

Dobelli, R. (2011). *Die Kunst des klaren Denkens*. München: Hanser.〔『なぜ、間違えたのか？』ロルフ・ドベリ著、サンマーク出版、2013年〕

Dolinsky, D., Nawrat, M., & Rudak, I. (2001). Dialogue involvement as social influence technique. *Personality and Social Psychology Bulletin*, 27, 1395-1406.

Donohue, W. A. (1981). Analyzing negotiation tactics: Development of a negotiation interact system. *Human Communication Research*, 7, 273-287.

Donohue, W. A.; & Roberto, A. J. (1993). Relational Development as Negotiated Order in Hostage Negotiation. *Human Communication Research*, 20, December, 175-198.

Druckman, D. (1994). Determinants of compromising behaviour in negotiation: A meta-analysis. *Journal of Conflict Resolution*, 38(3), 507-557.

Dyer, J. H. (1997). Effective Interfirm Collaboration: How Firms Minimize Transaction Costs and Maximize Transaction Value. *Strategic Management Journal*, 18, 553-556.

Eagly, A. H., & Chaiken, S. (1975). An attribution analysis of the effect of communicator characteristics on opinion change: the case of communicatior attractiveness. *Journal of Personality and Social Psychology*, 32, 136-144.

Epley, N., & Kruger, J. (2005). When What you Type Istn't What They Read: The Perseverance of Stereotypes and Expectancies Over E-Mail. *Journal of Experimental Social Psychology*, 41, 414-422.

Evans, J. St. B. T. (2003). In Two Minds: Dual-Process Accounts of Reasoning. Trends. *Cognitive Science*, 7(10), o. S.

Evans, J. St. B. T. (2008). Dual-Processing Accounts of Reasoning. Judgement, and Social Cognition. *Annual Review of Psychology*, 59, o. S.

Fern, E. F., Monroe, K. B., & Avila, R. A. (1986). Effectiveness of multiple request strategies: A synthesis of research results. *Journal of Marketing Research*, 23, 144-52.

Festinger, L. (1957). *A Theory of Cognitive Dissonance*. Stanford, CA: Stanford University Press.

Fisher, R., & Shapiro, D. (2005). Beyond reason. *Using Emotions as you negotiate*. London: Penguin Books.〔『新ハーバード流交渉術——論理と感情をどう生かすか』ロジャー・フィッシャー、ダニエル・シャピロ著、講談社、2006年〕

Fisher, R. & Shapiro, D. (2007). *Erfolgreich verhandeln mit Gefühl und Verstand.* Frankfurt am Main: Campus Verlag.

Fisher, R. Ury, W., & Patton, B. (1991). *Getting to Yes*. 2. Edition. New York: Penguin.〔『ハーバード流交渉術』ロジャー・フィッシャー、ウィリアム・ユーリー、ブルース・パットン著、阪急コミュニケーションズ、1998年〕

Fisher, R., & Ury, W. (1992). *Getting to Yes. Negotiatiing an Agreement without giving in*. 2. Edition. London: Penguin Books.〔『ハーバード流交渉術——必ず「望む結果」を引き出せる！』ロジャー・フィッシャー、ウィリアム・ユーリー著、三笠書房、2011年〕

Fisher, R., Ury, W. & Patton, B. (2009). *Das Harvard Konzept. Der Klassiker der Verhandlungstechnik*. Frankfurt am Main: Campus Verlag.

Follet, M. P. (1940). *Dynamic administration: The collected papers of Mary Parker Follet*. H. C. Metcalf & L. Urwick (Hrsg.). New York: Harper & Brothers.

Forghani, F. (2012). *Tanz um die Macht. Geheimnisse der Verhandlungsführung*. Münster: AT Editon.

Fragale, A. R., & Heath, C. (2004). Evolving informational credentials: The (mis)attribution of believable facts to credible sources. *Personality and Social Psychology Bulletin*, 30, 225-236.

Freeman, J. L., & Fraser, S. C. (1996). Compliance without pressure: The foot in the door technique. *Journal of Personality and Social Psychology*, 4, 195-202.

Freud, S. (1914). *Traumdeutung.* Deuticke: Leipzig und Wien.〔『夢判断』ジークムント・フロイト著、新潮社。1969年〕

Friedman, M. (1970). The Social Responsibility of Business is to Increase its Profits. *The New York Times Magazine*, 13. September.

Friedman, R. A., & Currall, S. C. (2003). Conflict Escalation: Dispute Exacerbating Elements of E-Mail Communications. *Human Relations*, 56(11), 1325-1347.

Froman Jr., L. A., & Cohen, M. D. (1970). Compromise and Logroll: Comparing the Efficiency of Two Bargaining Process. *Behavioral Science*, 15, 180-183.

Fry, W. R., Firestone, I. J., & Williams, D. (1979). Bargaining process in mixed-singles dyads: loving and losing. フィラデルフィアで開催されたアメリカ東部心理学会の定例学会で発表された論文。

Fry, W. R., Firestone, I. J., & Williams, D. L. (1983). Negotiation Process and Outcome of Stranger Dyads and Dating Couples: Do Lovers Lose? *Basic and Applied Social Psychology*, 4(1), 1-16.

Galinsky, A. D. (2004). Should You Make The First Offer? *Negotiation*, 7, 1-4.

Galinsky, A. D., Mussweiler, T., & Medvec, V. H. (2002). Disconnecting outcomes and evaluations: The role of negotiator focus. *Journal of Personality and Social Psychology*, 83(5), 1131-1140.

Galinsky, A. D., & Mussweiler, T. (2001). First offers as anchors: The role of perspective taking and negotiator focus. *Journal of Personality and Social Psychology*, 81(4), 657-669.

Galinsky, A. D., Seiden, V. L., Kim, P. H., & Medvec, V. H. (2002). The dissatisfaction of having your first offer accepted: The role of counterfactual thinking in negotiations. *Personality and Social Psychology Bulletin*, 28(2), 271-283.

Garland, H. (1990). Throwing Good Money After Bad: The Effect of Sunk Cost on the Decision to Escalate Commitment to an Ongoing Project. *Journal of Applied Psychology*, 75(6), 728-731.

Gelately, I. R., & Meyer, J. P. (1992). The Effect of Goal Difficulty on Physiological Arousal, Cognition, and Task Performance. *Journal of Applied Psychology*, 77(2), 694-704.

Gerlin, A. (1994). A Matter of Degree: How a Jury Decided that a Coffee Spill is Worth $2.9 Million. *Wall Street Journal*, September 1994, A1.

Gilson, R. J., & Mnookin, R. H. (1994). Disputing Through Agents: Cooperation and Conflict Between Lawyers in Litigation. *Columbia Law Review*, Vol. 94, 509-578.

Goffman, E. (1959). *The Presentation of Self in Everyday Life*. New York: Doubleday & Company.〔『行為と演技――日常生活における自己呈示』アーヴィング・ゴッフマン著、誠信書房、1974年〕

Goldberg, S. (2005). The secrets of successful mediations. *Negotiation Journal*, 21(3), 365-367.

Goldberg, S. B., & Shaw, M. L., (2007). The secrets of successful (and unsuccessful) mediators continued: Studies two and three. *Negotiation Journal*, 23, 393-418.

Guth, W., & Tietz, R. (1990). Ultimatum Bargaining Behavior: A Survey and Comparison of Experimental Results. *Journal of Economic Psychology*, 11, 417-432.

Hammond, J. S., Kennedy, R. L., & Raiffa, H. (1998). The hidden traps in decision making. *Harvard Business Review*, 76(5), 47-58.

Hamner, W. C. (1974). Effects of Bargaining, Strategy and Pressure to Reach Agreement in a Stalemated Negotiation. *Journal of Personality and Social Psychology*, 30, 458-467.

Harvard Business Essentials (Hrsg.) (2003). *Negotiation. Your Mentor and Guide to Doing Business Effectively*. New York: McGraw-Hill.〔『ハーバード・ビジネス・エッセンシャルズ』ハーバードビジネススクールプレス著、講談社、2003年〕

Heath, D. & Health, C. (2006). The curse of knowledge. *Harvard Business Review*, 84(12), 20-22.

Hilty, J. A., & Carnevale, P. J. (1993). Black-hat/white-hat strategy in bilateral negotiation. *Organizational Behavior and Human Decision Process*, 55, 444-469.

Hinton, B. L., Hammer, W. C., & Pohlan, N. F. (1974). Influence and award of magnitude, opening bid and concession rate on profit earned in managerial negotiating game. *Behavioral Science*, 19, 197-203.

Holaday, L. C. (2002). Stage development theory: A natural framework for understanding the mediation process. *Negotiation Journal*, 191-210.

Howard, D. J. (1990). The influence of verbal responses to common greetings on compli-

ance behaviour: The foot-in-mouth effect. *Journal of Applied Social Psychology*, 20, 1185-1196.

Huber, V. L., & Neale, M. A. (1987). Effects of Experience and Self and Competitor Goals on Negotiator Performance. *Journal of Applied Psychology*, 71, November, 197-203.

Huber, V. L., & Neale, M. A. (1987). Effects of Self-and Competitor Goals on Performance in an Independent Bargaining Task. *Journal of Applied Psychology*,72(2), 197-203.

Hullet, C. R. (2005). The impact of mood on persuasion: A meta-analysis. *Communication research*, 32, 423-442.

Jackson, S., & Allan, M. (1987). Meta-analysis of the effectiveness of one-sided and two-sided argumentation. カナダ・ケベック州のモントリオールで開かれた国際コミュニケーション学会の定例学会で発表されたもの。

Janis, I. (1982). *Groupthink: Psychological Studies of Policy Decisions and Fiascos*. Boston: Houghton Mifflin.

Johnson, B. T., & Eagly, A. H. (1990). Involvement and persuasion: Types, traditions, and the evidence. *Psychological Bulletin*, 107, 375-384.

Johnson, D. W. (1971). Role reversal: A summary and review of the research. *International Journal of Group Tensions*, 1, 318-334.

Joule, R. V. (1987). Tobacco deprivation: The foot-in-the-door technique versus the low-ball technique. *European Journal of Social Psychology*, 17, 361-365.

Kahneman, D. (2011). *Thinking, Fast and Slow*. New York: Farrar, Straus and Giroux.〔『ファスト&スロー——あなたの意思はどのように決まるか』ダニエル・カーネマン著、早川書房、2014 年〕

Kahneman, D., & Miller, D. T. (1986). Norm Theory-Comparing Reality to Its Alternatives. *Psychological Review*, 93, 136-153.

Kahneman, D., & Tversky, A. (1979). Prospect Theory: An Analysis of Decision Risk. *Econometrica*, 47, 2, 263-291.

Kahneman, D., Knetsch. J. L., & Thale, R. H. (1990). Experimental tests of the endowment effect and the Coase Theorem. *Journal of Political Economy*, 98, 1325-1348.

Kalven, Jr. H. & Zeisel, H. (1966). *The American Jury*. Boston: Little Brown.

Karrass, C. (1992). *The Negotiating Game*. New York: Harper Business.〔『交渉に勝つ技術』C. L. カーラス著、日本生産性本部、1972 年〕

Keer, S., & Naimark, R. W. (2001). Arbitrators do not "split the baby": Empirical evidence from international business arbitration. *Journal of International Arbitration*, 18(5), 573-578.

Kelly, H. H. & Schenitzki, D. P. (1972). Bargaining. In C. G. McClintock (Hrsg.), *Experimental social psychology* (298-337). New York: Holt, Rinehart & Winston.

Kemp, K. E., & Smith, W. P. (1994). Information exchange, toughness, and integrative bargaining: The roles of explicit cues and perspective-taking. *International Journal of Conflict Management*, 5, 5-21.

Kennedy, G. (2008). *Everything is Negotiable. How to get the best deal every time*. 4. Edition.

London: Random House Business Books.
Kennedy, G., Benson, J., & McMillian, J. (1982). *Managing Negotiations*. Englewood Cliffs, N. J.: Prentice-Hall.
Kissinger, H. A. (1961). *The Necessity of Choice*. New York: Harper & Row.
Kochan, T. A. (1980). *Collective bargaining and industrial relations*. Homewood, IL: Richard D. Irwin.
Kolb, D., & Coolidge, G. G. (1991). Her place at the table; A consideration of gender issues in negotiation. In J. Z. Rubin and J. W. Brislin (Hrsg.), *Negotiation theory and practice* (261-277). Cambridge, MA: Harvard Program on Negotiation.
Kolb, D. M., & Williams, J. (2000). *The Shadow Negotiation: How Women Can Master the Hidden Agendas that Determine Bargaining Success*. New York: Simon and Schuster.
Komorita, S. S., & Brenner, A. R. (1968). Bargaining and concessions under bilateral monopoly. *Journal of Personality and Social Psychology*, 9, 15-20.
Korobkin, R. (2002). Aspirations and Settlement. *Cornell Law Review*, 88, 1-49.
Kramer, R. (1994). The sinister attribution error: Paranoid cognition and collective distrust in organizations. *Motivation and Emotion*, 18, 199-203.
Kray, L., & Babcock, L. (2006). Gender in negotiations: A motivated social and cognitive analysis. In L. Thompson (Hrsg.), *Negotiation theory and research*. Madison, CT: Psychological Press.
Kray, L. J., Galinsky, A., & Thompson, L. (2002). Reversing the Gender Gap in negotiations: An Exploration of Stereotype Regeneration. *Organizational Behavior and Human Decision Processes*, 87(2), 386-409.
Kray, L. J., Thompson, L., & Galinsky, A. (2001). Battles of the Sexes: Gender Stereotype Confirmation and Reactance in Negotiations. *Journal of Personality and Social Psychology*, 80(6), 942-958.
Kunkel, A., Bräutigam, P., & Hatzelmann, E. (2010). *Verhandeln nach Drehbuch. Aus Hollywood-Filmen für eigene Verhandlungen lernen*. Heidelberg: Redline Wirtschaft.
Kwon, S., & Weingart, L. R. (2004). Unilateral Concessions From the Other Party: Concession Behavior, Attributions, and Negotiation Judgements. *Journal of Applied Psychology*, 89(2), 263-278.
Langer, E. J. (1989). Minding Matters. In L. Berkowitz (Hrsg.) *Advances in Experimental Social Psychology* (137-173). New York: Academic Press.
Latham, G., & Locke, E. (1991). Self-regulation Through Goal Setting. *Organizational Behavior and Human Decision Processes*, 50(2), 212-247.
Lax, D., & Sebenius, L. (1986). In *The Manager as Negotiator: Bargaining for Cooperation and Competitive Gain*. New York: Free Press.
Lax, D. A., & Sebenius, J. K. (1991). Thinking Coalitionally: Party Arithmetic, Process Opportunism, and Strategic Sequencing. In H. P. Young (Hrsg.) *Negotiation Analysis* (153-193). Ann Arbor, MI: University of Michigan Press.
Lax, D., & Sebenius, J. K. (1992). The Manager as Negotiator: The Negotiator's Dilemma:

Creating and Claiming Value. In S. Goldberg, F. Sander & N. Rogers (Hrsg.). *Dispute Resolution*, (49-62). 2. Edition. Boston: Little Brown and Co.

Lax, D., & Sebenius, J. K. (2006). *3-d Negotiation: Powerful tools to change the game in your most important deals*. Boston, Mass.: Harvard Business School Publishing. 〔『最新ハーバード流 3D 交渉術』デービッド・A・ラックス、ジェームズ・K・セベニウス著、CCC メディアハウス、2007 年〕〔原注では Lax/Sebenius として表記してある〕

Lerner, M. J. (1980). *The Belief in a Just World: a Fundamental Delusion*. New York: Plenum.

Lewicki, R. J., Barry, B., & Saunders, D. M. (2010). *Negotiation. International Edition*. 6. Edition. New York: McGraw Hill. 〔原注では Lax/Sebenius として表記してある〕

Lewin, K., Dembo, T., Festinger, L., & Sears. P. S. (1944). Level of Aspiration. In J. McV. Hunt (Hrsg.), *Personality and the Behavior Disorders* (337-340). New York: Ronald Press.

Liebert, R. M., Smith, W. P., & Hill, J. H. (1968). The effects of information and magnitude of initial offer on interpersonal negotiation. *Journal of Experimental Social Psychology*, 4, 431-441.

Liebschutz, M. (1997). Negotiating the Best Deal Requires a Poker Strategy. *The Wall Street Journal*, 8. June, B1.

Liggett, D. R., & Hamada, S. (1993). Enhancing the Visualization of Gymnasts. *American Journal of Clinical Hypnosis*, 35(3), 190-197.

Lim, R. G., & Murnighan J. K. (1994). Phases, deadlines, and the bargaining process. *Organizational Behavior and Human Decision Processes*, 58, 153-171.

Locke, E., & Latham, G. (1984). *Goal setting: A motivational technique that works!* Englewood Cliffs, NJ: Prentice Hall.

Locke, E., & Latham, G. (1990). *A Theory of Goal Setting and Task Performance*. Englewood Cliffs, N. J.: Prentice-Hall.

Locke, K. D., & Horowitz, L. M. (1990). Satisfaction in Interpersonal Interactions as a Foundation of Similarity in Level of Dysphoria. *Journal of Personality and Social Psychology*, 58(5), 823-831.

Loewenstein, J., Morris, M. W., Chakravarti, A., Thompson, L., & Kopelman, S. (2005). At a loss for words: Dominating the conversation and the outcome in negotiation as a function of intricate arguments and communication media. *Organizational Behavior and Human Decision Processes*, 98, 28-38.

Loomes, G., & Sugden, R. (1982). Regret Theory: An Alternative Theory of Rational Choice Under Uncertainty. *The Economic Journal*, 92, 805-824.

Lowenstein, G., Isaacharoff, S., Camerer, C., & Babcock, L. (1993). Self-Serving Assessments of Fairness and Pre-trial Bargaining. *Journal of Legal Studies*, 22(1), 135-159.

Machinov, E., & Monteil, J. (2002). The similarity-attraction relationship revisited: Divergence between the affective and behavioral facets of attraction. *European Journal of Social Psychology*, 32, 485-500.

Malhotra, D., & Bazerman, M. (2007). Investigative negotiation. *Harvard Business Review*,

85, 72-78.

Mannix, E. A., Thompson, L., & Bazerman, M. H. (1989). Negotiation in Small Groups. *Journal of Applied Psychology*, 74(3), 508-517.

Maslow, A. (194). A Theory of Human Motivation. *Psychological Review*, 50(4). 370-396.

McAfee, R. P. (1992). Amicable Divorce: Dissolving a Partnership with Simple Mechanisms. *Journal of Economic Theory*, 56, 266-293.

McGinn, K. L., & Croson, R. (2004). What Do Communication Media Mean For Negotiation? A Question of Social Awareness. In M. J. Gelfand & J. M. Brett (Hrsg.), *The Handbook of Negotiation and Culture* (334-349). Stanford, CA: Stanford University Press.

McGraw, D. (1997). Will he own the road? *U. S. News & World Report*, 20. October, 45-54.

Medvec, V. et al. (2005). *Navigating Competition and Cooperation: Multiple Equivalent Offers in Deal-Making*. Toronto: University of Toronto, Rotman School of Management.

Medvec, V., & Galinsky, A. D. (2005). Putting More on the Table: How Making Multiple Offers Can Increase the Final Value of the Deal. *Negotiation*, 1-4.

Meyerson, D., Weick, K. E. & Karmer, R. M. (1996). Swift trust and temporary groups. I R M. Kramer & T. R. Tyler (Hrsg.), *Trust in organizations: Frontiers of theory and research* (165-190). Thousand Oaks, CA: Sage.

Mill, J. S. (1874). *Nature, The Utility of Religion and Theism*. London: Longmans, Green, Reader, and Dyer.

Miller, S. K., & Burgoon, M. (1979). The relationship between violations of expectations and the induction of the resistance to persuasion. *Human Communication Research*, 5, 301-313.

Mischel, W., & Ayduk, O. (2004). Willpower in a cognitive-affective processing system: The dynamics of delay of gratification. R. F. Baumeister & K. D. Vohs (Hrsg.): *Handbook of self-regulation: Research, Theory, and Applications* (99-129). New York: Guildford.

Mnookin, R. H., Peppet, S., & Tulumello, A. (1996). The Tension Between Empathy and Assertiveness. *Negotiation Journal*, 217, 217-230.

Mnookin, R. H., Susskind, L. E., & Foster, P. C. (1999). *Negotiating on Behalf of Others: Advice to Lawyers, Business Executives, Sports Agents, Diplomats, Politicians, and Everybody Else*. Thousand Oaks, CA: Sage Publications.

Moran, S. & Ritov, I. (2002). Initial perceptions in negotiations: valuation and response to "logrolling" offers. *Journal; of Behavioral Decision Making*, 15, 101-124.

Morris, M., Nadler, J., Kurtzberg, T., & Thompson, L. (2000). Schmooze or Lose: Social Friction and Lubrication in E-Mail Negotiations. *Group Dynamics – Theory, Research & Practice*, 6(1), 89-100.

Murdock, Jr., & Bennet B. (1962). The serial position effect of free recall. *Journal of Experimental Psychology*, 64(5), 482-488.

Murnighan, J. K. (1978). Models of coalition behavior: Game theoretic, social psychological and political perspectives. *Psychological Bulletin*, 85, 1130-1153.

Murnighan, J. K. (1982). Game theory and the structure of decision-making groups. In R.

Guzzo (Hrsg.), *Improving group decision in organizations* (o. S.). New York: Academic Press.
Nadler, J. (2004). Legal negotiation and Communication Technology: How Small Talk Can Facilitate E-Mail Dealmaking, *Harvard Negotiation Law Review*, 9, 223-245.
Naquin, C. E., & Paulson, G. D. (2003). Online Bargaining and Trust. *Journal of Applied Psychology*, 88(1), 113-20.
Nasher, D. (2011). *Töchterland: Die Geschichte meiner deutsch-afganischen Familie.* München: Heyne.
Nasher, J. (2009). *Die Moral des Glücks. Eine Einführung in den Utilitarismus.* Berlin: Duncker & Humblot.
Nasher, J. (2010). *Durchschaut. Das Geheimnis, kleine und große Lügen zu entlarven.* München: Heyne.
Neale, M. A., & Bazerman, M. H. (1991). *Cognition and Rationality in Negotiation.* New York: Free Press.
Neale, M. A., & Bazerman, M. H. (1992). Negotiator cognition and rationality: A behavioral decision theory perspective. *Organizational Behavior and Human Decision Processes*, 51, 157-175.
Neale, M. A., & Northcraft, G. B. (1986). Experts, Amateurs, and Refrigerators: A Comparison of Expert and Amateur Negotiators in a Novel Task. *Organizational Behavior and Human Decision Processes*, 38, 305-317.
Neale, M. A. , Huber, V., & Northcraft, G. B. (1987). The framing of negotiations: Contextual vs. task frames. *Organizational Behavior and Human Decision Processes*, 39, 228-241.
Newcomb, T. M., (1961). *The Acquaintance Process.* New York: Holt, Rinehart, and Winston.
Newton, L. (1990). *Overconfidence in the Communication of Intent: Heard and Unheard Melodies.* 未発表論文。Stanford, CA: Stanford Univeresity.
Nölke, M. (2002). *Anekdoten, Gschichten, Metaphern für Führungskräfte.* Freiburg: Haufe-Lexware.
Nothrup, H. R. (1965). *Boulwarirsm. Ann Arbor*, MI: Bureau of Industrial Relations, University Michigan.
Oldmeadow, J. A., Platow, M. J., Foddy, M., & Anderson, D. (2003). Self-categorization, status, and social influence. *Social Psychology Quarterly*, 66, 138-144.
Osgood, C. E. (1962). *Reciprocal Initiative. The Liberal Papers*, New York: Doubleday Anchor.
Parkinson, C. N. (1955). Parkinson's Law, *The Economist*, November, o. S.
Patterson, K., Grenny, J., McMillan, R., Switzler, A. (2011). *Crucial Conversations. Tools for talking when stakes are high.* New York: McGraw Hill.〔『クルーシャル・カンバセーション――重要な対話のための説得術』ケリー・パターソン、ジョセフ・グレニー著、パンローリング、2018 年〕
Petty, R. E., & Cacioppo, J. T. (1986). The elaboration likelihood model of persuasion. In L.

Berkowitz (Hrsg.), *Advances in experimental social psychology*, (Vol. 19, 123-205). New York: Academic Press.

Petty, R. E., Wells, G., & Brock, T. (1976). Distraction can enhance or reduce yielding to propaganda: Thought disruption versus effort justification. *Journal of Personality and Social Psychology*, 34, 874-884.

Pinkley, R. L., Griffith, T. L., & Northcraft, G. B. (1995). "Fixed pie" a la mode: Information availability, information processing, and the negotiation of suboptimal agreements. *Organizational Behavior and Human Decision Processes*, 62, 101-112.

Posthuma, R. A., & Dworkin, J. B. (2000). A behavioral theory of arbitrator acceptability. *International Journal of Conflict Management*, 11, 249-266.

Pruitt, D. G. (1981). *Negotiation behavior*. New York. Academic Press.

Pruitt, D. G., & Lewis, S. A. (1975). Development of Integrative Solutions in Bilateral Negotiation. *Journal of Personality and Social Psychology*, 31, 621-633.

Pruitt, D. G., & Rubin, J. Z. (1986). *Social conflict: Escalation, stalemate and settlement*. New York: Random House.

Pruitt, D. G., & Syna, H. (1985). Mismatching the opponent's offers in negotiation. *Journal of Experimental Social Psychology*, 21, 103-113.

Rackham, N., & Carlisle, J. (1978). The Effective Negotiator – Part1: The Behavior of Successful Negotiators. *Journal of European Industrial Training*, 2(6), 6-11.

Rackham, N., & Carlisle, J. (1978). The Effective Negotiator – Part2: Planning for Negotiators. *Journal of European Industrial Training*, 2(7), 2-5.

Raiffa, H. (1982). *The Art and Science of Negotiation*. Boston/Cambridge, Mass.: Harvard University Press.

Raven, B. H., & Rubin, J. Z. (1973). *Social psychology. People in groups*. Oxford, England: John Wiley & Sons.

Razran, G. (1983). Conditioning away social bias by the luncheon technique. *Psychological Bulletin*, o. S.

Read, J. D. (1995). The availability heuristic in person identification: The sometimes misleading consequences of enhanced contextual information. *Applied Cognitive Psychology*, 9, 91-121.

Reardon, K. K. (1981). *Persuasion theory and context*. Beverly Hills, CA: Sage.

Ritov, I. (1996). Anchoring in simulated competitive market negotiation. *Organizational Behavior and Human Decision Processes*, 67, 16-25.

Ritov, I., & Aron, J. (1992). Status-quo and omission biases. *Journal of Risk and Uncertainty*, 5(1), 49-61.

Robinson, R. J. (1997). *Errors in Social Judgement: Implications for Negotiation and Conflict Resolution*, Part Ⅰ. Boston: Harvard Business School.

Rogers, C. (1959). A Theory of Therapy, Personality and Interpersonal Relationships as Developed in the Client-centered Framework. In: S. Koch (Hrsg.), *Psychology: A Study of a Science. Vol. 3: Formulations of the Person and the Social Context*. New York: McGraw

Hill.
Rosembaum, M. E. (1986). The repulsion hypothesis: On the non-development of relationships. *Journal of Personality and Social Psychology*, 51, 1156-1166.
Roskos-Ewoldsen, D. R., Bichsel, J., & Hoffman, K. (2002). The influence of accessibility of source likeability on persuasion. *Journal of Experimental Social Psychology*, 38, 137-143.
Ross, L., Greene, D., & House, P. (1977). The false consensus phenomenon: An attributional bias in self-perception and social-perception processes. *Journal of Experimental Social Psychology*, 13, 279-301.
Ross, G. H. (2008). *Trump-Style Negotiation : Powerful Strategies and Tactics for Mastering Every Deal*. Hoboken, NJ: John Wiley & Sons〔原注では Ross として表記してある〕
Ross, L. (1997). The Intuitive Psychologist and His Shortcoming: Distortions in the Attribution Process. In L. Berkowitz (Hrsg.), *Advances in Experimental Social Psychology* (173-220). New York: Academic Press.
Roth, J., Murnighan, J. K., & Schoumaker, F. (1998). The deadline effect in bargaining: Some empirical evidence. *American Economic Review*, 78, 806-823.
Rubin, J. Z., & Brown, B. R. (1975). *The social psychology of bargaining and negotiation*. New York: Academic Press.
Rudman, L. A. (1998). Self-promotion as a risk factor for women: The cost and benefits of counter stereotypical impression management. *Journal of Personality and Social Psychology*, 74, 629-645.
Rudman, L. A., & Glick, P. (1999). Feminized management and backlash towards agentic women: the hidden costs to women of a kinder, gentler image of middle managers. *Journal of Personality and Social Psychology*, 77, 1004-1010.
Ryen A. H., & Kahn, A. (1975). Effects of Intergroup Orientation on Group Attitudes and Proximic Behavior. *Journal of Personality and Social Psychology*, 31, 32-310.
Sabini, J. (1992). *Social Psychology*. 2. Edition. New York: W. W. Norton.
Sagan, S. D., & Waltz, K. N. (2002). *The Spread of Nuclear Weapons: A Debate Renewed*. 2. Edition. New York: W. W. Norton and Company.〔『核兵器の拡散――終わりなき論争』スコット・セーガン、ケネス・ウォルツ著、勁草書房、2017 年〕
Samuelson, W., & Zeckhauser, R. (1988). Status quo bias in decision making. *Journal of Risk and Uncertainty*, 1(1), 7-59.
Scherer, H. (2009). *Sie bekommen nicht, was Sie verdienen, sondern was Sie verhandeln: Strategien für die erfolgreiche Verkaufsverhandlung*. Offenbach: Gabal.
Schneider, A. K. (2002). Shattering negotiation myths: Empirical evidence on the effectiveness of negotiation style. *Harvard Law Review*, 7, 143-233.
Schranner, M. (2010). *Verhandeln im Grenzbereich. Strategien und Taktiken für schwierige Fälle*. München.
Schurr, P. H. (1987). Effects of Gains and Loss Decision Frames on Risky Purchase Negotiations. *Journal of Applied Psychology*, 72, 3, 351-358.
Sebenius, J. K. (1996). Sequencing to Build Coalitions: with Whom Should I Talk First?. In

R. J. Zeckhauser, R. Keeney, & J. K. Sebenius, *Wise Decisions* (324-348). Boston: Harvard Business School Press.

Sebenius, J. K. (2001). Six Habits of Merely Effective Negotiators. *Harvard Business Review*, 79(4), 87-95.

Sebenius, J. K. (2002). Negotiating Lessons from the Browser Wars. *Sloan Management Review*, 43(4), 43-50.

Seiwert, L. (2011). *Ausgestickt. Lieber selbstbestimmt als fremdgesteuert*; München: Ariston.

Selekman, B. M., Selekman, S. K., & Fuller, S. H. (1958). *Problems in labor relations*. New York: McGraw-Hill.

Shapiro, D. L., & Bies, R. J. (1994). Threats, bluffs and disclaimers in negotiation. *Organizational Behavior and Human Decision Processes*, 60, 14-35.

Sheehy, B., & Palanovics, N. (2006). E-negotiations: Rapport building, anonymity and attribution. *Australasian Dispute Resolution Journal*, 17, 221-232.

Sheldon, A., & Johnson, D. (1994). Preschool negotiators: Linguistic differences in how girls and boys regulate the expression of dissent in same-sex group. In B. H. Sheppard, R. J. Lewicki, & R. Bies (Hrsg.), *Research on negotiation in organizations* (Vol. 4, pp. 37-67). Greenwich, CT: Jai Press.

Shell. R. G. (2001). Electronic Bargaining: The Perils of E-Mail and the Promise of Computer-Assisted Negotiations. In S. J. Hoch & H. C. Kunreuther, *Wharton on Making Decisions* (201-221). New York: Wiley.

Shell. R. G. (2006). *Bargaining for Advantage. Negotiation Strategies For Reasonable People*. 2. Edition. New York. Penguin Books.〔『段階的なアプローチが分かりやすい——無理せずに勝てる交渉術』G. リチャード・シェル著、パンローリング、2016 年〕

Shertkoff, J. M., & Conley, M. (1967). Opening Offer and Frequency of Concession as Bargaining Strategies. *Journal of Personality and Social Psychology*, 7(2), 181-185.

Siegel, S., & Fouraker, L. (1960). *The Effect of Level Aspiration on Differential Payoff in Bargaining and Group Decision Making*. New York: McGraw-Hill.

Simons, T. & Tripp, T. M. (2010). "The negotiation checklist." *Negotiation: Readings, Exercises, and Cases*. 6. Edition. McGraw Hill: New York.

Simonson, I., & Tversky, A. (1992). Choice in Context: Tradeoff Contrast and Extremeness Aversion. *Journal of Marketing Research*, 29(3), 281-295.

Small, D. A., Gelfand, M., Babcock, L., & Gettman, H. (2007). Who goes to he bargaining table? The influence of gender and framing on the initiation of negotiation. *Journal of Personality and Social Psychology*, 93, 600-613.

Smith, S. M., & Shaffer, D. R. (1991). Celebrity and cajolery: Rapid speech may promote or inhibit persuasion through its impact on message elaboration. *Personality and Social Psychology Bulletin*, 17, 663-669.

Stark, P. B. (2003). *The Only Negotiating Guide You'll Ever Need: 101 Ways To Win Every Time in Any Situation*. New York: Broadway Books.

Staw, B. M. (1981). The escalation of commitment to a course of action. *Academy of*

Management Review, 6, 577-587.

Stein, J. (1996). The art of real estate negotiation. *Real estate Review*, 25, 48-53.

Stillenger, C., Epelbaum, M., Keltner, D., & Ross, L. (1990). The "reactive devaluation" barrier to conflict resolution. Working paper, Stanford University, Palo Alto.

Strack, F. & Mussweiler, T. (1997). Explaining the enigmatic anchoring effect: Mechanisms of selective accessibility. *Journal of Personality and Social Psychology*, 73, 437-446.

Strauss, N. (2005). *The Game: Penetrating the Secret Society of Pickup Artists*. New York: HarperCollins.〔『ザ・ゲーム――退屈な人生を変えるナンパバイブル』ニール・ストラウス著、パンローリング、2012 年〕

Stuhlmacher, A. & Walters, A. E. (1999). Gender Differences in Negotiation Outcomes: A meta-analysis. *Personnel Psychology*, 52, 653-677.

Susskind, L., & Cruikshank, L. (1987). *Breaking the impasse: Consensual approaches to resolving public disputes*. New York: Basic Books.

Swisher, K. (1998). *AOL.com: How Steve Case Beat Bill Gates, Nailed the Netheads, and Made Millions in the War for the Web*. New York: Times Business.〔『AOL――超巨大ネット・ビジネスの全貌』カーラ・スウィッシャー著、早川書房、2000 年〕

Tajima, M., & Fraser, N. M. (2001). Logrolling procedure for multi-issue negotiation. *Group Decision and Negotiation*, 10, 217-235.

Tedeschi, J. T., Schlenker, R. B., & Bonoma, T. V. (1973). *Conflict, Power and Games: The Experimental Study of Interpersonal Relation*. Chicago: Aldine.

Teger, A. (1980). *Too much invested to quit*. New York: Pergamon Press.

Tenbergen, R. (2001). Prinzipienorientiertes Verhandeln und das Verhandlungsdilemma – ist das "Harvard-Konzept" zu weich? 2001 年 5 月にハーバード大学で開催された交渉に関する学際的研究セミナーにて発表された研究論文のドイツ語版。

Tenbrunsel, A. E. (1999). Trust as an obstacle in environmental-economic disputes. *American Behavioral Scientist*, 42, 1350-1367.

Tenbrunsel, A. E., Wade-Benzoni, K. A., Moag, J., & Bazerman, M. H. (1999). The Negotiation Matching Process: Relationships and Partner Selection. *Organizational Behavior and Human Decision Processes*, 80(3), 252-283.

Thaler, R. H. (1992). *The Winner's Curse: Paradoxes and Anomalies of Economic Life*. New York: Free Press.〔『市場と感情の経済学――「勝者の呪い」はなぜ起こるのか』リチャード・H. セイラー著、ダイヤモンド社、1998 年〕

Thompson, L. (1990). Negotiation behaviour and outcomes: Empirical evidence and theoretical issues. *Psychological Bulletin*, 108, 515-532.

Thompson, L. A. (1995). They Saw a Negotiation: Partisanship and Involvement. *Journal of Personality and Social Psychology*, 68, 839-853.

Thompson, L., & Hastie, R. (1990a). Social perception in negotiation. *Organizational Behavior and Human Decision Processes*, 47, 98-123.

Thompson, L., & Hastie, R. (1990b). Judgement tasks and biases in negotiation. In B. H. Sheppard, M. H. Bazerman, & R. J. Lewicki (Hrsg.), *Research on negotiation in*

organizations (Vol. 2, 31-54). Greenwich, CT.: Jai Press.

Thompson, L., & Nadler, J. (2002). Negotiating Via Information Technology: Theory and Application. *Journal of Social Issues*, 58(1), 109-124.

Thompson, L. L. (2001). *The Mind and Heart of the Negotiator*. 2. Edition. Upper Saddle River, NJ: Prentice Hall.

Tinsley, C. H., O'Connor, K. M., & Sullivan, B. A. (2002). Tough guys finish last: The perils of a distributive reputation. *Organizational Behavior and Human Decision Processes*, 88, 621-642.

Tomlinson, E., Dinee, B., & Lewicki, R. (2004). The road to reconciliation: Antecedents of victim willingness to reconcile following a broken promise. *Journal of Management*, 30, 165-187.

Trump, D. J. (1987). *The Art of the Deal*. New York: Random House.〔『トランプ自伝――アメリカを変える男』ドナルド J. トランプ著、早川書房、1988 年〕

Tversky, A., & Kahneman, D. (1974). Judgement under uncertainty: Heuristics and biases. *Science*, 185, 1124-1131.

Tversky, A., & Kahneman, D. (1986). Rational Choice and the Framing of Decisions. *The Journal of Business*, University of Chicago Press, 59(4), 251-278.

Tyler, T. R., & Griffin, E. (1991). The Influence of Decision Makers' Goals on their Concerns About Procedural Justice. *Journal of Applied Social Psychology*, 21, 1629-1658.

Ury, W. (2007). *Getting Past No – Negotiating in Difficult Situations*. New York: Random House.（原注では Ury, Past No と表記）〔『ハーバード流 "NO" と言わせない交渉術』ウィリアム・ユーリー著、三笠書房、2010 年〕

Ury, W. (2008). *The Power of a Positive No – Save the Deal, Save the Relationship – and Still Say No*. New York: Random House.（原注では Ury, No と表記）〔『最強 ハーバード流交渉術――仕事が 100 倍うまくいく No の言い方』ウィリアム・ユーリー著、徳間書店、2008 年〕

Ury, W. (2009). *Nein sagen und trotzdem erfolgreich verhandeln. Vom Autor des Harvard-Konzepts*. Frankfurt am Main: Campus Verlag.

Valley, K. L., Moag, J., & Bazerman, M. H. (1998). A matter of trust: Effects of communication on the efficiency and distribution of outcomes. *Journal of Economic Behavior and Organization*, 34, 211-238.

van Dijk, E., & van Knippenberg, D. (1996). Buying and Selling Exchange Goods: Loss Aversion and The Endowment Effect. *Journal of Economic Psychology*,17, 517-524.

van Pouke, D., & Buelens, M. (2002). Predicting the outcome of a two-party price negotiation: Contribution of reservation price, aspiration price, and opening offer. *Journal of Economic Psychology*, 23, 67-76.

Volbert, R., & Galow, A. (2010). Sexueller Missbrauch: Fakten und offene Fragen. Impulsvortrag in der AG "Forschung und Lehre" des Runden Tisches zum sexuellen Kindesmissbrauch.

Wachs, F. (2012). *Faktor V. Die fünf Phasen erfolgreichen Verhandelns*. Weinheim: Wiley-

VCH.
Walcott, C., Hopmann, P. T., & King, T. D. (1977). The role of debate in negotiation. In D. Druckman (Hrsg.), *Negotiations: Social-psychological perspectives* (193-211). Beverly Hills, CA: Sage.
Walters, A. E., Stuhlmacher, A. F., Meyer, L. L. (1998). Gender and Negotiator Competitiveness. *Organizational Behavior and Human Decision Processes*, 76, 1-29.
Walton, R. E., & McKersie, R. B. (1965). *A behavioural theory of labor negotiations: An analysis of a social interaction system*. New York: McGraw-Hill.
Wason, P. (1968). Reasoning about a rule. *Quarterly Journal of Experimental Psychology*, 20, 273-281.
Wason, S. C., & Evans, J. St. B. T. (1975). Dual Process in Reasoning. *Cognition*, 3(2), o. S.
Weingart, L. R., Thompson, L. L., Bazerman, M. H., & Carroll, J. S. (1990). Tactical behaviors and negotiation outcomes. *International Journal of Conflict Management*, 1, 7-31.
White, S. B., Valley, K. L., Bazerman, M. H., Neale, M. A., & Peck, S. R. (1994). Alternative Models of Price Behavior in Dyadic Negotiations: Market Prices, Reservation Prices, and Negotiator Aspirations. *Organizational Behavior and Human Decision Processes*, 57(3), 430-447.
Williams, G. R. (1983). *Legal Negotiation and Settlement*. St. Paul, Minn.: West Publishing.
Woolf, B. (1990). *Friendly Persuasion: How to Negotiate and Win*. New York: Berkley Books.
Yukl, G. (1974). Effects of the Opponent's Initial Offer, Concession Magnitude, and Concession Frequency on Bargaining Behavior. *Journal of Personality and Social Psychology*, 30(3), 323-335.
Yukl, G. A., Malone, M. P., Hayslip, B. & Pamin, T. A. (1976). The Effects of Time Pressure and Issue Settlement Order on Integrative Bargaining. *Sociometry*, 39(3), 277-281.

望《のぞ》み通《どお》りの返事《へんじ》を引《ひ》き出《だ》す
ドイツ式交渉術《しきこうしょうじゅつ》

2019年9月20日　初版印刷
2019年9月25日　初版発行

＊

著　者　ジャック・ナシャー
訳　者　安原実津《やすはらみつ》
発行者　早川　浩

＊

印刷所　星野精版印刷株式会社
製本所　大口製本印刷株式会社

＊

発行所　株式会社　早川書房
東京都千代田区神田多町2－2
電話　03-3252-3111
振替　00160-3-47799
https://www.hayakawa-online.co.jp
定価はカバーに表示してあります
ISBN978-4-15-209884-9　C0034
Printed and bound in Japan
乱丁・落丁本は小社制作部宛お送り下さい。
送料小社負担にてお取りかえいたします。